rororo sexologie

Herausgeber:
Prof. Dr. Dr. Hans Giese

Redaktion:
Dr. Gunter Schmidt

Institut für Sexualforschung an der Universität Hamburg

Die herkömmlichen Moralvorstellungen führten mit ihrer Tabuisierung der Sexualität auch zu einer Zensur der Aufklärung. Das Interesse an sachgerechter Information über die Sexualität ist daher sehr groß, und es besteht inzwischen eine bemerkenswerte Bereitschaft zur nüchternen Entgegennahme sexualwissenschaftlicher Ergebnisse. Diese Bereitschaft ist zu akzeptieren und zu fördern. Unsere Reihe will eine Lücke schließen, die durch systematischen Informationsentzug entstanden ist; in ihr werden neueste Ergebnisse der Sexualwissenschaft publiziert und ein breites Spektrum verschiedener und durchaus kontroverser Standpunkte gegenüber der Sexualität zur Sprache gebracht. So ist diese Reihe zunächst Aufklärung im eigentlichen Sinne, das heißt Vermittlung von entscheidendem Wissen. Darüber hinaus kommt ihr eine Beratungsfunktion zu; denn dieses Wissen stellt einen Bezugsrahmen dar, der persönliche Unsicherheiten beseitigen kann und helfen soll, die eigenen sexuellen Bedürfnisse, Wünsche und Verhaltensweisen selbständig, das heißt ohne hilflose und einseitige Abhängigkeit von einzelnen «Autoritäten», einzuordnen. Schließlich soll die Reihe durch eine weite Streuung von Wissen zu einer sachgerechten Diskussion sexueller Probleme innerhalb unserer Gesellschaft beitragen. Eine solche Aufklärung – und dies ist die Aufgabe, die der Herausgeber sich gestellt hat – ist von persönlicher, aber auch von sozialpolitischer Bedeutung.

Dietrich Haensch

Repressive Familienpolitik

Sexualunterdrückung als Mittel der Politik

rororo

Rowohlt

Umschlagentwurf: Werner Rebhuhn

Autoren der Reihe

Dr. F. Bayl, München / Prof. F. A. Beach, Ph. D., USA / Prof. R. R. Bell, Ph. D., USA / Dr M.-B. Bergström-Walan, Schweden / Prof. C. B. Broderick, Ph. D., USA / Doz. Dr. J. Burchard, Hamburg / Prof. H. T. Christensen, Ph. D., USA / C. V. Christenson, M. A., USA / R.-M. Eliasson, Schweden / Prof. C. S. Ford, Ph. D., USA / Doz. Dr. H. Frahm, Hamburg / I. Fredriksson, Schweden / Doz. Dr. K. Freund, ČSSR / J. H. Gagnon, USA / Prof. P. H. Gebhard, Ph. D., USA / Prof. Dr. Dr. H. Giese †, Hamburg / Dr. P. Gorsen, Frankfurt a. M. / Prof. Dr. O. Grüner, Gießen / Dr. N. Gustavsson, Schweden / Prof. Dr. F. Hacker, USA / Dr. D. Haensch, Berlin-West / Prof. Dr. Dr. W. Hallermann, Kiel / Prof. Dr. E.-W. Hanack, Heidelberg / Dr. F. Herrmann, Heidelberg / Dr. P. Hertoft, Dänemark / Prof. Dr. W. Hochheimer, Berlin-West / Prof. Dr. H. Hoffmann, München / Prof. Dr. J. Israel, Schweden / V. E. Johnson, USA / H. Kentler, Berlin-West / G. Lindberg, Schweden / Dr. H. Maisch, Hamburg / Prof. C. E. Martin, Ph. D., USA / Prof. W. H. Masters, M. D., USA / Prof. J. Money, Ph. D., USA / Dr. R. S. Morton, Großbritannien / Prof. Dr. A. Nelson, Schweden / Prof. Dr. St. Pfürtner, O. P., Schweiz / Prof. W. B. Pomeroy, Ph. D., USA / Doz. Dr. J. Raboch, ČSSR / Prof. I. L. Reiss, Ph. D., USA / Prof. Dr. K. A. Rosenbauer, Düsseldorf / Prof. Dr. W. Salber, Köln / Dr. H. Schmidt, Hamburg / M. Schofield, M. A., Großbritannien / Dr. F. Schutz, Seewiesen / H. Schwenger, Berlin-West / Prof. W. Simon, Ph. D., USA / Dr. J. van Ussel, Belgien / Prof. Dr. K.-D. Voigt, Hamburg / Dr. Dr. R. Wille, Kiel / Doz. Dr. D. von Zerssen, München

1.–20. Tausend	Dezember 1969
21.–28. Tausend	April 1970
29.–38. Tausend	September 1970
39.–48. Tausend	Januar 1971

Der hier vorgelegte Text wurde in dieser Fassung eigens für die «rororo sexologie» geschrieben (D 188)
Veröffentlicht im Rowohlt Taschenbuch Verlag GmbH,
Reinbek bei Hamburg, Dezember 1969

Gesamtherstellung Clausen & Bosse, Leck/Schleswig
Printed in Germany
ISBN 3 499 68023 8

Inhaltsverzeichnis

Einleitung

Was heißt «Repressive Familienpolitik»? Soll damit gesagt werden, daß in der Bundesrepublik unter mehreren möglichen Arten der Familienpolitik eine repressive Variante der Familienpolitik konzipiert und durchgeführt wurde? Oder soll der Titel die Behauptung beinhalten, daß jede Familienpolitik repressiv, das heißt unterdrückend, ist? Beide Interpretationen treffen teilweise zu.

Im theoretischen Teil der Arbeit wird dargestellt, daß das Leben der Menschen in Familien, jedenfalls in ihrer besonderen Ausprägung der Kleinfamilie mit lebenslang monogamer Ehe in der bürgerlichen Gesellschaft, nur möglich ist auf der Basis einer ausgeprägten Unterdrückung sexueller Bedürfnisse der beteiligten Menschen. Insofern ist die Familie eine repressive Institution; eine Politik, die diese Familie stärken und fördern soll, ist eine repressive Politik.

Im empirischen Teil wird dann unter anderem aufgezeigt, daß einige familienpolitische Maßnahmen eine Linderung der Not kinderreicher Familien bewirken (z. B. das Kindergeld). Die gründliche Analyse zeigt jedoch, daß die primäre Motivation der Familienminister, Kindergeld zu zahlen, nicht darin besteht, die wirtschaftliche Not von kinderreichen Familien zu vermindern, sondern darin, die Aufrechterhaltung und Stabilisierung der Institution Familie zu sichern und deren Verfall aufzuhalten. Sie ist also zunächst insofern repressiv, als sie eine Institution durch staatliche Subventionen aufrechtzuerhalten trachtet, die nur auf der Grundlage sexueller Unterdrückung der in ihr lebenden Menschen funktionieren kann.

Darüber hinaus erweist eine genaue Untersuchung der Familienpolitik, daß sie in einigen Punkten zusätzliche Elemente der Repression enthält, die die Behauptung rechtfertigen können, daß in der Bundesrepublik eine besonders repressive Form der Familienpolitik praktiziert wird. Dazu gehört die Tatsache, daß kinderreiche Familien mit höheren Einkommen erheblich höhere staatliche Unterstützung in Form von Steuervergünstigungen erhalten als solche mit kleinen Einkommen: auch Familienpolitik dient der wirtschaftlichen Ausbeutung der ‹unteren› Sozialschichten der Gesellschaft. Dazu ist weiterhin zu zählen, daß die Familienpolitik die Unterdrückung und Ausbeutung der Frau fortsetzt, indem versucht wird, die Frau an Haushalt und Kinderversorgung zu binden und ihre wirtschaftliche Gleichstellung mit dem Mann zu verhindern. In diesen beiden Punkten unterscheiden sich zum Beispiel die Familienpolitik der Bundesrepublik und der DDR.

Die These, daß die Familie eine Institution ist, die erst durch die sexuelle Unterdrückung der Menschen funktionsfähig wird, zeigt den Stellenwert dieser Arbeit im Rahmen dieser sexualwissenschaftlichen Reihe. Familienpolitik ist bisher unter den verschiedensten Gesichtspunkten untersucht und auch kritisiert worden, jedoch kaum unter dem Aspekt der Sexualunterdrückung. Hier sollen die Thesen erhärtet werden, daß bürgerliche Familie und Sexualunterdrückung unlösbar miteinander verbunden sind, daß Sexualunterdrückung zur Herrschaftssicherung beiträgt und daß damit Familienpolitik zu einem wesentlichen Teil zum Zwecke der Herrschaftssicherung betrieben wird. Der zweite

Teil über die Familienpolitik der Bundesrepublik zeigt, daß diese These nicht auf Grund einer spekulativen Theorie vertreten wird, sondern daß sie sich unmittelbar aus tatsächlichen Aussagen der Familienminister ableiten läßt. Die im ersten Teil dargestellte Familientheorie WILHELM REICHS und MAX HORKHEIMERS ermöglicht es jedoch, eine Vielzahl einzelner, isoliert schwer verständlicher Aussagen der Familienideologen zu einer konsistenten familienpolitischen Konzeption zu verbinden.

Unter Familienpolitik wird hier in erster Linie die Tätigkeit des Familienministeriums verstanden, die auf die Beeinflussung familiärer Verhältnisse gerichtet ist. Die Ausführung der familienpolitischen Grundkonzeption obliegt zu einem großen Teil anderen Ministerien (vgl. S. 71). Mit dieser Arbeit soll lediglich die Grundlage für eine umfassende Erforschung familienpolitischer Maßnahmen gelegt werden. Die familienpolitische Ideologie der verantwortlichen Minister ist Gegenstand der Untersuchung; lediglich in Einzelfällen wird auf die Umsetzung der Ideologie in praktische politische Maßnahmen hingewiesen.

Neben diese systematische, inhaltliche Eingrenzung des Themas tritt eine räumliche. Analysiert wird die Familienpolitik in der Bundesrepublik Deutschland. Dabei wird grundsätzlich angenommen, daß die westdeutschen Verhältnisse exemplarisch sind für industrielle Gesellschaften europäischer Prägung im Spätkapitalismus. Diese Annahme könnte in weiteren Länderstudien überprüft werden.

Die Untersuchung der Familienpolitik sozialistischer Staaten muß ebenfalls weiteren Arbeiten vorbehalten werden. Lediglich für die DDR werden einige Andeutungen formuliert, die aber den Charakter von Randbemerkungen behalten (vgl. S. 120–122). Es ist für die Kritik der Familienpolitik und der politischen Funktion der Familie im Kapitalismus unerheblich, ob auch in anderen politisch-ökonomischen Systemen gleichartige Verhältnisse nachweisbar sind, zumal in dieser Arbeit nicht die Behauptung aufgestellt wird, daß beim gegenwärtigen Stand der Produktivkräfte auf die staatserhaltende Funktion der Familie und damit auf die sexuelle Unterdrückung verzichtet werden könnte, weder in kapitalistischen noch in sozialistischen Ländern.

Die zeitliche Eingrenzung des Themas ergibt sich daraus, daß das Familienministerium erst 1953 errichtet wurde und daß 1968 HECK als zweiter Familienminister (nach WUERMELING) abtrat. Von AENNE BRAUKSIEPE, die seit Oktober 1968 für die Familienpolitik verantwortlich ist, liegt noch zu wenig Material vor, als daß daraus generelle Aussagen entwickelt werden könnten.

Für die Wahl des Themas waren neben den erwähnten wissenschaftlichen auch politische und persönliche Motive ausschlaggebend. Das politische Motiv war, die Kritik an der für reformbedürftig erachteten bürgerlichen Gesellschaft auch hinsichtlich der Familie zu fundieren, die Zusammenhänge zwischen Familie, Staat und Wirtschaft aufzuzeigen und damit einige Voraussetzungen für grundlegende gesellschaftliche Reformen zu schaffen. Dabei ist insbesondere zu untersuchen, ob die Familie in ihrer gegenwärtigen Erscheinungsform so eng mit den gesellschaftlichen Verhältnissen verknüpft und durch diese bedingt ist, daß eine isolierte Reform der politisch-ökonomischen Verhältnisse unmöglich ist. Das Ergebnis der Arbeit legt eine Bejahung dieser Frage nahe.

Die persönliche Motivation ist das Ergebnis eigener sinnlicher Wahrnehmungen. Es scheint, daß die inneren Verhältnisse in allzu vielen Ehen und Familien heute als überaus spannungsgeladen und daß die in ihnen lebenden Menschen, Erwachsene wie Kinder, als ‹unglücklich› bezeichnet werden müssen. Es scheint aber auch, daß sie die Ursachen ihres Leids nicht zu erkennen vermögen. Diese Beobachtungen ließen ein Erkenntnisinteresse nach den Ursachen und Gründen für das Leiden der Menschen an der bürgerlichen Familie entstehen. Im Verlauf der Forschung setzte sich die Erkenntnis durch, daß es sich um gesellschaftliche Ursachen handelt, die, politisch und ökonomisch begründet, die Lebensverhältnisse der Menschen in Ehen und Familien bestimmen. Aus dieser Einsicht ergab sich die Intention, mit dieser Arbeit den Menschen die Möglichkeit zu geben, die gesellschaftliche Bedingtheit ihres Leidens zu erkennen, sich Selbstvorwürfe und ihren Ehegatten und Eltern individuelle Schuldanklagen zu ersparen und die familiäre Unzufriedenheit in eine Kritik an der Gesellschaft umzulenken.

Diese Motivationen knüpfen an eine Konzeption der Sozialwissenschaft als einer ‹Emanzipationswissenschaft› an, die sich die Aufgabe stellt, die gängige Legitimation der Politik aus dem ‹Willen› der Mehrheit der Bürger in Frage zu stellen und die Widersprüche zwischen den Bedürfnissen der Individuen und den Normen und Forderungen der bestehenden Ordnung aufzudecken. Ferner beabsichtigt sie, die Mechanismen zur Verschleierung dieser Widersprüche zu identifizieren und die Faktoren zu bestimmen, die eine Aufklärung der Individuen über ihre wahren Bedürfnisse verhindern (vgl. Wesche 1968, S. 23). Im Zusammenhang dieser Arbeit bedeutet das zunächst, aufzuweisen, daß das Bedürfnis nach sexueller Befriedigung entgegen der durch Erziehung geprägten Einschätzung vieler Individuen ein grundlegendes Bedürfnis des Menschen ist und daß dessen Befriedigung durch gesellschaftliche Einwirkung beschränkt wird. Das ist mit Hilfe psychologischer Erkenntnisse möglich. Sind dann die Widersprüche zwischen den Bedürfnissen der Individuen und der Gesellschaftsordnung einmal aufgedeckt und sind die Mechanismen zu ihrer Verschleierung bekannt, muß die spezifisch politologische Frage nach denjenigen Interessen und den hinter ihnen stehenden Gruppen gestellt werden, die für diese Verhältnisse verantwortlich sind. Das geschieht hier insofern, als nach den staatlichen und den wirtschaftlichen Interessen gefragt wird, die bestimmte familienpolitische Positionen begründen können.

Diese Arbeit beabsichtigt nicht, die Frage zu beantworten, ob Sexualunterdrückung, lebenslang monogame Ehe und Familie heute völlig unverzichtbar sind. Es soll aber versucht werden, lediglich interessenbedingte Unterdrückungen zu bestimmen. «Eine kritische Politologie hätte sich weniger mit den gleichsam naturnotwendigen Entbehrungen und Unfreiheiten zu befassen, denn die Verbesserung der wissenschaftlichen Naturbeherrschung ist politisch nicht mehr kontrovers. Sie hätte ihr Interesse vielmehr dorthin zu lenken, wo soziale Gruppen die Aufrechterhaltung von Abhängigkeitsverhältnissen im eigenen Interesse betreiben» (Wesche 1968, S. 23).

Die Konzeption einer emanzipatorischen Politologie umfaßt zusätzlich das Postulat der Praxisbezuges. Auf diese Arbeit bezogen heißt das, daß die Kritik an der Familienpolitik und der Sexualunterdrückung in Überlegungen münden müßte, wie gesellschaftlich ein sexualbejahendes Zusammenleben der Menschen durchgesetzt werden kann. W. Reich, von dessen Theorie hier ausgegangen wird, hat aber schon auf die Grenzen der Realisierbarkeit dieses Postulats hingewiesen: «Die endgültige Aufhebung der Wirkungen jahrtausendealter Sexualunterdrückung und die Einrichtung eines befriedigenden, die Neurosenseuche aufhebenden Sexuallebens der Massen [wird] erst dann möglich sein, wenn die sozialistische Wirtschaft in der Welt hergestellt, gefestigt und die materielle Versorgung der Bevölkerung gewährleistet sein wird» (Reich 1935, S. XIII). Es wäre folglich illusionär, unter den Bedingungen kapitalistischer Ausbeutung, entfremdeter Arbeit und autoritärer Herrschaft an die Möglichkeit sexueller Befreiung, und sei es in Form gesellschaftlich tolerierter begrenzter Freiräume einer Subkultur, zu denken und konkrete Utopien als Alternativen zu Ehe und Familie zu entwickeln.

Die praktische Konsequenz dieser Arbeit kann nicht die Auflösung der Ehen und Familien in gesellschaftlichem Ausmaß sein, sondern die Mobilisierung des kritischen Bewußtseins der in bürgerlichen Ehen und Familien lebenden Menschen gegen einen Staat, der seine Existenz durch Unterdrückung der sexuellen Bedürfnisse der Menschen sichern muß und dadurch vielen Jugendlichen und Erwachsenen ihr Lebensglück und ihre Mündigkeit vorenthält.

Im zweiten Teil dieser Arbeit wird eine Inhaltsanalyse programmatischer Äußerungen der Familienminister Wuermeling und Heck vorgenommen. Zur Erklärung dieser Aussagen wird die deduktive Methode angewendet: aus der sexualökonomischen Theorie von Reich werden Hypothesen formuliert, die den realen Äußerungen der Familienpolitiker gegenübergestellt werden. W. Reich hat aus der psychoanalytisch erarbeiteten These, daß sexuelle Befriedigung ein Grundbedürfnis des Menschen ist, unter den gegenwärtigen gesellschaftlichen Verhältnissen jedoch stark behindert wird, sowie aus der marxistisch begründeten These, daß die Sexualunterdrückung den Interessen des Kapitals dient, eine Theorie der politisch-ökonomischen Bedeutung der Sexualunterdrückung entwickelt. Diese Theorie, ergänzt durch einzelne Thesen von Horkheimer, wurde in eine Vielzahl von Einzelthesen zergliedert, die dann zur Interpretation der Familienpolitik dienen.

W. Reichs Grundthese besagt, daß die Verdrängung der sexuellen Bedürfnisse des Menschen die Sicherung der Herrschaft und die Stabilisierung des politisch-ökonomischen Systems bewirkt. Diese Grundthese läßt sich in drei Einzelthesen zerlegen (vgl. Abb. 1 [S. 73]):

1. Die sexualverneinende autoritäre Erziehung in der bürgerlichen Familie erzeugt beim Individuum eine autoritäre Psychostruktur. Es ordnet sich in die autoritären Hierarchien der Gesellschaft ein und verhält sich aktiv und passiv autoritär.
2. Sexualverdrängung und Internalisierung sozialer Verhaltensmuster in der Familie disponieren das Individuum zu entfremdeter Arbeit und ermöglichen damit die profitorientierte kapitalistische Warenproduktion.
3. In der Familie erlebt der Mensch die ersten Klassengegensätze und verinnerlicht das dichotomische Prinzip der Klassengesellschaft. Gleichzeitig

wird er für die Schicht und Klasse sozialisiert, der die Eltern angehören. Er akzeptiert grundsätzlich die Klassengesellschaft und seine Position in ihr.

Am Ende des familiären Sozialisationsprozesses ist der Mensch so strukturiert, daß er sich den herrschenden gesellschaftlichen Verhältnissen unterordnet und damit zu deren Bestanderhaltung beiträgt.

Im empirischen Teil wird dann aufgezeigt, daß die Familienpolitik an diese funktionalen Zusammenhänge zwischen Staat, Wirtschaft und Familie anknüpft und intentional die Stützung der gesellschaftlichen Funktionen der Familie erstrebt. Familienpolitik ‹fördert› die Familie nicht um ihrer selbst willen, sondern wegen ihrer politischen Bedeutung. Familienpolitik ist weder Bevölkerungs- noch Sozialpolitik, sondern Staatspolitik.

Dabei ergibt sich eine weitgehende Bestätigung der Thesen von Reich und Horkheimer durch die programmatischen Aussagen von Wuermeling und Heck. Dieses Ergebnis hat aber im Rahmen der Arbeit nur untergeordnete Bedeutung, weil eine strenge Überprüfung der Theorie hier nicht beabsichtigt ist. In einigen Punkten erweist sich Reichs Theorie als revisionsbedürftig. Die Frage der historischen Notwendigkeit der Sexualunterdrückung beim gegenwärtigen Stand der Produktivkräfte bleibt völlig offen. Die Aussagen über den Zusammenhang zwischen Klassenzugehörigkeit und Sexualunterdrückung sind teilweise widersprüchlich. W. Reichs Vorstellungen von der ‹natürlichen› Sexualität des Proletariats scheinen idealistisch; vom vielfach gewalttätigen Sexualverhalten ist nur im Hinblick auf Männer der Kleinbourgeoisie, nicht des Proletariats die Rede. Schließlich arbeitet Reich die immanenten Widersprüche der bürgerlichen Gesellschaft zu wenig heraus, die sich darin äußern, daß in einigen wichtigen Punkten sich die bürgerliche Sexualmoral und Familienideologie verselbständigt hat und Postulate aufstellt, die den Interessen des Kapitals widersprechen (z. B. Konsumverzicht, Frauenarbeit). Auf diese Problematik wird im Schlußkapitel ausführlicher eingegangen.

W. Reichs Theorie erscheint aus drei Gründen besonders geeignet, die ideologischen Positionen Wuermelings und Hecks zu erklären. W. Reichs Theorie basiert auf Beobachtungen der bürgerlichen Gesellschaft zwischen den beiden Weltkriegen, einer Zeit, die das gesellschaftliche Bewußtsein der beiden Familienminister geprägt hat. Sie macht die ideologiekritische Analyse von deren Bewußtsein möglich und erweist ihre Politik gleichzeitig als reaktionär. W. Reichs Theorie würde hingegen nicht ausreichen, die gegenwärtige Modifikation der bürgerlichen Sexualmoral zu erklären, etwa die Erscheinung der ‹repressiven Entsublimierung› (vgl. Reiche 1968). Diese Modifikation hat sich indes bisher auch nicht in der familienpolitischen Ideologie niedergeschlagen. Zweitens spricht für Reich, daß er sich mehr als alle anderen sozialistischen Theoretiker mit der politischen Funktion der Familie auseinandergesetzt hat und seine Arbeiten nach wie vor richtungsweisend sind. Der dritte Grund, der für die Verwendung der Reichschen Theorie spricht, ist die Unzulänglichkeit der bisher vorliegenden Arbeiten der akademischen Soziologie zum Thema der politischen Bedeutung der Familie. Die Überprüfung der einschlägigen Arbeiten, etwa von Claessens, König, Renate Mayntz, Schelsky und Goode ergab viel weniger Aufschlüsse über die Motivationen der Familienpolitik als die Theorie von REICH, wenngleich hier ebenfalls wichtige Thesen erarbeitet wurden (vgl. S. 31–34).

W. REICHS Theorie der *Sexualökonomie* baut auf der Prämisse auf, daß «der Kern des Lebensglücks das sexuelle Glück» ist (REICH 1966, S. 23) und daß der Mensch ein Recht auf sexuelle Befriedigung hat, wie er ja auch ein Recht auf Befriedigung seines Nahrungstriebes hat.

Aus dieser Prämisse leitet sich als normatives Postulat ab, daß dem Menschen die Befriedigung des Geschlechtstriebes gesellschaftlich ermöglicht werden soll, weil der Mensch sich als Mensch nur dann verwirklichen kann.

Auf dieser normativen Position basiert dann die Kritik an jenen gesellschaftlichen Verhältnissen, die die Befriedigung des Sexualtriebes behindern, zeitlich aufschieben oder unmöglich machen: an der Sexualunterdrückung, der sexualverneinenden Moral und an Ehe und Familie als den Institutionen, die der Sexualunterdrückung dienen.

Vor Mißverständnissen der REICHschen Kritik an der bürgerlichen Sexualmoral muß eindringlich gewarnt werden. Kritik an Sexualmoral, Ehe und Familie bürgerlicher Prägung beinhaltet keine Propagierung von Promiskuität oder rücksichtslos-egoistische Durchsetzung sexueller Ansprüche. W. REICH schreibt: «Weder die normative Dauermonogamie noch die liebeleere, unbefriedigende Beziehung (‹Promiskuität›)» entsprechen der Forderung nach «uneingeschränkter konkreter Bejahung des sexuellen Glücks des Menschen» (1966, S. 287). Die Sexualökonomie ist nicht familienfeindlich an sich, sie «greift nicht die naturwüchsigen familiären Beziehungen an, sondern sie richtet ihren Angriff gegen die autoritäre Form der Familie, die durch starre Gesetze, menschliche Struktur und irrationale öffentliche Meinung festgehalten wird» (REICH 1966, S. 14). W. REICH geht im Gegensatz zu den meist bürgerlich-liberalen Verfechtern der Promiskuität (z. B. ALBERT ELLIS und LARS ULLERSTAM) davon aus, daß eheähnliche Dauerbeziehungen den Bedürfnissen der Menschen entsprechen, während Promiskuität sie unbefriedigt läßt: «Der sexualökonomisch wichtigste Nachteil der vorübergehenden Beziehung ist, daß nie eine so vollständige sinnliche Angleichung der Partner, mithin auch keine so vollkommene sexuelle Befriedigung möglich sein wird wie in der Dauerbeziehung. Dies ist der vom sexualökonomischen Standpunkt wichtigste Einwand gegen die vorübergehende und das stärkste Argument für die dauernde Beziehung» (REICH 1966, S. 158).

Diese sexuelle Dauerbeziehung unterscheidet sich von der bürgerlichen Ehe hauptsächlich in zwei Punkten: sie ist nicht lebenslang konzipiert und nicht notwendig monogam. Die Dauer und die innere Struktur der Beziehung richtet sich nach dem Ausmaß der sexuellen Befriedigung der Beteiligten: «Wenn wir von der Dauerbeziehung sprechen, haben wir keine objektiv zu normierende Zeitspanne im Auge. Es ist sexualökonomisch nicht wichtig, ob diese Beziehung Wochen, Monate, zwei oder zehn Jahre dauert. Es ist auch nicht gemeint, daß diese Dauerbeziehung monogam sein muß, weil wir ja keine Normen aufstellen» (REICH 1966, S. 158). Die Kritik der Sexualökonomie betrifft also nicht das Zweierverhältnis, sondern die spezifisch bürgerliche, nämlich lebenslang monogame Form des Zweierverhältnisses; sie betrifft damit die bürgerliche Sexualmoral als deren ideologische Grundlage.

Ursachen, Erscheinungsformen und Wirkungen der bürgerlichen Sexualmoral werden in der ersten Kapiteln der Arbeit ausführlich untersucht. Gegenstand der Kritik wird die Sexualmoral hier immer in ihrer spezifischen Erscheinungsform der bürgerlichen sexualfeindlichen Moral. Die Frage, ob eine Gesellschaft ganz ohne Sexualmoral auskommen kann, bleibt offen. W. Reich scheint davon auszugehen, daß in einer sozialistischen Gesellschaft mit Überfluß an materiellen Gütern eine sexualökonomische Regulierung der sexuellen Beziehungen jede Moral als Grundlage normativer Regelungen überflüssig macht. Ob man auch eine solche Regelung als ‹Sexualmoral› bezeichnen will oder nicht, ist eine Frage der Definition.

Die gegenwärtige Form der Moral versteht Reich als ein Produkt der Klassengesellschaft. Diese Auffassung wird hier übernommen. W. Reich schreibt: «Klasseninteresse und Klassenkampf bestimmen unser gegenwärtiges Dasein, auch die Philosophie, auch die Wissenschaft; hinter ihrer ‹Objektivität› wirkt Klasseninteresse. Die Moral ist ein jeweils entstehendes und vergehendes Produkt und steht im Klassenstaat im Dienst der herrschenden Klasse» (Reich 1935, S. IX). Ähnliches gilt für die bürgerliche Familie als einer Institution, die erst auf der ideologischen Grundlage der bürgerlichen Sexualmoral denkbar ist: «Die bürgerliche Familie wird durch die Sexualunterdrückung, die sie leistet... zur wichtigsten Ideologiefabrik des Kapitals. Sie wird aus diesem Grunde von allen bürgerlichen Sozialpolitikern und Sexual- und Kulturforschern als *die* Grundlage des Staates mit allen Mitteln verteidigt» (Reich 1935, S. 111). Diese Thesen markieren den Anspruch der Arbeit, die bürgerliche Sexualmoral nicht isoliert, sondern stets im gesellschaftlichen Kontext zu analysieren und theoretische Aussagen über die gesamtgesellschaftliche Bedeutung der Sexualmoral und der Familie für den bürgerlichen Staat zu formulieren und sie in der Analyse der Familienpolitik in der Bundesrepublik zu überprüfen.

Theorie und Realität können durchaus auseinanderfallen. Die Beschreibung der bürgerlichen Ehe und Familie im theoretischen Teil wird in vielen Fällen nicht mit den sinnlichen Wahrnehmungen des Lesers in seiner Umgebung übereinstimmen. Sie deckt sich auch nicht völlig mit empirischen Beschreibungen der Familiensoziologie. Was bei Reich über die Familie gesagt wird, betrifft in erster Linie nicht die reale Familie, sondern den Idealtypus der sexualfeindlich geprägten Familie, wie er von der bürgerlichen Familienideologie konzipiert wurde und von der Familienpolitik durchzusetzen versucht wird. Familienideologie und Familienpolitik stoßen dabei immer wieder auf den Widerstand der betroffenen Menschen. Die Folge ist, daß die bürgerliche Sexualmoral nie ganz eingehalten wird: Jugendliche wehren sich gegen das Gebot der vorehelichen Enthaltsamkeit und verkehren sexuell miteinander. Eheleute wehren sich gegen das Monogamiegebot und haben sexuelle Beziehungen mit anderen Partnern. Sie brechen mit dem Gebot der Lebenslänglichkeit der Ehe und lassen sich scheiden. Eltern versagen sich der Forderung nach sexueller Unterdrückung ihrer Kinder, erziehen sie sexualbejahend und gewähren ihnen sexuelle Freiheiten vor der Ehe. Ehefrauen und Mütter wehren sich gegen die Festlegung ihrer Rolle als Hausfrau und Mutter, werden erwerbstätig und übertragen einen Teil der Kinderversorgung und -erziehung anderen Personen (z. B. der Großmutter) oder gesellschaftlichen Einrichtungen (Kindergärten und -heime), wobei im Kern vielfach auch die Lockerung der sexuellen Unterdrückung beabsichtigt ist. Trotz des Abtreibungsverbots werden zahllose Schwangerschaftsunterbrechungen vorgenommen usw. Die reale Existenz des Menschen vollzieht sich im Spannungsfeld zwischen den Ansprüchen seines Sexualtriebes und den Forderungen der bürgerlichen Sexualmoral. Die einmal verkündete Sexualmoral verliert ihren repressiven Charakter nicht schon dadurch, daß sie nicht rigoros durchgesetzt wird. Vielmehr werden individuelle Verstöße gegen die Sexualmoral mit Schuldgefühlen und Angst belegt, wodurch das politische Ziel der Unterdrückung der Massen dennoch erreicht und zudem die sexuelle Befriedigung vermindert wird.

Teil 1:

Familientheorie

Zur politischen Ökonomie der Sexualität,
Ehe und Familie in der bürgerlichen Gesellschaft

1. Kritik der Sexualmoral

Reaktionen auf Wilhelm Reichs Sexualökonomie

WILHELM REICH hat in der Zeit zwischen den beiden Weltkriegen auf der Grundlage der Psychoanalyse und des dialektischen Materialismus eine kritische, gesamtgesellschaftliche Theorie der Sexualität und der sexuellen Beziehungen zwischen den Menschen in der kapitalistischen Gesellschaft entwickelt. Er verfaßte mehrere Schriften zur Kritik der bürgerlichen Sexualmoral und damit der bürgerlichen Erziehung sowie zur Kritik der lebenslang monogamen Ehe und der Familie als den legitimen Institutionen für sexuelle Beziehungen der Erwachsenen in der bürgerlichen Gesellschaft. Nacheinander entstanden:

‹Der triebhafte Charakter› (1925)
‹Die Funktion des Orgasmus› (1927)
‹Dialektischer Materialismus und Psychoanalyse› (1929)
‹Die Sexualität im Kulturkampf› (1930)
‹Der Einbruch der Sexualmoral› (1931)
‹Der sexuelle Kampf der Jugend› (1932)
‹Charakteranalyse› (1933)
‹Massenpsychologie des Faschismus› (1933)
‹Was ist Klassenbewußtsein?› (1934)
‹Die sexuelle Revolution› (veränderte Ausgabe von: *‹Die Sexualität im Kulturkampf›*, englisch 1945, deutsch 1966).

Diese Arbeiten, von den Nationalsozialisten verbrannt, von der Kommunistischen Partei als konterrevolutionär bekämpft, waren lange Zeit in Vergessenheit geraten und sind erst in den letzten Jahren wiederentdeckt worden: die antiautoritäre Studentenbewegung verwendet sie als eine der Grundlagen ihrer Kritik an den autoritären Gesellschaften kapitalistischer wie sozialistischer Prägung, als Mittel zur Befreiung der eigenen Existenz aus den Zwängen des autoritären Systems und – im Rahmen der Sex-Pol-Arbeit – als Instrument zur Befreiung, Mobilisierung und Politisierung von Schülern, Studenten und jungen Arbeitern. Sie knüpft damit an die politische Praxis des frühen REICH an, der auf der Basis der Annahme, die Sexualunterdrückung sei ein spezifisch kapitalistisches und faschistisches Herrschaftsinstrument, die praktische Arbeit zur sexuellen Befreiung der werktätigen Jugend mit dem politischen Kampf gegen Kapitalismus und Faschismus verband. Später distanzierte sich REICH auf Grund seiner Rückschlüsse aus der Wiedereinführung der traditionellen Sexualmoral in der UdSSR (um 1934) von dieser Auffassung, modifizierte seine Theorie und bezeichnete sie als «weder links noch rechts, sondern vorwärts, also rational umwälzend» (REICH 1966, S. 28). Der Kampf gegen den deutschen Faschismus, den REICH gerade auf Grund seiner Einsichten in die aus der sexuellen Unterdrückung resultierende Führerbegeisterung und Empfänglichkeit der Deutschen jener Jahre für nationalistische, militaristische Ideologien konsequent führte, zwang ihn zur Emigration nach Dänemark und später in die USA; auf der anderen Seite brachte ihm die Kritik an der sowjetischen Sexualreaktion und an der Massenstrategie der KPD den Ausschluß aus der Kommunistischen Partei (vgl. REICH 1934 a, S. 279). Nun könnte man annehmen, daß ein von den Nationalsozialisten verfolgter, von Kommunisten verstoßener Theoretiker auf ein Berücksichtigen und Fortführen seiner Arbeiten durch eine akademische Wissenschaft rechnen kann, die vorgibt, antifaschistisch wie auch antikommunistisch zu sein. Hingegen werden REICHS Theorien von westdeutschen Familiensoziologen wie Psychologen fast vollständig ignoriert. H. SCHELSKY, renommierter Familiensoziologe, schrieb eine ‹*Soziologie der Sexualität*› (1955; Auflage bis Juli 1968: 175 Tsd.), also über REICHS zentrales Arbeitsgebiet, ohne dessen Arbeiten auch nur zu erwähnen. Neuerdings erst greifen Sexualwissenschaftler REICHS Theorie auf: GIESE und SCHMIDT verwenden in ihrer ‹*Studenten-Sexualität*› (1968) unter anderem die REICHsche Sexualökonomie zur Erklärung sexualstatistischer Forschungsergebnisse (GIESE und SCHMIDT 1968, S. 394 f).

Wo liegen die Motive für die Ignorierung REICHS durch die akademische Familiensoziologie? Die Vermutung liegt nahe, daß die mangelnde wissenschaftliche Kritik an der traditionellen Sexualmoral denselben psychischen Grund hat wie der mangelnde Widerstand der sexuell unterdrückten Menschen allgemein gegen die sexuelle Unterdrückung. In allen gegenwärtigen Gesellschaften findet sich, mehr oder minder stark ausgeprägt, das Autoritätsprinzip als Strukturelement der Gesellschaft sowie die Familie, vor allem in ihrer patriarchalischen Variante, als Reproduktionsstätte autoritären Bewußtseins. Der autoritär strukturierte Mensch fügt sich, wenn auch oft widerstrebend, als Untertan in den staatlichen Herrschaftsapparat und die Herrschafts-Hierarchien in den Ausbildungsstätten und am Arbeitsplatz ein. Die Einübung autoritären Verhaltens geschieht hauptsächlich mittels der konsequenten Unterdrückung der sexuellen Bedürfnisse in der Familie: «Die bürgerliche Familie wird durch die Sexualunterdrückung, die sie leistet ... zur wichtigsten Ideologiefabrik des Kapitals. Sie wird aus diesem Grunde von allen bürgerlichen Sozialpolitikern, Sexualforschern und Kulturforschern als *die* Grundlage des Staates mit allen Mitteln verteidigt. Dies erschwert die Erkenntnis ihrer reaktionären Rolle» (REICH 1935, S. 111). Die These von der Familie als wichtigster Ideologiefabrik des *Kapitals* hat REICH später dahingehend revidiert, daß sie diese ideologiebildende Funktion nicht nur in den kapitalistischen, sondern auch in den gegenwärtigen sozialistischen Staaten ausübt. Insoweit hat er seine ursprüngliche Kritik an der Familie als einer speziell kapitalistischen Institution für die Gegenwart modifiziert, nicht jedoch die These von ihrer Entstehung aus den privatwirtschaftlichen Produktionsverhältnissen. Aus dieser Revision seiner Theorie leitet der späte REICH Kriterien für die Beurteilung politischer Systeme ab, die sich nicht mehr an politischen Programmen, sondern an ihrer Sexualpolitik orientieren: «Es kommt nicht mehr darauf an, ob man ein weißes, gelbes, schwarzes oder rotes Parteibuch als Zeichen dieser oder jener Gesinnung vorweist, sondern es kommt ganz unmißverständlich und jeder Möglichkeit des sozialen Betruges für immer entrückt darauf an, ob man die Lebensäußerungen der Neugeborenen, der Kleinkinder, der Puberilen, der Frauen und Männer voll bejaht, unterstützt und sichert, oder ob man sie, gleichgültig, ob für diesen oder jenen Staat, gleichgültig, ob ‹proletarisch› oder ‹kapitalistisch›, für diese oder jene Religion, gleichgültig, ob jüdisch, christlich oder buddhistisch, unterdrückt und vernichtet» (REICH 1966, S. 13 [aus dem Vorwort von 1945]). Da sowohl in den kapitalistischen wie in den gegenwärtigen sozialistischen Ländern die Unterdrückung der ‹freien Lebensäußerungen›, primär der sexuellen, praktiziert und von der Wissenschaft sanktioniert wird, nimmt es nicht wunder, daß REICHS Theorien durchweg der Ablehnung verfallen. Alle diese Gesellschaften sind im umfassenden Sinne der Sexualökonomie, wie sie im obigen Zitat zum Ausdruck kommt, ‹konservativ›, auch wenn sie das Privateigentum an den Produktionsmitteln beseitigt haben. Für den Konservativen aber «gewinnt die Familie ihre besondere Bedeutung als Bollwerk der von ihm bejahten Gesellschaftsordnung. Daher kommt es auch, daß sie in der konservativen Sexualwissenschaft eine der am schärfsten verteidigten Positionen ist. Denn sie ist ‹staats- und volkserhaltend› – im reaktionären Sinne» (REICH 1966, S. 114).

Die traditionelle Sexualmoral dient als Ideologie zur sexuellen Unterdrükkung. Sexualverneinende Theoriebildungen, wie sie in der Sexual- und Kulturwissenschaft in den verschiedenensten politischen Systemen vorgenommen werden, bezeichnet REICH als «Methoden zur Ablenkung des wissenschaftlichen Interesses von den wahren sozialen und psychischen Ursachen der sexuellen Störungen» (1966, S. 83), deren Aufdeckung zu REICHS Theorie der ‹Sexualökonomie› und zu seiner Kritik der traditionellen Sexualmoral geführt hat. In diesem Sinne wirft REICH der Wissenschaft in der sexualfeindlich geprägten Gesellschaft vor, sich zur Systemerhaltung mißbrauchen zu lassen, und er wirft den Sexualmoralisten und konservativen Sexual- und Familienpolitikern vor, die Wissenschaft zu mißbrauchen: «Wer könnte sich zur sexualmoralischen Massenbeeinflussung besser eignen als ein berühmter Universitätsprofessor? Die autoritäre Gesellschaft ist geschickt bei der Auswahl ihrer Prediger» (REICH 1966, S. 79). Dies gilt nicht nur für die ‹bürgerliche› Wissenschaft im traditionellen Sinne, es gilt auch für einen Teil der psychoanalytischen Schule: «FREUD und die Mehrheit seiner Schüler lehnen die soziologischen Konsequenzen der Psychoanalyse ab und bemühen sich sehr, den Rahmen der bürgerlichen Gesellschaft nicht zu überschreiten» (REICH 1934 a, S. 11). Dieser Rahmen wird aber mit der radikalen Ablehnung der traditionellen Sexualmoral zugunsten der Sexualökonomie überschritten.

Das Unvermögen zur Entlarvung der Sexualmoral als Herrschaftsinstrument kann aber auch den Marxisten treffen. W. REICH verweist auf das «merkwürdige Sträuben mancher marxistischer Theoretiker», das familiäre Dasein als entscheidenden Faktor für die Verinnerlichung des Gesellschaftssystems, also für die Ideologiebildung, anzusehen. Das sei darauf zurückzuführen, daß man «seine eigene Bindung an Familie und Mutter nicht überwunden hat» (REICH 1934 a, S. 92).

Damit sind die gesellschaftlichen wie die individualpsychologischen Ursachen und Motive für die Ignorierung oder gar Bekämpfung der Theorien REICHS durch die akademische Soziologie hinreichend angedeutet. Wir kommen auf diese Frage zurück. Zur Wertung sei hier gesagt, daß die Kritik an der akademischen Familiensoziologie nicht den Charakter eines persönlichen Vorwurfs gegen die einzelnen Wissenschaftler bedeuten soll. W. REICH selbst weist immer wieder auf den systemsprengenden und systemüberwindenden Charakter der Sexualökonomie hin. Diesen von REICH theoretisch vorgedachten Schritt nachvollziehen, heißt die Praxis der eigenen Existenz verändern: ein Schritt, der letztlich nur kollektiv, nicht individuell vollzogen werden kann. Solange die Vereinzelung und Vereinsamung des Sozialwissenschaftlers in einer sexualmoralischen Umgebung anhält, kann schwerlich von ihm erwartet werden, daß er individuell – auch nur theoretisch – den qualitativen Sprung zur Sexualökonomie realisiert.

‹Sexualökonomie›: Versuch der Integration von Psychoanalyse und dialektischem Materialismus

WILHELM REICH baut seine Theorie aus zwei Bestandteilen auf: der Psychoanalyse SIGMUND FREUDS und dem historischen und dialektischen Materialismus von KARL MARX und FRIEDRICH ENGELS. In beiden Fällen handelt es sich um Weiterentwicklungen: FREUDS Erkenntnisse wurden zum soziologischen hin, der Marxismus zum psychologischen hin erweitert.

MARX entdeckte die Ideologie als «falsches Bewußtsein» des Einzelnen wie auch der Massen von ihrer realen ökonomischen Situation und beschrieb die Funktion der Ideologie als einer «materiellen Gewalt», die die Unterdrückung und Ausbeutung der werktätigen Massen durch die herrschende Klasse ermöglicht. W. REICH versuchte nun, mit Hilfe der Psychoanalyse die Verinnerlichung der Ideologie durch das Individuum zu begreifen und die Struktur und Dynamik dieses Prozesses zu erfassen. Er kritisiert die herkömmliche Soziologie und erklärt: «Die Soziologie kann auf die Psychologie nicht verzichten, sobald es sich um Fragen der sogenannten ‹subjektiven Tätigkeit› des Menschen und der Ideologiebildung handelt» (1934 b, S. 43).

W. REICHS Theorie soll den dialektischen Materialismus psychologisch fundieren. «Die Fragestellung der Sexualökonomie ist nicht einer der üblichen Versuche, MARX durch FREUD oder FREUD durch MARX zu ersetzen ... Die Psychoanalyse hat [für den dialektischen Materialismus] eine wissenschaftliche Funktion zu erfüllen, die die Sozialökonomie nicht zu leisten vermag: die Erfassung der Struktur und Dynamik der Ideologie» (REICH 1934 a, S. 47). Die Sexualökonomie ist eine «massenpsychologische und sexualsoziologische Wissenschaft zugleich, die sich auf dem soziologischen Fundament von MARX und dem psychologischen Fundament von FREUD aufbaut» (REICH 1934 a, S. 47 f).

W. REICH kommt von der Psychoanalyse SIGMUND FREUDS her. Erst spät, als ihm die FREUDsche These von der Kulturnotwendigkeit der Sexualverdrängung nicht mehr haltbar schien, stieß er auf den Marxismus: «Bei MARX und ENGELS eröffnete sich endlich eine Fülle von Einblicken in das Getriebe des materiellen Seins und man mußte zunächst staunen, daß man Mittel- und Hochschule absolviert hatte, ohne je davon gehört zu haben. Später begriff man es ja» (REICH 1935, S. IX).

W. REICH übernahm die psychoanalytischen Elemente der FREUDschen Erkenntnisse und machte sie zur Grundlage seiner Theorie. Hingegen lehnt er die soziologischen und kulturphilosophischen Folgerungen, die FREUD und einige seiner Schüler aus der Psychoanalyse zogen, ab (vgl. REICH 1934 b, S. 40, 104–109).

Wenn im folgenden über FREUDS Erkenntnisse referiert wird, so geschieht das ausschließlich zu dem Zweck, die psychoanalytische Fundierung der REICHschen Theorie, soweit sie auf FREUD zurückgreift, zu umreißen; es wird also REICHS FREUD-Rezeption dargestellt, nicht FREUDS Theorie selbst. Es ist für diese Arbeit unerheblich, ob REICH FREUDS Erkenntnisse mißversteht oder einseitig interpretiert oder nicht.

Den psychoanalytischen Teil von FREUDS Entdeckungen verteidigt REICH «gegen jeden Angriff, von welcher Seite er immer kommen mag» (1934 a, S. 46). Der «idealistischen Soziologie und Kulturphilosophie» FREUDS hingegen erkennt er zwar zu, daß sich in ihr «trotz allen Idealismus mehr Wahrheiten über das lebendige Leben finden als in allen bürgerlichen Soziologien und manchen ‹marxistischen› Psychologien zusammengenommen» (REICH 1934 a, S. 48, Anm. 1), er verwirft sie aber dennoch, weil sie als psychoanalytische Soziologie den erkenntnistheoretischen Fehler macht, «die Gesellschaft wie ein Individuum zu analysieren» (1934 a, S. 46; vgl. a. 1934 b, S. 8 f). Sie setzt dabei einen «absoluten Gegensatz zwischen Kulturprozeß und Sexualbefriedigung» (REICH 1934 a, S. 46).

W. REICH erklärt, daß seine Arbeitsergebnisse den Rahmen der FREUDschen Schule überschreiten: «Wenn sich diese Arbeit auch völlig auf der FREUDschen Sexualtheorie und Neurosenlehre aufbaut, kann ich mir doch nicht anmaßen, die hier vertretenen Auffassungen der Dynamik der psychoanalytischen Therapie und ihrer Aufgaben als von der FREUDschen Schule bereits angenommen hinzustellen: sie entspricht vielmehr meinen eigenen klinischen Erfahrungen» (REICH 1927, S. 7). Später schreibt REICH über die Resonanz auf seine Schrift *‹Dialektischer Materialismus und Psychoanalyse›* (1929): «Ich kann korrekterweise nicht länger verhehlen, daß alle Beteiligten sich von den hier dargelegten Zusammenhängen distanzierten. FREUD lehnte die Beziehung zwischen Marxismus und Psychoanalyse grundsätzlich ab und bezeichnete die beiden Disziplinen als einander konträr. Den gleichen Standpunkt beziehen die offiziellen Vertreter der Komintern [Kommunistische Internationale]. In beiden Lagern wurde ich vor die Alternative gestellt, zwischen der Psychoanalyse und dem revolutionären Marxismus zu wählen» (REICH 1934 b, S. 6). Über den Teil der FREUDschen Schule, der seine Arbeit ablehnt, schrieb REICH: «Sie bemühen sich sehr, den Rahmen der bürgerlichen Gesellschaft nicht zu überschreiten» (1934 a, S. 11).

Die psychoanalytische Grundlage der Sexualökonomie

SIGMUND FREUD entdeckte «mit einer speziellen Methode, die er Psychoanalyse nannte, den Prozeß, der das Seelenleben beherrscht» (REICH 1934 a, S. 43). Damit legte er die Grundlage für Erkenntnisse, die MARX noch unerreichbar waren. MARX hatte festgestellt, daß sich die Beherrschung der unterdrückten werktätigen Massen nur selten der brutalen, physischen Gewalt bedient, daß die Hauptwaffe der herrschenden Klasse vielmehr die ideologische Macht über die Unterdrückten darstellt und daß durch diese der Staatsapparat gestützt wird. Es war aber offen geblieben, wie es den Herrschenden gelingt, ihre Ideologie in der psychischen Struktur der Unterdrückten zu verankern. Wie kommt es, daß die Beherrschten ihre Unterdrückung zwar häufig sinnlich wahrnehmen und erkennen, aber den Charakter der Ideologie als materielle Gewalt nicht entdecken und sich widerspruchslos Ideologisierungsprozessen ausliefern, ohne zu erkennen, daß sie damit ihre eigene Unterdrückung ermöglichen?

Die Aufdeckung dieser Vorgänge bezeichnet REICH als Erkenntnisse, «die auf eine Reihe bisheriger Anschauungen verheerend und an sich umstürzlerisch wirkten, was ihm [FREUD] anfangs den Haß der Welt eintrug» (1934 a, S. 43). Die in diesem Zusammenhang wichtigsten Thesen FREUDS sollen so, wie REICH sie versteht, kurz referiert werden.

1. FREUD entdeckte, daß «das Bewußtsein nur ein kleiner Teil des Seelischen ist; es wird selbst dirigiert von seelischen Prozessen, die unbewußt ablaufen und deshalb der Kontrolle des Bewußtseins nicht zugänglich sind» (REICH 1934 a, S. 44). Wenn das Bewußtsein diese Prozesse nicht kontrollieren und beeinflussen kann, stellt sich die Frage, welche Kräfte das bewirken.
2. FREUD fand heraus, daß es sich bei diesen Kräften um die Libido als Energie der Sexualität einerseits, die diese Libido hemmenden und verdrängenden Kräfte andererseits handelt. FREUD entdeckte ferner, daß diese Kräfte bereits beim Kleinkind wirksam sind, er räumte mit der Vorstellung auf, daß der Geschlechtstrieb erst in der Pubertät erwache und zeigte, «daß die Libido von der Geburt an bestimmte Entwicklungsstufen durchläuft, ehe sie die Stufe der genitalen Geschlechtlichkeit erreicht» (REICH 1934 b, S. 14). Die Phasen der oralen oder Munderotik und der Analerotik werden als ‹prägenitale› infantile Formen der Sexualbetätigung angesehen. W. REICH schreibt: «Schon das Kind entwickelt eine lebhafte Sexualität, die nichts mit der Fortpflanzung zu tun hat, Sexualität und Fortpflanzung sind also nicht dasselbe» (1934 a, S. 44).
3. Die FREUDsche Psychoanalyse wies ferner nach, daß «die Sexualität bzw. deren Energie, die Libido, aus körperlichen Quellen stammend, der zentrale Motor des Seelenlebens ist, sobald sie in Konflikt mit realen Bedingungen des Daseins gerät. Biologische Voraussetzungen und soziale Bedingungen des Lebens treffen also im Seelischen aufeinander» (REICH 1934 a, S. 44).
4. Welche realen Bedingungen des Daseins geraten nun in den Gegensatz zur Libido? Es sind diejenigen Lebensbedingungen des Menschen, die ihn zur Verdrängung seiner sexuellen Bedürfnisse zwingen: «Die kindliche Sexualität, zu der auch das meiste und wesentlichste der Eltern-Kind-Beziehung gehört, wird gewöhnlich aus Angst vor Strafe für sexuelles Tun und Denken verdrängt, das heißt von der Aktion ausgesperrt und in der Erinnerung gelöscht. Die Verdrängung der kindlichen Sexualität entzieht sich also der Herrschaft des Bewußtseins» (REICH 1934 a, S. 45).

5. FREUD stellte fest, daß sich im Verlauf des Erziehungsprozesses im Innern des Menschen eine unbewußt arbeitende Kontrollinstanz einrichtet, eine «moralische Instanz». Von ihr schreibt REICH, daß sie, «weit davon entfernt, überirdischer Herkunft zu sein, sich zentral aus den Erziehungsmaßnahmen der Eltern und ihrer Vertreter in frühester Kindheit ableitet. Im Kern dieser Erziehungsmaßnahmen wirken diejenigen, die sich gegen die Sexualität des Kindes richten. Der Konflikt, der sich ursprünglich zwischen den Wünschen des Kindes und den Verboten der Eltern abspielt, setzt sich später als Konflikt zwischen Trieb und Moral innerhalb der Person fort» (1934 a, S. 45). Dieser Konflikt hat auch eine erkenntnistheoretische Relevanz. So, wie die verinnerlichte, sexualverneinende Moral sich gegen das Erkennen der eigenen sexuellen Bedürfnisse auswirkt, so erschwert oder verhindert sie auch die wissenschaftliche Erkenntnis des Sexualbedürfnisses.
6. Von entscheidender Bedeutung für die Kritik an der sexualverneinenden Moral ist nun die FREUDsche Erkenntnis, daß die Verdrängung der Sexualität der Libido als ihrer Energie keineswegs die Kraft nimmt, sondern sie noch erhöht, ein Vorgang, der als ‹Libidostauung› bezeichnet wird. Die Folgen sind verschiedene krankhafte Störungen des Seelenlebens, Neurosen. Von dieser Regel gibt es gegenwärtig beim Kulturmenschen keine Ausnahme, was FREUD zu der Feststellung veranlaßt hat, daß er als Psychoanalytiker «die ganze Menschheit zum Patienten hat» (vgl. REICH 1934 a, S. 45).
7. FREUD hat zwei einander entgegengesetzte Triebe im Menschen entdeckt, den Sexualtrieb oder Eros und den Destruktions- oder Todestrieb. Er hat diese «zwei Grundtriebe als polare, den Organismus sowohl wie seine psychischen Reaktionen beherrschende Tendenzen dargestellt» (REICH 1927, S. 132).

An dieser Stelle löst sich REICH von FREUD. Er bezweifelt die Existenz eines Destruktions*triebes* und bezeichnet die auf Destruktion gerichteten aggressiven Strebungen des Menschen als Folgen der Sexualverdrängung. Er schreibt, daß «die Haßbereitschaft des Menschen und seine Schuldgefühle zumindest in ihrer Intensität vom Zustand der Libidoökonomie abhängen, daß sexuelle Unbefriedigtheit die Aggression steigert, Befriedigung sie herabsetzt» (1934 b, S. 15). Er setzt es sich zum Ziel, «zu beweisen, daß die ‹nicht bewältigbaren destruktiven Antriebe›, denen das Leiden der Menschen zugeschrieben wird, nicht biologisch, sondern gesellschaftlich begründet sind, daß es die Hemmung der Sexualität durch die autoritäre Erziehung ist, die die Aggressivität zu einem nicht bewältigbaren Anspruch macht, indem sich gehemmte Sexualenergie in Destruktivität umsetzt» (1933, S. 287 f). An die Stelle des Destruktionstriebes setzt REICH die These von der gesellschaftlich erzeugten Destruktivität. Er bezeichnet sie als eine Erscheinung von «sehr realen destruktiven Absichten einer an der Unterdrückung des Sexuallebens interessierten Schicht der privatwirtschaftlichen Gesellschaft» (1933, S. 288).

Auf die gesellschaftlich relevanten Folgen der Sexualunterdrückung wird später eingegangen (vgl. S. 28–38). Hier sei nur angedeutet, daß sie eine autoritäre Psychostruktur und als deren gesellschaftliche Wirkung eine autoritätshörige, untertanenhafte Grundeinstellung erzeugt, die eine Disposition zur Unterordnung gerade unter diejenigen Autoritäten, von denen die Unterdrükkung ausgeht, bewirkt.

Neben diesen Wirkungen auf ‹politische› Verhaltensweisen erzeugt die Sexualverdrängung schwere Störungen der individuellen Liebes- und Arbeitsfähigkeit, ein Umstand, der REICH veranlaßt, die angebliche ‹Kulturnotwendigkeit› der Sexualunterdrückung in Frage zu stellen. W. REICH schreibt: «Die Verdrängung des bewußten Sexualverlangens schädigt immer das Liebesleben und die Arbeitsleistung, früher oder später. Das ist [psychoanalytische] Erfahrungstatsache. Sie der Jugend zu empfehlen, bedeutet den Keim zu einer früher oder später hervorbrechenden Neurose, zumindest aber zu verminderter Lebensfreude und Arbeitsfähigkeit zu legen» (1966, S. 143). Dem Menschen den Weg zu einem befriedigenden Liebesleben zu verbauen, erscheint REICH in hohem Maße unmenschlich und barbarisch, denn: «Der Kern des Lebensglücks ist das sexuelle Glück» (1966, S. 23). Sexuelles Glück wird dabei definiert als lustvolle Befriedigung des Sexualtriebes. Das sexuelle Triebleben wird durch das Lust-Unlust-Prinzip reguliert, sofern nicht gesellschaftliche Einflüsse mitwirken. Das ist aber in den meisten bestehenden Gesellschaften der Fall. FREUD faßte alle Einschränkungen und gesellschaftlichen Nötigungen, diesen Trieb zu verdrängen, unter dem Begriff «Realitätsprinzip» zusammen, das in Gegensatz zum «Lustprinzip» tritt (vgl. REICH 1934 b, S. 16).

W. REICHS Kritik an FREUD konzentriert sich auf die Kritik seiner Definition des Realitätsprinzips. W. REICH schreibt, FREUD unterlasse es, die Realität, von der das Realitätsprinzip ausgeht, inhaltlich zu definieren, dadurch bleibe seine Begriffsbestimmung formalistisch. W. REICH setzt dem entgegen: «Das Realitätsprinzip, wie wir es heute vor uns haben, [ist] das Prinzip der kapitalistischen bzw. privatwirtschaftlichen Gesellschaft» (1934 b, S. 16 f). Er kritisiert deshalb jene Zweige der Psychoanalyse, die das Realitätsprinzip als absolute Gegebenheit hinstellen und darunter schlicht «Anpassung an die Gesellschaft» verstehen, weil dadurch die Psychoanalyse im Gegensatz zu ihrem objektiv revolutionären Charakter einen, wenn auch unbewußten, konservativen Charakter erhält.

W. REICH umreißt diejenige Realität, von der heute die Sexualunterdrükkung ausgeht: «Das Realitätsprinzip des kapitalistischen Zeitalters fordert vom Proletarier äußerste Einschränkung seiner Bedürfnisse, es fordert auch die monogame Sexualform ... All das ist in den ökonomischen Verhältnissen begründet; die herrschende Klasse hat ein Realitätsprinzip, das der Aufrechterhaltung ihrer Macht dient. Erzieht man den Proletarier zu diesem Realitätsprinzip ... so bedeutet das die Bejahung seiner Ausbeutung, Bejahung der kapitalistischen Gesellschaft» (1934 b, S. 17).

W. REICH setzt der These von der angeblich notwendigen Respektierung des Realitätsprinzips zugunsten der kulturellen und zivilisatorischen Entwicklung der Menschheit seine These entgegen, daß die Sexualverdrängung für die Erbringung kultureller Leistungen nicht erforderlich sei. Er unterscheidet zwischen prägenitalen Trieben, deren Unterdrückung Sublimationsleistungen ermöglicht, und genitalen Triebregungen, deren Unterdrückung lediglich krampfhafte Verdrängungsleistungen hervorbringt. «Die Sublimierung als wesentliche kulturelle Leistung des psychischen Apparats erfordert Wegfall jeglicher Sexualverdrängung und steht im erwachsenen Alter nur im Gegensatz zur Befriedigung der prägenitalen, nicht aber der genitalen Ansprüche» (REICH 1966, S. 49). W. REICH fragt, «warum denn die Onanie der Kleinkinder und der Geschlechtsverkehr der Puberilen die Errichtung von Tankstellen und die Erzeugung von Flugzeugen stören sollte» (1934 a, S. 48) und meint: «Auf die paar schlechten Gedichte, die bei Askese gelegentlich entstehen, kommt es doch schließlich nicht an» (1966, S. 100).

Wenn die Sexualverdrängung nicht ‹kulturnotwendig› ist, müssen andere Gründe für ihre Durchsetzung verantwortlich sein. «Man ahnt, daß nicht die kulturelle Tätigkeit an sich, sondern nur die gegenwärtigen Formen dieser Tätigkeit dies erfordern und ist gern bereit, diese Formen zu opfern, wenn dadurch das maßlose Kinder- und Jugendelend beseitigt werden könnte. Die Frage ist dann nicht mehr eine der Kultur, sondern der Gesellschaftsordnung» (REICH 1934 a, S. 48).

Hier wird erneut deutlich, daß sich bei REICH aus der psychoanalytischen Praxis heraus ein soziologisches Erkenntnisinteresse gebildet hat. W. REICH wendet sich den Arbeiten von MARX und ENGELS zu.

Die marxistischen Grundlagen der Sexualökonomie

WILHELM REICH beschreibt selbst die Entwicklung seines theoretischen Arbeitens: «Nach Ablehnung des FREUDschen Satzes ‹die Sexualverdrängung gehört zur kulturellen Entwicklung der Gesellschaft› ... dauerte es geraume Zeit, bis sich der Satz ‹die Sexualverdrängung kommt aus der Gesellschaft› zur weiteren Frage ausbaute: ‹Welches Interesse hat die Gesellschaft an der Sexualverdrängung?› Die Soziologie gab keine Antwort außer der stereotypen ‹Kultur braucht Sittlichkeit›. Bei MARX und ENGELS eröffnete sich endlich eine Fülle von Einblicken in das Getriebe unseres materiellen Seins» (1935, S. IX). Hatte die Psychoanalyse die Aufdeckung der realen Zusammenhänge der sexuellen Unterdrückung im Bereich des indidivuell-psychischen ermöglicht, so gilt entsprechendes für den Marxismus in bezug auf die Gesellschaft: «Marxistische Wissenschaft ist nichts anderes als die unbestechliche Aufdeckung von realen Zusammenhängen» (REICH 1934 b, S. 47).

Psychoanalyse und Marxismus ergänzen einander: «Als Wissenschaft ist die Psychoanalyse der MARXschen Gesellschaftslehre gleichgeordnet: jene behandelt die seelischen, diese die gesellschaftlichen Erscheinungen. Und nur insoweit gesellschaftliche Tatsachen im Seelenleben oder umgekehrt seelische im gesellschaftlichen Sein zu untersuchen sind, verhalten sie sich jeweilig zueinander als Hilfswissenschaften» (REICH 1934 b, S. 9 f). Bezogen auf die konkreten Inhalte der Wissenschaften bedeutet das: «So wie der Marxismus soziologisch der Ausdruck des Bewußtwerdens der Gesetze der ökonomischen Wirtschaft, der Ausbeutung einer Mehrheit durch eine Minderheit war, so ist die Psychoanalyse der Ausdruck des Bewußtwerdens der gesellschaftlichen Sexualunterdrückung. Doch es besteht ein wesentlicher Unterschied: während die eine Klasse ausbeutet, die andere ausgebeutet wird, ist die Sexualverdrängung eine beide Klassen umfassende Erscheinung» (REICH 1934 b, S. 38).

Die Beschäftigung mit MARX und ENGELS brachte REICH zur Präzisierung seiner Thesen, denen zufolge die hauptsächlich in der Familie vollzogene Sexualverdrängung eine gesellschaftliche Bedeutung hat: sie macht den Menschen für die bürgerlich autoritäre Gesellschaft funktionsfähig. Die Familie wird damit zur ‹Agentin› des bürgerlichen Staates, die in dessen Interesse die Sexualverdrängung durchführt: «Die patriarchalische Familie ist die strukturelle und ideologische Reproduktionsstätte aller gesellschaftlichen Ordnungen, die auf dem Autoritätsprinzip beruhen» (REICH 1966, S. 195).

Dabei übt sie eine doppelte Funktion aus: 1. «erzeugt sie den autoritätsfürchtigen lebensängstlichen Untertan und schafft derart immer neu die Möglichkeit, daß Massen durch eine Handvoll Machthabender beherrscht werden können», und 2. «reproduziert sie sich selbst, indem sie die Menschen sexuell verkrüppelt; indem sich die patriarchalische Familie erhält, konserviert sie auch die Sexualmoral mit ihren Folgen» (REICH 1966, S. 114). In jeder Gesellschaft, in der die familiäre und nicht die kollektive Kindererziehung die Regel ist, «bildet sie den Erziehungsapparat, durch den fast ausnahmslos jedes Mitglied der Gesellschaft vom ersten Atemzuge an hindurch muß» (REICH 1966, S. 106), und ermöglicht damit die Ideologisierung jedes einzelnen Menschen: «Die Geschichte der Ideologiebildung lehrt, daß jedes gesellschaftliche System sich bewußt oder unbewußt der Beeinflussung der Kinder jeder Generation in seinem Sinne bedient, um sich in der Struktur der Menschen zu verankern» (REICH 1966, S. 291). In der Beschreibung dieses Ideologisierungsprozesses unterscheiden sich die bürgerlichen Familiensoziologen durchaus nicht von den Sexualökonomen. Der Unterschied beginnt da, wo die bürgerliche Soziologie diese ‹Sozia(bi)lisierung› des Menschen als abstraktes Prinzip und als unumgänglich notwendig erachtet, völlig ungeachtet der dabei vermittelten Ideologien, Werte, Normen (vgl. S. 31–34). W. REICH hingegen geht die konkreten Inhalte der in der Familie vermittelten Vorstellungen kritisch an. Die familiäre Ideologisierung erkennt er als Mittel des Klassenkampfes von oben: «MARX fand das gesellschaftliche Leben beherrscht von den Bedingungen der wirtschaftlichen Produktion und den aus ihnen von einem bestimmten Zeitpunkt an hervorgehenden Klassenkämpfen. Die Beherrschung der unterdrückten Klasse durch die Besitzer der Produktionsmittel bedient sich nur selten der brutalen Gewalt; ihre Hauptwaffe ist die ideologische Macht über die Unterdrückten, die den Staatsapparat mächtig stützt» (REICH 1934 a, S. 43). Hatte MARX die Ideologie in ihrer Funktion als materielle Gewalt erkannt, so blieb doch offen, wie es gelingen konnte, diese Ideologie im Bewußtsein und Unterbewußtsein der Werktätigen entgegen ihren tatsächlichen Interessen zu verankern: «Das Problem, aus welchem Grund sich die Menschen die Ausbeutung, moralische Erniedrigung, kurz die Sklaverei seit Jahrtausenden gefallen lassen» (REICH 1934 a, S. 58). Dieses Problem wurde zwar auch von MARX gesehen, aber keiner Lösung zugeführt. Dazu bedurfte es erst der Methoden der Psychoanalyse: «Daß die unterdrückte Klasse in breiten Schichten die Ausbeutung in dieser oder jener Form bejaht oder gar unterstützt, ist unmittelbar nur psychologisch und erst mittelbar, indirekt soziologisch zu verstehen» (REICH 1934 b, S. 54). Diese Erkenntnis rechtfertigt die in dieser Arbeit angewandte Methode, zur Klärung politischer Erscheinungen sich nicht auf politologische Methoden und Theorien zu beschränken, sondern soziologische und psychologische ebenfalls anzuwenden, also die fachliche Spezialisierung der bürgerlich-akademischen Wissenschaft zu durchbrechen. Geht man von diesem Ansatz aus, so eröffnen sich zwei dominierende Fragestellungen: «Der MARXsche Satz, daß sich das materielle (das Sein) im Menschenkopfe in Ideelles (in Bewußtsein) umsetzt, und nicht ursprünglich umgekehrt, läßt zwei Fragen offen: erstens, *wie* das geschieht, was dabei im Menschenkopfe vorgeht, zweitens, wie das so entstandene Bewußtsein auf den ökonomischen Prozeß zurückwirkt» (REICH 1934 a, S. 29). W. REICH erklärt dazu: «Die Psychoanalyse kann zeigen, daß die ökonomische Struktur der Gesellschaft sich ‹im Kopfe des Menschen› nicht unmittelbar in Ideologien umsetzt, sondern daß das Nahrungsbedürfnis [Konsumbedürfnis in der heutigen Terminologie] von den jeweiligen ökonomischen Verhältnissen in seinen Äußerungsformen abhängig, die Funktionen der weit plastischeren Sexualenergie abändernd beeinflußt, und daß diese gesellschaftliche Einwirkung auf die Sexualbedürfnisse durch Einschränkung ihrer Ziele immer neue Produktivkräfte in Form sublimierter Libido in den gesellschaftlichen Arbeitsprozeß überführt. Teils direkt in Form von Arbeitskraft, teils indirekt in Form von höher entwickelten Ergebnissen der Sexualsublimierung, wie etwa der Religion, der Moral im allgemeinen, der Geschlechtsmoral im besonderen, der Wissenschaft usw. ... die sublimierte Libido wird als Arbeitskraft zur Produktivkraft» (1934 b, S. 44). Damit wird die traditionelle Sexualmoral selbst zu einer quasi-Produktivkraft und als solche zu einem konstitutiven Element jedes ökonomistischen, auf die Maximierung der Produktion ausgerichteten Gesellschaftssystems. Die Deformierung der menschlichen Psyche wird in Kauf genommen, wenn dadurch hohe Arbeitsproduktivität und Arbeitsleistung ermöglicht werden.

Zusammenfassung: Fünf Thesen

Erstens: WILHELM REICH kritisiert die sexualverneinende bürgerliche Moral, die dem Menschen von gesellschaftlichen Institutionen und Gruppen aufgepfropft wird, weil sie bewirkt, daß der Mensch entgegen seinen sexuellen Bedürfnissen seinen Geschlechtstrieb unterdrückt und seine sexuelle Befriedigung einschränkt und aufschiebt.

Zweitens: REICH kritisiert die bürgerliche Familie in Verbindung mit der lebenslang monogamen Ehe, weil sie ihrer Struktur nach in der Regel zur Einschränkung und Unterdrückung der Sexualität führen muß und weil sie die zentrale Institution zur Vermittlung der Sexualmoral an die heranwachsende Jugend ist.

Drittens: REICHS Kritik an Sexualmoral und Familie der bürgerlichen Gesellschaft stützt sich auf Erkenntnisse der Psychoanalyse, denen zufolge schon das Kleinkind sexuelle Bedürfnisse hat, die jedoch unter dem Druck der sexualverneinenden Erziehung in der Familie nicht befriedigt werden können. Die sexualunterdrückende Einwirkung durch die Familie setzt sich bis zum Erwachsenenalter fort.

Viertens: Reich weitet die psychoanalytisch begründete Kritik an der Sexualunterdrückung durch die Familie zur politisch-ökonomisch begründeten Kritik an der bürgerlichen Gesellschaft aus; in der bürgerlichen Gesellschaft hat die Familie die Aufgabe, die Menschen durch Sexualunterdrückung zu autoritätsfürchtigen und lebensängstlichen Untertanen zu strukturieren.

Fünftens: Reich gibt dadurch der marxistischen Kritik an der kapitalistischen Gesellschaft ein psychologisches Fundament.

2. Folgen der Sexualmoral

Gesellschaftliche Formierung

Sexualverdrängung führt als Sublimierung der Libido dazu, daß die Werktätigen zu größeren Arbeitsleistungen disponiert sind. Die Verdrängung der genitalen Sexualität provoziert jedoch auch Störungen der sozialen Leistungsfähigkeit: «Die sexualverneinende Moral... erzielt in gesellschaftlichem Ausmaß das Gegenteil des beabsichtigten: Neurosen, Perversionen und sexuelle Dissozialität» (Reich 1935, S. 8). Wie läßt sich dieser Widerspruch erklären? Es wäre verfehlt, anzunehmen, die kapitalistische Gesellschaft hätte ein Interesse an arbeitsstörenden Neurosen und damit an der Minderung der sozialen Leistungsfähigkeit ihrer Mitglieder. Sie kommt aber nicht umhin, diese als unerwünschte Nebenwirkungen der autoritären Psychostruktur in Kauf zu nehmen. «Daß sie dabei schwere sexuelle Leiden, Neurosen, Perversionen, Sexualmorde usw. und dadurch beträchtliche Einschränkungen der individuellen Arbeitsleistungen erzielt, ist Nebenprodukt, nicht absichtlich von der Ordnung gewollt, aber von ihr untrennbar» (Reich 1935, S. 111). Diese störenden Wirkungen der Sexualmoral sind psychoanalytisch nachweisbar Folgen der sexuellen Verdrängung. «Bei sexualökonomischem Leben... kann es – so folgt aus der psychoanalytischen Sexualtheorie und Neurosenlehre, wenn man sie konsequent zuende denkt – keine Neurosen geben, weil diese Folgeerscheinungen behinderten Genitallebens sind» (Reich 1935, S. 19). Die volle Freisetzung des Menschen für soziale Leistungen würde die volle Freisetzung seiner Sexualität voraussetzen, das heißt: ein sexualökonomisches Leben.

«Die freie Sexualität des kindlichen Daseins gibt eine feste strukturelle Grundlage ab für die freiwillige Einordnung ins Kollektiv und freiwillige Arbeitsdisziplin» (Reich 1966, S. 291). W. Reich folgert daraus, daß die Möglichkeit der Selbststeuerung des sexuellen Gemeinschaftslebens durch Triebbefriedigung nicht nur möglich und denkbar wäre, sondern auch unter dem Gesichtspunkt der sozialen Leistungsfähigkeit und Leistungsbereitschaft positiv zu werten wäre, im Gegensatz zur moralischen Regulierung: «Bei sexualbejahender gesellschaftlicher Organisation gibt es keine Neurosen, keine Perversionen, keine sexuelle Dissozialität, keine neurotischen Arbeitsstörungen in gesellschaftlich interessierendem Maßstab. Die gesellschaftlich befürsorgte Sexualbefriedigung regelt die sexuelle Sozialität automatisch, setzt aber Nichtvorhandensein negativer Sexualmoral und sexualbejahende Erziehung von Kindheit an voraus» (Reich 1935, S. 113 f). Der oben erwähnte Widerspruch zwischen sexualmoralisch bedingter Leistungssteigerung durch Sublimierung und ebenso bedingter Arbeitsstörung durch neurotische Erkrankungen läßt sich so aufheben, daß der Charakter der geleisteten Arbeit durch Einbeziehung der Entfremdungstheorie inhaltlich definiert wird. Dann wird deutlich, daß ein neurotischer Mensch zwar zu fremdbestimmter, entfremdeter Arbeit fähig ist, wie sie die profitorientierte kapitalistische Warenproduktion benötigt. Er ist aber unfähig zur selbstbestimmten, ‹freiströmenden› Arbeitsleistung: für sie ist Sexualbejahung erforderlich. Wenn Reich davon ausgeht, daß sexuell ungestört lebende Menschen sich freiwillig ins Kollektiv einordnen und freiwillig Arbeitsdisziplin üben, dann gilt das nur für Produktionsverhältnisse, in denen der freie Wille des Produzierenden (des Werktätigen) eine Relevanz für die Gestaltung und den Ablauf des Produktionsprozesses hat. Eben diese Bedingung kann die kapitalistische, profitorientierte Warenproduktion nicht erfüllen. Deshalb muß sie auf der Erziehung autoritär strukturierter Charaktere auch dann bestehen, wenn diese Erziehung die Leistungsfähigkeit mindert. Die Neurosen kristallisieren sich so als (unerwünschte) Nebenwirkungen kapitalistischer Produktionsverhältnisse heraus.

Die Sexualunterdrückung führt dazu, daß die inneren Widerstände gegen die ökonomische Ausbeutung gebrochen werden. Auf dem Wege über die Verdrängung der sexuellen Bedürfnisse wird die menschliche Psychostruktur so verändert, daß sie zur Verinnerlichung von Ideologien disponiert wird, die im Gegensatz zur objektiven Interessen- und Bedürfnislage der Menschen stehen. Diese Ideologiebildung beginnt bereits beim Kind, ein Verfahren, dessen Anwendung in allen autoritären Gesellschaften beobachtet werden kann. Sie macht es möglich, daß zur Unterdrückung der werktätigen Massen immer weniger brutale, physische Gewalt eingesetzt werden muß. Die Unterdrückung geschieht in Form ideologischer Macht über die Werktätigen und als Selbst-Unterdrükkung des ideologisierten Menschen. Das bedeutet nichts anderes, als daß Ideologie den Charakter und die Funktion materieller Gewalt hat. Die Frage, die Reich in diesem Zusammenhang klären wollte, ist die: wie entsteht bei den Unterdrückten die Disposition, sich durch ideologische Mittel und nicht nur durch physische Gewalt beherrschen zu lassen, die Frage nach Struktur und Dynamik der Ideologie. «Wenn die Bourgeoisie mit einer bestimmten Propaganda Erfolg hat, dann kann es nicht bloß Vernebelung sein, sondern in jedem Fall muß ein besonderes massenpsychologisches Problem vorliegen, muß etwas von uns noch unerkanntes in den Massen vorgehen, das sie befähigt, entgegen ihren eigenen Interessen zu handeln. Die Frage ist entscheidend, denn ohne dieses Verhalten wäre die herrschende Klasse völlig machtlos; nur die Bereitschaft der Massen, diese Ideen aufzunehmen, was wir den ‹massenpsychologischen Boden› der Klassenherrschaft nennen könnten, macht die Stärke der Bourgeoisie aus» (Reich 1934 a, S. 169). Der ‹massenpsychologische Boden› ist also individuell gesehen eine Psychostruktur, die den Menschen veranlaßt, entgegen seinen eigenen Interessen zu handeln, indem er die als Ideen verschleierten Handlungsanweisungen akzeptiert und ausführt. Nun ist die aus der wirtschaftlichen Ausbeutung resultierende materielle Not und die aus der politischen Unterdrückung resultierende Machtlosigkeit gegenüber den herrschenden Gewalten dem Unterdrückten oft durchaus bewußt und veranlaßt ihn – tendenziell – zur Rebellion. Wie kommt es, daß diese Rebellion nicht konsequent durchgeführt wird? W. REICH denkt, in der sich zur wirtschaftlichen und politischen Unterdrückung addierenden sexuellen Unterdrückung die Hauptursache dafür gefunden zu haben, daß die Rebellion nicht in der Revolution zum Tragen kommt. Das erscheint auf den ersten Blick paradox: «Der mechanistisch denkende Vulgärmarxist wird annehmen, daß das Klassenbewußtsein, d. h. die Einsicht in die soziale Lage, besonders ausgeprägt dann sein müsse, wenn sich zur wirtschaftlichen Notlage die sexuelle hinzuaddiert» (REICH 1934 a, S. 52). W. REICH zeigt aber, daß diese These empirisch leicht zu widerlegen ist: geht man nämlich davon aus, daß in der autoritär patriarchalischen Gesellschaft die Masse der Jugendlichen und die Masse der Frauen sexuell und wirtschaftlich mehr unterdrückt sind als die Männer, was leicht nachweisbar ist, müßten die Jugendlichen und Frauen klassenbewußter sein und eher zur Rebellion neigen als die Männer. Das Gegenteil ist aber der Fall. Die sexuelle Unterdrückung bricht die Tendenz zur Rebellion: «Die Unterdrückung der grob materiellen Bedürfnisbefriedigung erzielt ein anderes Resultat als die der sexuellen Bedürfnisse. Erste treibt zur Rebellion, die zweite jedoch verhindert dadurch, daß sie die sexuellen Ansprüche zur Verdrängung bringt, sie dem Bewußtsein entzieht und sich als moralische Abwehr innerlich verankert, den Vollzug der Auflehnung aus *beiden* Arten von Unterdrückung. Ja, auch die Hemmung der Auflehnung selbst ist unbewußt» (REICH 1934 a, S. 52). Auf dieser Grundlage können wir die Rückwirkung der Ideologie auf die ökonomische Basis begreifen, die tendenziell zu einer immerwährenden Perpetuierung des kapitalistischen Wirtschaftssystems führt: «Der Ausgebeutete bejaht selbst die Wirtschaftsordnung, die seine Ausbeutung garantiert; der sexuell Unterdrückte bejaht selbst die Sexualordnung, die seine Befriedigung einschränkt und ihn krank macht, und er wehrt selbst eine andere Ordnung gefühlsmäßig ab, die seinen Bedürfnissen entspräche» (REICH 1935, S. 116). Es wird also nicht nur die Tendenz zur Rebellion gebrochen, mehr noch: es wird die Grundlage für eine affirmative Haltung gegenüber dem bestehenden System gelegt. So, wie der Ansatz zur sexuellen Rebellion durch die sexuelle Strafangst zerstört wird, so wird auch der Ansatz zu jeder anderen Rebellion schon im Ursprung mit Angst belegt, unabhängig von den realen Erfolgschancen des Rebellierens. Die Folge ist eine allgemeine Passivität, Apathie und Anpassungsbereitschaft, aus der sich eine aktive Kraft zur Unterstützung eben der Verhältnisse entwickeln kann, die ursprünglich Anlaß zum Rebellionswunsch gaben. «Die Sexualverdrängung stärkt die politische Reaktion nicht nur durch den Vorgang, der die Massenindividuen passiv und unpolitisch macht; sie schafft in der Struktur des bürgerlichen Menschen eine sekundäre Kraft, ein künstliches Interesse, das die herrschende Ordnung auch aktiv unterstützt» (REICH 1934 a, S. 53).

Bewußt (aus Einsicht in den Zusammenhang zwischen Herrschaft und Sexualverdrängung) oder unbewußt (als Reaktion auf die selbst erlittene Sexualunterdrückung) ergreifen Einzelpersonen und Gruppen in gesellschaftlichen und staatlichen Organisationen und Institutionen zahlreiche Maßnahmen zur Sexualunterdrückung. Das zentrale Instrumentarium dazu stellt die bürgerliche Sexual- und Familienideologie und die aus ihr abgeleitete Familienpolitik dar. «Die privatwirtschaftliche Klassengesellschaft reproduziert sich mit entscheidender Hilfe der Familie in Gestalt bestimmter massenindividueller Strukturen, [sie] muß die Familie als *die* Grundlage des ‹Staates, der Kultur und der Zivilisation› verteidigen» (REICH 1934 a, S. 154). Die Propagierung der Sexualmoral und ihre Durchsetzung mit Hilfe staatlicher Maßnahmen und gesellschaftlicher Zwänge geschieht nicht um der traditionellen Moral an sich, sondern zur Aufrechterhaltung der herrschenden gesellschaftlichen Verhältnisse. Die Produktionssphäre der Sexualmoral und Familienideologie ist der Bereich der politischen und ökonomischen Herrschaftsausübung; demgegenüber ist die Familie lediglich die Institution zu deren Reproduktion: «Produktion und Reproduktion der Moral sind also streng auseinanderzuhalten, jene erfolgt in der herrschenden Gruppe als ‹kulturelle Forderung›, diese in allen Gesellschaftsmitgliedern als individuelle Moral ... Die Forderung des Nutznießers wird zur Moral des Nutzenspenders» (REICH 1935, S. 114 f). Die ‹herrschende Gruppe› ist soziologisch nicht klar zu umgrenzen. Für den Zusammenhang dieser Arbeit genügt es, festzustellen, daß das Familienministerium (im Zusammenwirken mit den Kirchen) die Familienideologie verbreitet. Die einmal produzierte Moral würde bald wirkungslos werden, wenn nicht Vorkehrungen getroffen würden, sie dauerhaft in den Menschen zu verankern. «Zur Aufrechterhaltung der Moral genügt nicht eine einmalige Forderung oder Gesetzgebung. Die ständige Einengung der Bedürfnisbefriedigung durch äußeren Zwang hätte zur Folge, daß sich die neue Moral immer wieder neu aufdrängen und durchsetzen müßte; sie hätte bei jedem erwachsenen Menschen dauernd Widerstände zu überwinden und könnte sich so kaum halten» (REICH 1935, S. 115). Die Moral muß vom äußeren Anspruch zum im Unterbewußtsein verankerten und verinnerlichten Prinzip werden: «Sie muß sich, um ihren ökonomischen Zweck ganz zu erfüllen, tiefer verankern; sie muß in frühester Kindheit einzuwirken beginnen, solange der Widerstand des Ich leicht zu überwinden ist, und sie muß aus einem äußeren Anspruch der Gesellschaft zu einer inneren Moral aller Gesellschaftsmitglieder werden» (REICH 1935, S. 115). Eben dies aber leistet die lebenslang monogame, möglichst kinderreiche, patriarchalische, das heißt auf der horizontalen Arbeitsteilung (Frau als Hausfrau und Kinderbewahrerin, Mann als Erwerbstätiger) beruhende Familie, und deswegen wird sie durch eine konsequente Familien-, Sexual-, Rechts- und Sozialpolitik ‹gefördert› und erzwungen.

Diese Beobachtungen, Feststellungen und Behauptungen der sexualökonomischen Theorie WILHELM REICHS decken sich fast völlig mit den Forschungsergebnissen der bürgerlichen Familiensoziologie, lediglich in den Folgerungen aus diesen Beobachtungen unterscheiden sich beide Richtungen grundlegend. Wo bei REICH die systemsprengende Kritik ansetzt, erscheint bei den akademischen Familiensoziologen die objektiv affirmative, systemerhaltende Behauptung der unabänderlichen Notwendigkeit der genannten Funktionen der Familie. Dies soll an Hand der Arbeiten von DIETER CLAESSENS (*‹Familie und Wertsystem›* [1962]), WILLIAM J. GOODE (*‹Die Struktur der Familie›* [1960]) und RENATE MAYNTZ (*‹Die moderne Familie›* [1955]) exemplarisch aufgezeigt werden. Dieser Nachweis soll nicht in subjektivistischen Vorwürfen gegen die Verfasser enden, sondern er soll die objektive Unzulänglichkeit und objektiv affirmative Funktion eines Wissenschaftsbetriebes aufweisen, in dem einerseits durch die fachspezifische Arbeitsteilung (hier zwischen Soziologie, Ökonomie, Psychologie und Politologie) übergreifende Gesellschaftstheorien nur schwer entstehen können, in dem andererseits wegen der mangelnden Reflexion der gesellschaftlichen Funktion der Wissenschaft ein Un-Bewußtsein der politischen Bedeutung und damit auch der politischen Verantwortung der Sozialwissenschaft anzutreffen ist.

D. CLAESSENS zeigt deutlich die Anpassungszwänge auf, die von der familiären Erziehung ausgehen und systemerhaltend wirken: Die Familie ist im «Prozeß der Sozialisation, dem der Enkulturation und der Vermittlung gesellschaftlich erwünschter, positionsabhängiger Verhaltensweisen ebenso Agentin der Kultur-Gesellschaft, legt also dem Kind nicht nur die ‹Chance› nahe, Kultur und gesellschaftliche Verhaltensweisen zu übernehmen, sondern wirkt praktisch unnachsichtig auf solche Übernahme hin» (CLAESSENS 1962, S. 156), und sie scheint ihm für diesen zwanghaften Anpassungsprozeß besser geeignet als jede andere gesellschaftliche Einrichtung: «Im Hinblick auf die Aufgabe gegenüber dem Nachwuchs, Werte und Normen des Verhaltens zu tradieren, muß sie wegen ihrer Prägekraft als optimales Medium angesehen werden» (CLAESSENS 1962, S. 154). Die Erfüllung dieser Funktion hält CLAESSENS für Individuum wie Gesellschaft für völlig unverzichtbar: «Erfüllt die Kernfamilie ihre Erziehungs- und Vermittlungsfunktion insgesamt ungenügend, so ist das Individuum ebenso bedroht wie die Gesellschaft: das Individuum, weil ihm nicht die optimalen Möglichkeiten zur Entfaltung in der Gesellschaft geboten werden, die Gesellschaft, weil ihr die notwendige Transmissionsstelle entzogen wird» (CLAESSENS 1962, S. 157, Anm. 6), worunter dann die Funktionsfähigkeit der Gesellschaft leidet. «Menschlicher Nachwuchs muß, damit Gesellschaft ‹funktionieren› kann, zu einheitlichem Verhalten erzogen werden» (CLAESSENS 1962, S. 41). Bei CLAESSENS bleiben zwei Fragen unreflektiert, die bei REICH im Zentrum der Forschung stehen: welche Werte, Normen, Verhaltensweisen sind es, die in der Familie vermittelt werden? Sind sie tendenziell auf Entfaltung oder Zerstörung der lebendigen Bedürfnisse des heranwachsenden Menschen gerichtet? Vom Inhalt der familiären Erziehung, von der Erziehung zum autoritären Charakter, von der Unterdrückung der Sexualität ist bei CLAESSENS nirgends die Rede, er bleibt ganz formal im Sinne der strukturell-funktionalen Analyse. Er zeigt die gesellschaftliche Funktion einer Familie auf. Dabei ist ihm bewußt, daß die Familie durchaus mißbraucht werden kann: «Die Kernfamilie ... kann von jeder Gesellschaft in ihren Dienst gestellt werden» (CLAESSENS 1962, S. 13), also auch von faschistischen und autoritär-bürokratischen Regimen. Die Inhalte der Sozialisierung bleiben außerhalb der wissenschaftlichen Untersuchung.

Nicht viel anders ist das bei WILLIAM J. GOODE. «Das Kind muß sich mit dem Erwachsenen identifizieren. Wird diese Voraussetzung nicht zureichend erfüllt, dann wird der erwachsene Mensch nicht die gleichen Gefühle und die gleichen Ängste und Befürchtungen wie die anderen Mitglieder seiner Kultur oder Gesellschaft empfinden... es würden die Notwendigkeiten der sozialen Struktur nicht erfüllt werden» (GOODE 1966, S. 39). Hier wird es unmißverständlich gesagt: es ist eine Notwendigkeit der sozialen Struktur, daß die Kinder Furcht und Angst lernen. Lernt das Kind das nicht, «verfügt es nicht über diese sozialen Symbole... dann werden schließlich auch die sozialen Strukturen und Organisationen in Frage gestellt» (GOODE 1966, S. 39). Die ‹Strukturen› und ‹Organisationen› aber, diese Heiligen Kühe der funktional-strukturellen Theorie, müssen erhalten werden, auch wenn das nur mit Furcht und Angst geht. Am besten garantiert diese Systemerhaltung die Familie: «Keine andere Institution als die Familie, insbesondere die Kernfamilie, [ist] dazu in der Lage. Wenn diese Funktionen nicht erfüllt werden, zerfällt die Gesellschaft; einzig die Familie kann sie aber zureichend ausüben», weil sie mehr Sanktionsmöglichkeiten hat (‹primärer sozialer Druck›) als jede andere gesellschaftliche Einrichtung: «Sekundäre Kontrollen ohne die viel wesentlichere Kraft des primären sozialen Drucks [in der Familie] sind nutzlos. Es ist nicht übertrieben, wenn wir von der Familie sagen, daß sie in erster Linie die gesamte Gesellschaft zusammenhält» (GOODE 1966, S. 39 f, 35).

RENATE MAYNTZ ergänzt diese Thesen durch Einbeziehung der Sexualität: «Der Geschlechtstrieb ist kein an sich auf Eheschließung und Familiengründung abzielender Trieb. Erlaubte es die Gesellschaft, dann könnte dieser Trieb als solcher für die Dauer in freien Liebesbeziehungen befriedigt werden. Gerade diese Tatsache und ihre möglichen Folgen macht den Geschlechtstrieb zu einem für ein stabiles und funktionierendes Sozialsystem gefährlichen Trieb. In jeder Gesellschaft gibt es daher Normen und Einrichtungen, um diesen Trieb zu regulieren und seiner gesellschaftlichen Sprengkraft zu berauben. Die von dem Druck der auf Einhaltung der Sitten bedachten öffentlichen Meinung bewirkte Monopolisierung von Geschlechtsbeziehungen in der Ehe läßt... den Geschlechtstrieb zu einem indirekt auf Familiengründung hinwirkenden Trieb werden» (MAYNTZ 1955, S. 33).

Die akademische Familiensoziologie unterscheidet sich in den Ergebnissen der Analyse kaum von REICH. Sie erkennt die große Bedeutung der Familie zur Systemstabilisierung. Die Unterschiede liegen in der Skala der obersten Werte: REICH geht von dem menschlichen Sexualbedürfnis aus und kritisiert eine Gesellschaft, die dessen Befriedigung verhindert. CLAESSENS, GOODE und RENATE MAYNTZ gehen von der (stabilen, funktionierenden) Gesellschaft aus, stellen fest, daß die Menschen Bedürfnisse haben, die mit den Forderungen der Gesellschaft nicht zu vereinbaren sind und liefern den Herrschenden Erkenntnis über die Institution Familie, die in der Lage ist, die gesellschaftlich ‹störenden› Bedürfnisse der Menschen zu verdrängen und deren Triebkräfte obendrein ökonomisch nutzbar zu machen. Dieser Unterschied kennzeichnet den Gegensatz zwischen kritischer, im Effekt humaner und affirmativer, im Effekt inhumaner Wissenschaft.

Festigung der Klassenstruktur

Bei WILHELM REICH erscheint die herrschende Klasse als Produktionssphäre der Sexualmoral (vgl. S. 31). In der akademischen Familiensoziologie hingegen ist dies schlicht «die Gesellschaft». Die Frage, ob die Sexualmoral bestimmten Klassen oder Schichten nützt und anderen schadet, wird dort nicht erörtert. W. REICH dagegen erklärt, daß die Sexualunterdrückung den politischen und ökonomischen Interessen der herrschenden Klasse nützt, deren Mitglieder individuell jedoch nicht von ihr verschont bleiben. Die Sexualunterdrückung findet sich in der Familie des Proletariats ebenso wie in der des mittelständischen Kleinbürgertums und in der der Großbourgeoisie (die Fabrikantentochter leidet ähnlich unter ihr wie die junge Arbeiterin). Unterschiede bestehen hinsichtlich der Intensität und dem Ausmaß ihrer Zwanghaftigkeit: «Die Sexualmoral ist eine beide Klassen umfassende Erscheinung. Sie ist aber nicht in beiden Klassen quantitativ gleich. Zur Zeit der ersten Differenzierung des Proletariats, in den Anfängen des Kapitalismus, hat es nach den Berichten von MARX im *‹Kapital›* und von ENGELS in *‹Die Lage der arbeitenden Klassen in England›* zu urteilen, so gut wie keine Einschränkung oder Verdrängung der Sexualität gegeben» (REICH 1934 b, S. 38). Sie war aber seit Beginn der privatwirtschaftlichen Produktion sehr stark ausgeprägt in der gesellschaftlichen Ober- und Mittelschicht, in der besitzenden Klasse. Sie hatte ihren Ursprung in dem wirtschaftlichen Interesse der Besitzenden, die Erhaltung des gleichen Besitzes durch die Kontrolle des Nachwuchses zu gewährleisten. Deswegen wirkte sich die Sexualunterdrückung zunächst für die Frau aus: «Die Keuschheits- und Treuemoral gilt am stärksten zunächst für die weiblichen Angehörigen der herrschenden Klasse» (REICH 1934 a, S. 143). Eine Bestätigung dieser Beobachtung findet REICH bei dem Münchner Sexualhygieniker MAX VON GRUBER (*‹Hygiene des Geschlechtslebens›*, 1927, S. 146 f): «Wir müssen die Keuschheit der Frau als höchstes völkisches Gut schätzen und pflegen, denn in der Keuschheit der Frau ist die einzige sichere Bürgschaft dafür gegeben, daß wir wirklich die Väter unserer Kinder sein werden, daß wir für unser eigenes Blut schaffen und uns mühen. Ohne diese Bürgschaft aber keine Möglichkeit eines gesicherten, innigen Familienlebens, dieser unentbehrlichen Grundlage für das Gedeihen von Volk und Staat».

Dagegen war die herrschende Klasse zunächst an der sexuellen Unterdrükkung der beherrschten Klasse nicht interessiert. Diese Aussage scheint der These zu widersprechen, daß erst die Sexualmoral die sichere Herrschaft der herrschenden Klasse ermögliche. W. REICH bringt hier die These ein, daß erst die Organisation des Proletariats in Klassenkampforganisationen das herrschende System gefährdete und zur Ausdehnung der Sexualunterdrückung auf das Proletariat führte: «Mit Beginn der organisierten Arbeiterbewegung, der Erkämpfung sozialpolitischer Errungenschaften und der mit ihr einhergehenden kulturellen Hebung der breiten Volksmassen setzt zugleich ihre sexualmoralische Verbürgerlichung ein» (REICH 1934 a, S. 143), was zunächst nicht mehr heißt, als daß das Proletariat die äußeren Formen des kleinbürgerlichen Familienlebens übernimmt; diese Anpassung an kleinbürgerliche Lebensformen stellt auch eine gewisse Voraussetzung für den sozialen Aufstieg dar. Demgegenüber blieb das Sexualverhalten zunächst von der bürgerlichen Sexualmoral wenig beeinflußt.

Schließlich mag die Sexualunterdrückung gegenüber dem Proletariat im Hochkapitalismus aus bevölkerungspolitischen Gründen schwach ausgeprägt gewesen sein, weil die herrschende Klasse an einer hohen Geburtenzahl interessiert war, um Menschen als Arbeitskräfte für die industrielle Expansion, für die industrielle Reservearmee und für Kinderarbeit und als Soldaten für imperialistische Kriege zu erhalten.

Diese Beobachtungen findet REICH auch durch die psychoanalytische Praxis bestätigt: «Von wirtschaftlichen Beschränkungen der Genitalität ist das Proletariat nicht beschwert, und da auch der Druck der kulturellen Ansprüche ein niedrigerer ist als in den besitzenden Klassen, treten Neurosen im Verhältnis zur Zahl der Individuen weniger hervor, und die Genitalität ist umso ungebundener, je schlechter die materiellen Lebensbedingungen sind» (REICH 1927, S. 146). In dem Maße aber, in dem sich die sichtbaren Klassenunterschiede im Zusammenhang mit dem ‹sozialen Aufstieg› des Proletariats verringern, das Proletariat bürgerliche Lebensformen übernimmt und in die Lebensbereiche des Kleinbürgertums einzudringen beginnt, fängt die herrschende Klasse an, sich für die ‹Sittlichkeit› der Proletarier zu interessieren. Denn das Proletariat «produziert aus seiner Klassenlage heraus sexuelle Vorstellungen und Lebensweisen, die den Klasseninteressen der Bourgeoisie durchaus tödlich gefährlich sind» (REICH 1934 a, S. 142). Darunter ist die ‹physische Robustheit› und die ‹sexuelle Naturwüchsigkeit› zu verstehen, die für das sexuell nicht unterdrückte Proletariat kennzeichnend sind. W. REICH unterläßt es allerdings, zu untersuchen, wie weit das ‹naturwüchsige› Sexualverhalten des Proletariats mit Gewalttätigkeit und Brutalität durchsetzt ist, sexuelle Verhaltensweisen, die sich vor allem aus der ökonomischen Unterdrückung des Arbeiters im Betrieb ergeben können.

Die gesellschaftliche Oberschicht, in der «Klassenvorurteile, Standesbewußtsein, angeblich auch Staatsinteresse die Hintanstellung der individuellen Sexualbedürfnisse hinter die Interessen der eigenen Klasse forderten» (REICH 1927, S. 145), sieht sich durch die «sexuellen Lebensformen der unterdrückten Schicht gefährdet ... Die sexuellen Sitten des Proletariats bedeuten somit nicht nur eine psychologische Gefahr, sondern auch eine soziale Gefahr für die herrschende Klasse, die sich vor allem in ihrer Familieninstitution bedroht sieht» (REICH 1934 a, S. 145). Diese Gefahr entsteht durch die allmähliche Beseitigung der sichtbaren Klassenschranken, durch den wirtschaftlich-sozialen Aufstieg und durch die politische Emanzipation der Arbeiterschaft. Begründet sich derart ein Interesse der herrschenden Klasse an der sexuellen Unterdrückung des Proletariats, so entsteht hier umgekehrt eine Bereitschaft zur Übernahme kleinbürgerlicher Lebensformen: «Das kleinbürgerliche Schlafzimmer, das sich der Prolet anschafft, sobald er die Möglichkeit dazu hat, auch wenn er klassenbewußt ist, die dazugehörige Unterdrückung der Frau, auch wenn er Kommunist ist, die ‹anständige› Kleidung am Sonntag, der kleinbürgerliche Tanz und tausend andere Kleinigkeiten haben bei chronischer Einwirkung unvergleichlich mehr konterrevolutionären Einfluß als tausende von Versammlungen und Flugzetteln gutmachen können» (Reich 1934 a, S. 106). Die Verbürgerlichung beginnt mit dem Ansteigen des Lebensstandards, wirkt sich also zunächst auf die Arbeiter in privilegierten Positionen und mit höheren Einkommen aus: «Steigt ein Industriearbeiter wirtschaftlich auf in die Reihen der Arbeiteraristokratie, so verändert sich dementsprechend auch seine Gesinnung, seine Kinder geraten unter den stärkeren Druck von seiten der konservativen Moral» (Reich 1966, S. 109).

Der aufsteigende Arbeiter selbst jedoch bringt seine noch relativ unverdrängte Sexualität in die Schicht der Kleinbürger hinein. Dadurch entsteht für die Moral der Kleinbürger die Gefahr, von den sexuellen Lebensgewohnheiten des Arbeiters zurückgedrängt zu werden. Diese Gefahr ist dann besonders groß, wenn durch die Monopolisierung der Produktionsmittel und die Entwicklung der Produktivkräfte dem Mittelstand der ökonomische Boden entzogen und die kleinbürgerliche Mittelschicht tendenziell proletarisiert wird. «Das Geschlechtsleben des Proletariats muß gerade dann der Großbourgeoisie als besondere Gefahr für den Bestand der sexuellen Institutionen [Familien] erscheinen, wenn die wirtschaftliche Proletarisierung des Kleinbürgertums beginnt» (Reich 1934 a, S. 145). Denn die Großbourgeoisie stützt sich ökonomisch wie politisch entscheidend auf die kleinbürgerlichen Mittelschichten. Selbst zu wenig zahlreich, die Beherrschung der werktätigen Massen auszuüben, benötigt die herrschende Klasse die Beamten, höheren Angestellten, Lehrer, aufsichtführenden Vorarbeiter und Werkmeister, kleinen Unternehmer usw., die im Interesse der herrschenden Klasse liegende konkrete Unterdrückung der werktätigen Massen zu organisieren und ihre kontinuierliche Durchführung zu garantieren, eine Funktion, die mehr als irgendeine andere ambivalent autoritäre Charaktere (Gehorsam nach oben, Druck nach unten) verlangt.

Den Herrschenden muß also viel daran gelegen sein, die sexuellen und familiären Verhältnisse der kleinbürgerlichen Mittelschichten gegen die sexualbejahenden Einflüsse aus dem aufsteigenden Proletariat abzuschirmen, und zweitens muß ihnen daran gelegen sein, den ökonomischen Niedergang und damit die Proletarisierung des Mittelstandes zu verhindern: «Da (die Großbourgeoisie) sich zentral auf die Kleinbourgeoisie stützt, liegt ihr besonders viel an deren Sittlichkeit und Reinhaltung von den ‹Einflüssen des Untermenschentums› ... Daher verstärkt das Kapital immer in Zeiten der Krise seine Propaganda für Sittlichkeit und Festigung der Ehe und Familie. Bildet doch die Familie die Brücke von der elenden ökonomischen Lage der Kleinbourgeoisie zur reaktionären Ideologie ... Wird die Familie durch Wirtschaftskrisen und Proletarisierung des Mittelstandes erschüttert, so ist dadurch die ideologische Verankerung des herrschenden Systems auf das stärkste gefährdet» (Reich 1934 a, S. 146). Hier erfährt die Mittelstandspolitik wie auch die besondere (vor allem steuerliche) Förderung der mittelständischen Familie beim Übergang vom Hoch- zum

Spät-(Monopol-)Kapitalismus ihre Erklärung. Die Mittelschichten gewinnen ihre Bedeutung durch eine dreifache Vermittlung zwischen herrschender Oberschicht und Proletariat: durch ihre vermittelnde Stellung im Produktionsprozeß, durch ihre vermittelnde Stellung im Staatsapparat und durch ihre Funktion als Vermittler der Familienideologie (Erzieher, Ausbilder, Geistliche ...). Die verschiedenen ‹Funktionäre› unterscheiden sich wirtschaftlich, gleichen sich aber sexualmoralisch-familiär: «Die Stellung des Kleinbauerntums, des Beamtentums und der mittleren Kaufmannschaft zeigt wirtschaftliche Verschiedenheit, kennzeichnet sich aber durch eine in den Grundzügen gleichaltrige familiäre Situation» (Reich 1934 a, S. 71).

Die Mittelstandspolitik ist jedoch, da sie sich gegen die Entwicklungsgesetze der industriellen Produktion stellt, nichts als eine Übergangsmaßnahme. Sie kann die Proletarisierung des Mittelstandes auf die Dauer nicht aufhalten: «Durch die Monopolisierung und Vertrustung des Kapitals, durch die Schaffung von Millionenarmeen an Angestellten und Beamten werden die Grundpfeiler der moralischen antisexuellen Atmosphäre, der Kleinbetrieb und die Familie, erschüttert. Die in die Betriebe strebenden Frauen und Mädchen entwikkeln freiere Auffassungen über das Geschlechtsleben, als ihnen das Elternhaus zugestand. War das in kollektiver Weise arbeitende Proletariat von jeher der Sexualbejahung zugänglich, so begann der moralische Zersetzungsprozeß mit der Monopolisierung des Kapitals auch im Kleinbürgertum um sich zu greifen» (Reich 1934 a, S. 255).

Faßt man die wichtigsten Punkte zusammen, so ergibt sich für die gesellschaftlichen Folgen der Sexualmoral:

Zusammenfassung: Fünf Thesen

Erstens: Die Verdrängung der genitalen Sexualität erzeugt autoritätsgläubige, untertanenhafte Charaktere und garantiert damit die Aufrechterhaltung der herrschenden gesellschaftlichen Verhältnisse, Herrschaftsstrukturen und Produktionsverhältnisse. Der autoritär strukturierte Mensch ordnet sich ihnen – wenn auch oft widerstrebend – unter und erfüllt in ihnen systemerhaltende Funktionen.

Zweitens: Die sexualverneinende Psychostruktur erzeugt die Disposition zu entfremdeter Arbeit. Ohne entfremdete Arbeit würde das ökonomistische, auf Produktionsmaximierung und Profiterwirtschaftung ausgerichtete System der Warenproduktion zusammenbrechen. Sexualbejahung und entfremdete Arbeit schließen sich tendenziell gegenseitig ebenso aus wie Sexualverdrängung und schöpferische, selbstbestimmte Arbeit.

Drittens: Die sexuelle Unterdrückung vermindert die Kritikfähigkeit und ermöglicht die Ideologisierung des Bewußtseins mit Inhalten, die den wirklichen Interessen entgegengesetzt sind. Ein Beispiel dafür ist die Übernahme der sexualverneinenden Ideologie durch die sexuell Unterdrückten selbst. Ohne die permanente Selbstunterdrückung des Menschen wäre eine Unterdrückung nur durch Einsatz physischer Gewalt möglich.

Viertens: Die sexuelle Unterdrückung erzeugt eine autoritäre Psychostruktur bei Herrschenden und Beherrschten, die die Grundlage der autoritären Hierarchien der bürgerlichen Gesellschaft darstellt. Besonders ausgeprägt ist die autoritäre Psychostruktur in ihrer Ambivalenz (Gehorsam nach oben, Druck nach unten) bei den Kleinbürgern der gesellschaftlichen Mittelschichten, deren Angehörige die konkrete Unterdrückung der Werktätigen und der Jugend in Betrieben und Ausbildungsstätten im Interesse des herrschenden Systems durchführen. Aus diesem Grunde ist die sexualverneinende Moral in diesen Schichten stärker ausgeprägt als in den anderen.

Fünftens: Die Sexualverdrängung erzeugt zwar die Disposition zu entfremdeter Arbeit und wirkt damit als quasi-Produktivkraft. Eine rigorose Sexualunterdrückung kann jedoch zu schweren Neurosen und damit zu Arbeitsstörungen führen, die die individuelle Arbeitsleistung stark vermindern. Dies ist eine unerwünschte Nebenwirkung, die jedoch um der autoritären Psychostruktur der Masse der Werktätigen willen in Kauf genommen wird.

Diese Folgen der Sexualmoral machen die Menschen für die autoritäre kapitalistische Gesellschaft funktionsfähig und garantieren dadurch deren Bestand und Effizienz im Sinne der profitorientierten Warenproduktion.

Die Produktionssphäre der sexualverneinenden Moral ist die Gruppe derjenigen, die die politischen und ökonomischen Grundentscheidungen im Interesse einer profitorientierten Warenproduktion treffen oder theoretisch vorbereiten, die die autoritäre hierarchische Struktur der Gesellschaft konzipieren und realisieren.

Die Transmissionssphäre der Sexualmoral ist die Gruppe der kleinbürgerlichen Ideologisierer und Indoktrinateure im Bereich der Erziehung, der Religion, der Medizin und der Justiz.

Die Reproduktionssphäre der Sexualmoral ist die bürgerliche Familie.

3. Kritik der Familie

Aus dem Blickwinkel einer antiautoritären und sexualökonomischen Position erscheint die bürgerliche Ehe und Familie dreifach kritikwürdig. *Erstens,* weil sie, selbst nur durch strikte Befolgung der Sexualmoral funktionsfähig, die in ihr lebenden Kinder, Jugendlichen und Erwachsenen an der freien Entfaltung ihrer Genitalität hindert, damit ihre vitalen Lebensbedürfnisse einschränkt und sie außerdem zu autoritätsfürchtigen Untertanen macht. Durch diese sexualmoralische Erziehung und Beeinflussung macht die Familie die Menschen ‹ehefähig› im Sinne der bürgerlichen Ehe- und Familienideologie, und sie macht sie funktionsfähig für die auf entfremdeter Arbeit und autoritären Hierarchien beruhende kapitalistische Gesellschaft.

Zweitens, weil die bürgerliche Ehe und Familie in ihrer Struktur ein Mikrokosmos der autoritären Gesellschaft ist und die in ihr Lebenden vom Kindesalter an zur Anpassung an autoritäre Verhältnisse zwingt. Die psychische Grundlage für diese Anpassung schafft die Sexualmoral, die erste Übung im autoritären Verhalten wird durch die autoritär strukturierte Familie erreicht.

Für diesen Zweck ist die Abhängigkeit der Kinder von beiden Eltern relevant.

Drittens, weil die bürgerliche Ehe und Familie zusätzlich zur Unterdrückung der Kinder durch die Eltern auf der ökonomischen Ausbeutung und sexuellen Unterdrückung der Frau beruht, ohne die sie nicht lebensfähig wäre. Auch in diesem Sinne ist sie ein Mikrokosmos der Gesamtgesellschaft mit ihrer Benachteiligung der Frau in fast allen Bereichen.

Erziehung zur Ehefähigkeit

Als ‹ehefähig› gilt in der bürgerlichen Gesellschaft ein Mensch, der fähig ist, in einer bürgerlichen, auf lebenslanger Monogamie basierenden Ehe und Familie die Gatten- und Elternrolle zu spielen. Die Kritik der Erziehung der Menschen zur Ehefähigkeit geht davon aus, daß die lebenslang monogame Ehe zur Befriedigung der vitalen sexuellen Bedürfnisse und daß die bürgerliche Familie zu einer sexualbejahenden Kindererziehung ungeeignet ist. Damit stehen bürgerliche Ehe und Familie im Gegensatz zur freien Entfaltung des heranwachsenden wie des erwachsenen Menschen. Die Kritik der Struktur von Ehe und Familie geht weiter davon aus, daß die dort praktizierte autoritäre Erziehung den Menschen unfähig zur gesellschaftlichen Demokratie macht, weil er statt zur Selbstbestimmung zur Anpassung an fremdbestimmte Verhaltensnormen erzogen wird.

Die Erziehung zur Ehefähigkeit schafft die Voraussetzung dafür, daß der Mensch fähig und bereit ist, in derjenigen Lebensform zu existieren, die die funktionale und strukturelle Voraussetzung für die Reproduktion der Sexualmoral erfüllt: in der bürgerlichen Ehe. Sie soll den Menschen tendenziell zur Verdrängung seiner Sexualität bringen und dadurch den psychologischen Boden schaffen für die Ausübung der Autorität in Familie und Gesellschaft. Sie befähigt den Menschen, in seinen eigenen Kindern die Sexualmoral zu verankern, sie sexuell zu unterdrücken und damit die Sexualmoral für die nächste Generation zu reproduzieren und diese zur Ehefähigkeit zu erziehen. «Die Erziehung zur Ehe und Familie ist das Ziel der Aufzucht der Kinder von Anbeginn. Die Erziehung zum Beruf tritt ja erst viel später hinzu» (Reich 1966, S. 108). Dabei ergibt sich die sexualmoralische Erziehung durch die Eltern einerseits aus den Anforderungen, die die Gesellschaft an die Eltern stellt und deren Befolgung sie kontrolliert, andererseits aber automatisch aus der familiären Situation selbst: sexualmoralisch erzogene und lebende Menschen können gar nicht anders als wiederum sexualmoralisch auf ihre Umgebung einwirken, und zwar mit um so mehr Strenge und repressivem Druck, je abhängiger diese Umgebung von ihnen ökonomisch und gesellschaftlich ist. «Die sexualverneinende und -verleugnende Erziehung ist nicht nur von der gesellschaftlichen Atmosphäre diktiert, sondern sie wird notwendig durch die Sexualverdrängung der Erwachsenen. Ohne umfassenden Sexualverzicht ist ein Existieren in der Familienatmosphäre nicht möglich» (Reich 1966, S. 108). Diese Behauptung der Unvereinbarkeit voll entwickelter Sexualität mit der lebenslang monogamen Ehe und Familie leitet REICH aus psychoanalytischen Erfahrungen ab: «Meiner Erfahrung nach zerfallen Ehen in der [psycho-] analytischen Behandlung, wenn ohne Rücksicht auf die eheliche Moral analysiert wird ... Ehen, welche den Druck einer Analyse ertragen haben, halten nur dann, wenn der Analysierte selber seine sexuelle Agilität gewinnt und entschlossen ist, sich der strengen ehelichen Moral nicht unbedingt zu fügen. Diese erweist sich regelmäßig als gehalten durch neurotische Verdrängungsmechanismen» (REICH 1966, S. 178), und: «Menschen, die, sei es durch besondere Schicksale, sei es durch eine psychoanalytische Kur, zur vollen Entfaltung ihrer genitalen Bedürfnisse gelangen, werden unfähig, sich dem monogamen Gebot ‹ein Partner, und dieser lebenslänglich› zu fügen» (REICH 1935, S. 48). Diese Beobachtung wird auch durch die Analyse ‹funktionierender› bürgerlicher Ehen bestätigt: «Der Vergleich mit den sexuell verkrüppelten und daher braven kleinbürgerlichen Ehefrauen, die der Moral folgen können, ferner die relative Leichtigkeit, mit der sexuell gestörte Männer die Monogamie durchführen, [beweist], daß die Schädigung der genitalen Sexualität ehefähig macht» (REICH 1935, S. 48). Die Askeseforderung an die Jugend manifestiert sich damit als Instrument zur Herstellung der Ehefähigkeit, objektiv und unabhängig von wie auch immer gearteten subjektiven Rationalisierungen. Ein sexualökonomisches, das heißt sexuell uneingeschränktes Leben der Jugendlichen würde das Gegenteil bewirken: «Die volle Entfaltung der Sexualität durch befriedigendes Sexualleben vor der Ehe zerstört zwar nicht die Monogamie auf gewisse Zeit», in REICHS Terminologie also die Fähigkeit zur sexuellen Dauerbeziehung für die Dauer der beiderseitigen sexuellen Befriedigung in dieser Beziehung, «wohl aber die Fähigkeit zur Monogamie im kirchlichen und bürgerlichen Sinne» (REICH 1935, S. 48). W. REICH weist statistisch nach, daß von Jugendlichen, die vor dem 17. Lebensjahr genitale Beziehungen aufnahmen, später fast zwei Drittel in der Ehe ‹untreu› waren, von denen, die zwischen dem 17. und 21. Lebensjahr begannen, fast die Hälfte und von denen, die über ihr 21. Lebensjahr hinaus asketisch lebten, nur etwa ein Sechstel (REICH 1966, S. 137). Das entspricht auch neueren statistischen Erhebungen (vgl. KINSEY und Mitarb. 1965, S. 539). Sexuelle Freiheit der Jugend würde demnach den Untergang der bürgerlichen Ehe bedeuten, würde die Jugendlichen unfähig machen, eine lebenslang monogame Ehe zu führen. Da die autoritäre Gesellschaft die Familie als sexualmoralische und autoritäre Ideologiefabrik benötigt, muß sie aus Gründen der Systemerhaltung und Herrschaftssicherung die voreheliche und außereheliche genitale Sexualität einschränken, verbieten, zur Verdrängung bringen. «Die Sexualunterdrückung ist eines der kardinalen ideologischen Mittel der herrschenden Klasse zur Unterjochung der werktätigen Bevölkerung» (REICH 1935, S. XIII). Die sexuelle Unterdrückung des Kindes manifestiert sich hauptsächlich im Verbot der Onanie, also der Selbstbefriedigung und des Lustgewinns durch das Spielen mit den eigenen Genitalien, und im Verbot sexueller, vor allem genitaler Spiele mit anderen Kindern und Jugendlichen. Als Wirkung dieser Verbote treten beim Kind folgenschwere Veränderungen der Psychostruktur und damit des individuellen und sozialen Verhaltens auf: «Das allgemeine Wesen des Kindes verändert sich, wenn es seine natürliche Geschlechtlichkeit nicht mehr leben darf, erschreckend. Es wird scheu, ängstlich, verhalten, geduckt, autoritätsfürchtig und entwickelt unnatürliche sexuelle Triebregungen, wie etwa sadistische Neigungen. An die Stelle des freien, furchtlosen Wesens treten Gehorsamkeit und Leichtbeeinflußbarkeit. Die Niederhaltung der sexuellen Regungen erfordert viel Energie, Aufmerksamkeit, ‹Selbstbeherrschung›. In dem Maße, wie die biologischen Kräfte des Kindes sich nicht mehr ganz der Außenwelt und der Triebbefriedigung zuwenden können, verliert es auch an motorischer Kraft, Beweglichkeit, Mut und Realitätssinn. Es wird ‹gehemmt›. Im Zentrum dieser Hemmung steht regelmäßig die Hemmung der Motorik, des Laufens, Tollens, kurz der Muskeltätigkeit ganz allgemein. Man kann allgemein beobachten, wie die Kinder in den patriarchalischen Kulturkreisen immer um das 4., 5. oder 6. Lebensjahr herum erstarren, erkalten, ‹still› werden und sich gegen die Außenwelt abzupanzern beginnen. Sie verlieren dadurch ihren natürlichen Liebreiz und werden so oft ungelenk, unintelligent, trotzig, ‹schwer erziehbar›; das provoziert seinerseits wieder Verschärfung der patriarchalischen Erziehungsmethoden» (Reich 1966, S. 292). Wird so schon im Säuglingsalter und in der frühen Kindheit die sexuelle Verdrängung vom Kind verinnerlicht, so tritt der Konflikt zwischen sexuellen genitalen Ansprüchen und Moral in der Pubertät offen zutage. «Die Phänomene des Pubertätskonflikts und der Pubertätsneurose... lassen sich auf die eine Tatsache zurückführen, daß ein Widerspruch besteht zwischen der Tatsache der vollen Geschlechtsreife etwa um das 15. Lebensjahr, also der physiologischen Notwendigkeit, geschlechtlich zu verkehren, und der Fähigkeit, Kinder zu zeugen beziehungsweise zu gebären, und der wirtschaftlichen und strukturellen Unmöglichkeit, in diesem Alter den von der Gesellschaft geforderten legalen Rahmen für die Geschlechtsbeziehung, die Ehe, zu schaffen» (Reich 1966, S. 115 f). Sind somit der jugendlichen Genitalität äußere Grenzen gesetzt, die objektiv wahrnehmbar sind, werden sie doch von den Jugendlichen subjektiv nur teilweise als solche wahrgenommen. Sie haben inzwischen die gesellschaftliche Moral verinnerlicht und sich dadurch objektive innere, psychische Grenzen gesetzt und sich gleichzeitig unfähig gemacht, die äußeren Grenzen zu erkennen, in Frage zu stellen und zu sprengen. Diese Verinnerlichung geschah zu einem Zeitpunkt, als die Widerstände des Ich gegen die Umwelt noch leicht zu überwinden waren: in der Kindheit. Der äußere, familiäre Anspruch ist unmerklich zur inneren Moral geworden. «Der Konflikt, der sich ursprünglich zwischen einem sexuellen Ich und einer sexualfeindlichen Außenwelt abspielte, wird dadurch zu einem Konflikt zwischen einem Ich, welches Angst vor Strafe (für genitales Tun) hat und einem Ich, welches bewußt nach Sexualbefriedigung verlangt, um schließlich zu einem vorübergehend stabilen Zustand eines moralischen Ichs überzugehen, das eine verdrängte Sexualregung dauernd niederhält. Das früher lustbejahende Ich wurde selbst sexualablehnend, moralisch. Die gesellschaftliche Moral hat sich im Individuum reproduziert» (Reich 1935, S. 115). Dadurch schließt sich der Kreis der Erziehung zur Ehefähigkeit: das ursprünglich von außen sexuell unterdrückte Individuum wird jetzt selbst zum sexuell unterdrückenden Individuum. Erstes Opfer dieser Unterdrückung wird es selbst. Dann folgen andere Opfer: Ehegatte, Kinder, sowie außerhalb der

Familie Schüler, Lehrlinge, Studenten, Konfirmanden, Kommunikanten, Untermieter, Untergebene in Betrieb, Behörde, Kaserne und auf dem Umweg über gesprochenes oder geschriebenes Wort Hörer und Leser. Auf diese Weise ist die dauernde Reproduktion der Sexualmoral und die Erziehung zu Ehe und Familie grundsätzlich gesichert, ohne daß es zusätzlicher Einflüsse von seiten ‹der Gesellschaft› bedarf. Die Reproduktion der Sexualmoral ist dreifach gesichert: «Die gesellschaftliche Moral hat sich im Individuum reproduziert. Da das bei allen Individuen, die der gleichen sexualverneinenden ökonomischen Situation unterworfen sind, der Fall ist, da diese so veränderten Individuen auf ihre Nachkommen bewußt sicher nicht im Sinne ihrer verdrängten, sondern ihrer moralischen Haltungen einwirken werden, da ferner die bestimmte ökonomische Situation fortbesteht und die moralischen Forderungen der machthabenden Schicht ständig neu produziert werden, so daß auch der äußere gesellschaftliche Druck fortwirkt, ist die Sexualverneinung und -verdrängung dreifach gesichert und mit ihr sind es auch die ökonomischen Interessen der Machthaber» (REICH 1935, S. 115).

Die konkrete Auswirkung der Ehefähigkeit manifestiert sich in der Bereitschaft von Mann und Frau, miteinander eine bürgerliche Ehe einzugehen, auch wenn sie sich vorher gegenseitig nicht versichert haben, daß sie in dieser Beziehung sexuell befriedigt werden; miteinander die bürgerliche Ehe mit ihren kardinalen Forderungen der Monogamie und der Lebenslänglichkeit einzugehen, ohne dabei zu befürchten, in näherer oder weiterer Zukunft keine sexuelle Befriedigung darin mehr zu finden. Im Bewußtsein des Menschen im Zustand der Ehefähigkeit dominiert das Bedürfnis nach Legitimation der sexuellen Beziehungen zum gegenwärtigen Partner, nach gesellschaftlicher Absicherung und ökonomischer Fundierung der monogamen Mann-Frau-Beziehung.

Autoritäre Eltern-Kind-Beziehungen

Die bürgerliche Familie ist ähnlich strukturiert wie die bürgerliche Gesellschaft. Die Herrschaftsstruktur der bürgerlichen Gesellschaft manifestiert sich in der Familie als ökonomisch begründete Herrschaft der Eltern über die Kinder. Die Rolle der herrschenden Klasse als Produktionsgruppe der Sexualmoral übernehmen in der Familie die Eltern, Objekte der sexuellen Unterdrückung werden die Kinder. Die Familie ist die erste Instanz der Sexualmoral, der das Kind sich konfrontiert sieht: «Daß das Kind gerade im kritischen Alter zwischen dem vierten und sechsten Lebensjahr seine Genitalität im Elternhaus erlebt, zwingt ihm eine bestimmte, eben für die Familienerziehung spezifische Lösung auf. Ein Kind, das vom dritten Lebensjahr an in Gemeinschaft mit anderen Kindern und unbeeinflußt von der Elternbindung erzogen wäre, würde seine Sexualität ganz anders entwickeln» (REICH 1966, S. 111).[1] Diese familienspezifische Erziehung ergibt sich aus der ‹Dreiecksstruktur› Vater–Mutter–

1 In einer sexualfeindlichen Gesellschaft mit obligatorischer Familienerziehung nicht überprüfbare These.

Kind. Aus ihr «ergibt sich eine für sie spezifische Konstellation des Kindes, ganz in der Richtung der konservativen Strukturen der Gesellschaft... Der sogenannte Ödipus-Komplex umfaßt diese Beziehungen, die in ihrer Quantität, vor allem aber in ihrem Ausgang, von der weiteren Umgebung und von der Struktur der Familie beeinflußt werden. Das Kind richtet seine ersten genitalen Liebesregungen auf die nächsten Personen seiner Umgebung, und das sind (in der Familie) meist die Eltern. Typischerweiser wird der heterosexuelle Elternteil geliebt und der gleichgeschlechtliche zunächst gehaßt. Gegen diesen werden Eifersuchtsregungen und Haß entwickelt, aber gleichzeitig auch Schuldgefühle und Angst vor ihm. Die Angst betrifft in erster Linie die eigenen genitalen Regungen zum andersgeschlechtlichen Elternteil. Diese Angst, zusammen mit der realen Unmöglichkeit der Befriedigung des Inzestwunsches, bringt diesen mitsamt der genitalen Bestrebung zur Verdrängung. Aus der Verdrängung leiten sich die allermeisten späteren Liebesstörungen primär ab» (REICH 1966, S. 109). Die vorstellbare Alternative zur familiären Erziehung macht die Bedeutung des Ödipus-Komplexes deutlich: «Es käme keine Verdrängung zustande, wenn der Knabe etwa zwar auf seine Mutter verzichten müßte, ihm aber das genitale Spiel mit seinen Altersgenossinnen sowie die Onanie gesellschaftlich gestattet wären» (REICH 1966, S. 110). Das durchweg strenge Onanieverbot und die durch die familiäre Isolierung erschwerten und außerdem verbotenen sexuellen Kontakte zu Gleichaltrigen machen jedoch diese Befriedigungen unmöglich oder steigern, wenn sie heimlich geschehen, die sexuelle Strafangst.

Bei der familiären Sexualunterdrückung entstehen Veränderungen in der kindlichen Psychostruktur, die die Grundlage für autoritäres Verhalten allgemein und eine autoritäre Fixierung des Unterdrückten auf den Unterdrücker bilden. «Jede Versagung (der Libidobefriedigung) ruft Haß und Ambivalenz gegen das Objekt hervor, das die Triebbefriedigung einschränkt» (REICH 1927, S. 135). Wäre dieser Haß die einzige Regung, könnte sie in sich einen Ansatz zur Rebellion gegen den Unterdrücker bergen. Die Fixierung ist aber widersprüchlich und macht dadurch den Rebellionsansatz zunichte: «Eine Folge der Versagung... ist die mehr oder minder vollständige Identifizierung mit dem versagenden Objekt. Es klingt paradox, aber es ist nichts daran zu ändern: man gleicht sich demjenigen charakterologisch an, den man hassen muß, weil man ihn nicht lieben darf. Die Triebkraft, deren sich die Identifizierung bedient, ist die Liebe, der Anlaß zur Identifizierung ist der Haß wegen der erlittenen Versagung; so wird das Objekt, das man zu lieben nicht aufhören konnte und hassen mußte, weil es die Befriedigung nicht gewährte, zum Vorbild bei der Charaktergestaltung des Ichs und der Ichideale» (REICH 1927, S. 135).

Der einmal durch die familiären Verhältnisse autoritär strukturierte Mensch wird später fähig, sich in beliebige andere Strukturen und Verhältnisse einzuordnen. Dementsprechend betrachtet MAX HORKHEIMER (*‹Familie›* [1936]) die Familie als Miniaturausgabe der Gesamtgesellschaft. In ihr finden sich die für die bürgerliche Gesellschaft typischen Strukturen wieder: «In der familialen Situation, die für die Entwicklung des Kindes bestimmend ist, wird bereits die Autoritätsstruktur der Wirklichkeit außerhalb der Familie weitgehend vorweggenommen» (HORKHEIMER 1936, S. 51). Diese Autoritätsstruktur zeigt sich in der Familie in der physischen, materiellen und rechtlichen Vorrangstellung des Mannes vor Frau und Kindern, die den Mann zum Herrn in der Familie machen und den anderen Familienmitgliedern wenig andere Möglichkeiten einräumen als die der Anpassung und Unterordnung unter seinen Willen. Dabei tritt der Mann als Agent des Staates auf: «Die Grundlage der kleinbürgerlichen Familie ist die Beziehung des patriarchalischen Vaters zu Frau und Kindern. Er ist sozusagen der Exponent und Vertreter der staatlichen Autorität in der Familie» (REICH 1966, S. 107). Dadurch, daß der Mann und Vater den Staat in der Familie vertritt, gewinnt der Staat sein «wertvollstes Machtinstrument» (REICH 1934 a, S. 84). Der Mann als herrschender Familienvater kann aber nicht darüber hinwegtäuschen, daß er außerhalb der Familie selbst Beherrschter ist. So entsteht die spezifische Dialektik von Herrschen und Beherrschtwerden der autoritären Gesellschaft. «Die Stellung des Vaters gibt seine politische Rolle wieder und enthüllt die Beziehung der Familie zum autoritären Staat. Die gleiche Stellung, die der Vorgesetzte dem Vater gegenüber im Produktionsprozeß einnimmt, hält er selbst innerhalb der Familie fest» (REICH 1934 a, S. 84). Der Familienvater erscheint so als der ‹Vasall› des Staates. Als Gegenleistung für seine untertanenhafte Gefügigkeit in der politischen und wirtschaftlichen Hierarchie erhält er in der Familie einen Herrschaftsbereich, in dem er nun seinerseits herrschen und Gehorsam verlangen kann. In der menschlichen Psychostruktur erzeugt diese Dialektik von Herrschaft einen spezifischen Charakterzug: der Mann «ist wegen des Widerspruchs seiner Stellung im Produktionsapparat (Diener) und in seiner Familienfunktion (Herr) folgerichtig und typisch eine Feldwebelnatur; er duckt sich nach oben, saugt die herrschenden Anschauungen restlos auf und er herrscht nach unten; er gibt die obrigkeitlichen und gesellschaftlichen Anschauungen weiter und setzt sie durch» (REICH 1966, S. 107). Dabei reproduziert er seine eigene Untertanenmentalität auf seine Kinder: «Seine Untertanenstellung zur Obrigkeit erzeugt er neu in seinen Kindern, besonders in den Söhnen. Aus diesen Verhältnissen strömt die passive, hörige Haltung der kleinbürgerlichen Menschen zu Führergestalten» (REICH 1934 a, S. 84). M. HORKHEIMER beschreibt genau die familiäre Rolle des Mannes: «Er ist der Herr im Hause, weil er das Geld verdient oder wenigstens besitzt... Der Umstand, daß in der normalen bürgerlichen Familie der Mann das Geld, diese Macht in substantieller Form, besitzt und über seine Verwendung bestimmt, macht Frau, Söhne und Töchter auch in der neueren Zeit zu den ‹Seinen›, gibt ihr Leben weitgehend in seine Hand, zwingt sie zur Unterordnung unter Leitung und Befehl. Wie in der Wirtschaft der letzteren Jahrhunderte immer weniger unmittelbare Gewalt die Menschen zur Annahme des Arbeitsverhältnisses zwang, so tritt auch in der Familie rationale Erwägung, Gehorsam aus freien Stücken an die Stelle der Sklaverei und Untertänigkeit. Aber die Rationalität ist auch hier die des isolierten und ohnmächtigen Individuums, das sich den Zuständen zu beugen hat, ob sie korrupt oder vernünftig sind. Die Verzweiflung von Frauen und Kindern, die materielle und psychische Ausbeutung infolge der ökonomisch begründeten Vormachtstellung des Vaters, hat in den letzten Jahrhunderten nur in höchst begrenzten Perioden, Regionen und sozialen Schichten weniger auf der Menschheit gelastet als im Altertum. Die geistige Welt, in die das Kind infolge seiner Abhängigkeit hineinwächst, ebenso wie die Phantasie, durch welche es die wirkliche Welt beseelt, seine Träume und Wünsche, seine Vorstellungen und Urteile sind vom Gedanken an die Macht von Menschen über Menschen, des Oben und Unten, des Befehlens und Gehorchens beherrscht» (HORKHEIMER 1936, S. 55 f). Dieses reale Abhängigkeitsverhältnis vom Vater besteht unabhängig davon, ob es von ihm mißbräuchlich ausgenutzt oder ‹liberal› gehandhabt wird. «Ob in der Erziehung Zwang oder Milde waltet, ist nicht entscheidend, denn der kindliche Charakter wird durch die Struktur der Familie selbst weit mehr geprägt als durch die bewußten Absichten und Methoden des Vaters gebildet. Angesichts der Macht, die ihm zur Verfügung steht, erscheint auch seine Freundlichkeit... weniger als angemessenes Betragen denn als verpflichtende Großmut... Jede Maßnahme der Erziehung, mag sie noch so vernünftig sein, muß an Zuckerbrot und Peitsche erinnern» (HORKHEIMER 1936, S. 61). In der Familie lernt das Kind, daß es das einzig Vernünftige ist, sich «den Wünschen des Vaters anzupassen», und zwar «unabhängig von allen Gedanken über seine menschlichen Eigenschaften» (HORKHEIMER 1936, S. 57). Es erfährt eindrucksvoll aus den Zuständen der Familie, daß «die Wege, die zur Macht führen, in der bürgerlichen Welt nicht durch die Verwirklichung moralischer Werturteile, sondern durch geschickte Anpassung an die Verhältnisse vorgezeichnet sind» (HORKHEIMER 1936, S. 57). Die Notwendigkeit zur ständigen Anpassung erzeugt beim Kind eine «Abneigung gegen die eigene Willenshaltung» (HORKHEIMER 1936, S. 59); eben dies ist das bürgerliche Erziehungsziel. «Der Eigenwille des Kindes soll gebrochen und der ursprüngliche Wunsch nach freier Entwicklung seiner Triebe und Fähigkeiten durch den inneren Zwang zur unbedingten Pflichterfüllung ersetzt werden. Die Unterordnung unter den kategorischen Imperativ der Pflicht ist von Anfang an ein bewußtes Ziel der bürgerlichen Familie gewesen» (HORKHEIMER 1936, S. 50). Ist der Eigenwille gebrochen, äußert sich beim Kind und später beim Erwachsenen ein ‹Unterwerfungstrieb›, eine «masochistische Neigung zur Preisgabe des Willens gegenüber irgendeiner Führung, wenn diese nur als mächtig abgestempelt ist» (HORKHEIMER 1936, S. 60). Der Mensch hat dann das Prinzip der Herrschaft des Menschen über den Menschen verinnerlicht, seine Vorstellungen sind vom Gedanken des notwendigen ‹Oben› und ‹Unten› geprägt. Der Mensch ist autoritär strukturiert: er ist bereit, sich der Herrschaft anderer zu unterwerfen, und er ist bereit, andere zu beherrschen – sei es nun im Auftrage Dritter oder im eigenen Interesse. Das gilt besonders für den Mann in der ‹eigenen› Familie: «Jeder bürgerliche Vater kann, wenn er im sozialen Leben auch eine armselige Funktion ausübt, und einen krummen Rücken machen muß, zu Hause als Herr auftreten und die höchst wichtige Funktion ausüben, die Kinder an Bescheidung und Gehorsam zu gewöhnen» (HORKHEIMER 1936, S. 58).

Auf diese Dialektik der Herrschaft hat schon KARL MARX hingewiesen: «Die feigsten, widerstandunfähigsten Menschen werden unerbittlich, sobald sie die absolute elterliche Autorität geltend machen können. Der Mißbrauch derselben ist gleichsam ein roher Ersatz für die viele Unterwürfigkeit und Abhängigkeit, denen sie sich in der bürgerlichen Gesellschaft mit oder wider Willen unterwerfen» (MARX: *‹Besprechung über Peuchet: Vom Selbstmord›*, zit. n. HORKHEIMER 1936, S. 73). Diese Ambivalenz autoritären Verhaltens in der bürgerlichen Gesellschaft ist Ausdruck ihrer inneren Widersprüche. Weil die Gesellschaft infolge ihrer Klassenstruktur ohne Herrschaft nicht bestehen kann und deshalb die Mehrzahl der Menschen der Herrschaft einer Minderheit unterworfen werden muß, wird den Beherrschten ihrerseits ein Reservat für eigene Herrschaftsausübung eingeräumt. Da es unter den gegenwärtigen gesellschaftlichen Bedingungen hauptsächlich die Männer sind, die die zahlreichen autoritären Zwischenpositionen in den wirtschaftlichen und staatlichen Herrschaftshierarchien ausüben, erhält in erster Linie der Mann ein derartiges Herrschaftsreservat, und zwar die Familie; die Objekte seiner Herrschaft sind die Frau und die Kinder. Die Herrschaft des Vaters über die Kinder haben wir beschrieben. Die Frau ist in zweifacher Hinsicht dem Mann unterworfen: «Der Mann herrscht in doppelter Hinsicht über die Frau: indem das gesellschaftliche Leben wesentlich von Männern besorgt wird und indem es der Mann ist, welcher der Familie vorsteht» (HORKHEIMER 1936, S. 67). Die beherrschte Frau ihrerseits erhält – analog zum Mann, aber gesellschaftlich nach ‹unten› verschoben – ein Herrschaftsreservat: ihr obliegt ein großer Teil der Erziehungspraxis gegenüber den Kindern. Unterhalb der Herrschaftsebene des Mannes manifestiert sich die autoritäre Doppelstruktur der Herrschaft also auch bei der Frau. Dieses Verhältnis läßt sich auch bei den Kindern beobachten. Die älteren Geschwister beherrschen die jüngeren; so pflanzt sich die bürgerliche Herrschaftshierarchie bis hin zu den Säuglingen fort.

Die patriarchalische Familienstruktur wird abgeschwächt, wenn die Frau selbst erwerbstätig und damit autoritärer Beherrschung im Betrieb ausgesetzt ist. Sie konkurriert dann in der Familie mit dem Mann um die Vorherrschaft.

Beziehungen zwischen Mann und Frau

Die Ehe ist der Kern der bürgerlichen Familieninstitution. Sie ist praktisch die einzig legitime Form für sexuelle Beziehungen zwischen Mann und Frau, alle anderen Formen sind rechtlich oder gesellschaftlich mehr oder weniger mit ökonomischen Nachteilen und Strafandrohungen belegt. Dieser Umstand führt dazu, daß fast jedes Gesellschaftsmitglied eine Ehe eingeht: sie hat quasi obligatorischen Charakter. Sie ist weiterhin als lebenslang und monogam konzipiert. Scheidung ist zwar möglich, aber fast immer mit erheblichen Nachteilen, Belastungen und Diskriminierungen verbunden, vor allem für die Frau. In ihrer inneren Struktur gilt das Prinzip der horizontalen Arbeitsteilung, wodurch die Frau ökonomisch benachteiligt wird und in die Abhängigkeit des Mannes gerät. Die vertikale Arbeitsteilung, bei der beide Gatten sowohl im Produktionsprozeß stehen als auch Arbeit im Haushalt leisten, läßt sich durchweg nur in kinderlosen Haushalten verwirklichen. Da die biologisch bedingte besondere Verbundenheit der Frau mit dem Säugling in der bürgerlichen Gesellschaft insofern extensiv interpretiert wird, daß die Frau sich ihren Kindern und dem

Haushalt bis zum Austritt der Kinder aus der Familie zu widmen hat, gerät im Regelfall die Frau bei der horizontalen Arbeitsteilung in die Stellung der abhängigen Haus- und Kinderbewahrerin, während der Mann im Produktionsprozeß steht und durch seinen Lohn in der Familie die dominierende Rolle spielt. Trägt man diese Beobachtungen zusammen, so ergibt sich, daß die Familie die ungerechten, ausbeuterischen und repressiven Verhältnisse der bürgerlichen Gesellschaft spiegelt. Die marxistische Kritik an Ehe und Familie setzt überall dort an, wo in ihnen Herrschaft von Menschen über Menschen, Unterdrückung und Ausbeutung feststellbar sind. Sie lehnt die Anerkennung von angeblichen ‹Wesensunterschieden› zwischen Frau und Mann über die biologischen Unterschiede hinaus immer ab, wenn sie nachweisbar der Schein-Legitimation von Herrschafts- und Ausbeutungsverhältnissen dienen sollen. Das ist zum Beispiel in der Prämisse zu einer sozialwissenschaftlichen Dissertation der Fall: «Das Wesen ‹Frau› ist berufen, Frau zu sein, d. h. Gefährtin des Mannes. Sie ist beauftragt mit der Heimgestaltung für den Mann und ihre gemeinsamen Kinder. Bereits in dieser Berufung ist auch die erste Arbeitsteilung mitenthalten: während es die natürliche Aufgabe des Mannes ist, für den Unterhalt seiner Familie zu sorgen, ist es demnach die der Frau naturgemäße Aufgabe, das Leben im gemeinsamen Heim zu gestalten» (HERRMANN 1957, S. 8). Diesem ebenso simplen wie raffinierten Beispiel affirmativer bürgerlicher Verschleierungswissenschaft setzen wir die kritische These FRIEDRICH ENGELS' entgegen: «Der Mann ist in der Familie der Bourgeois, die Frau repräsentiert das Proletariat» (ENGELS 1918, S. VIII).

Ökonomische Ausbeutung und sexuelle Unterdrückung der Frau

FRIEDRICH ENGELS hat in seiner Arbeit *‹Der Ursprung der Familie, des Privateigenthums und des Staats›* (1884) eine Analogie zwischen dem Vorgang der Produktion von Waren in der Wirtschaft und der Produktion von Menschen in der Familie entwickelt. «Nach der materialistischen Auffassung ist das in letzter Instanz bestimmende Moment in der Geschichte die Produktion und Reproduktion des unmittelbaren Lebens. Diese ist doppelter Art: einerseits die Erzeugung von Lebensmitteln, von Gegenständen der Nahrung, Kleidung, Wohnung und den dazu gehörigen Werkzeugen; andererseits die Erzeugung von Menschen selbst, die Fortpflanzung der Gattung» (ENGELS 1918, S. VIII). Durch die Produktion von Waren einerseits, von Kindern andererseits ergreift und entdeckt der Mensch die Welt und verwirklicht sich als menschlicher Mensch. Die Art und Weise, wie diese Produktionen vor sich gehen, also die Form der Arbeit und die Form der Fortpflanzung, bestimmen die Stellung des Menschen in der Gesellschaft. Durch biologische Tatsachen ist nun eine erste Teilung von Funktionen zwischen Mann und Frau vorweggenommen: bei der Fortpflanzung zeugt der Mann das Kind, dann aber ist es die Frau, die es gebärt und zunächst ernährt. Dieser biologische Unterschied ergibt aber noch keine unterschiedliche Stellung von Mann und Frau in der Gesellschaft, diese ist – als erster Klassengegensatz – vielmehr eine Folge der Einzelehe als einer geschichtlichen Fom von Familie

(ENGELS 1918, S. 52). W. REICH knüpft an diese Gedanken von ENGELS an, ersetzt aber die These der Produktion von Waren und Menschen durch die Frage nach den Bedürfnissen und der Art ihrer Befriedigung: «Die Menschen stehen mit zwei physiologischen Grundbedürfnissen zum Zwecke ihrer Befriedigung in Wechselbeziehung zueinander, mit dem Nahrungstrieb und dem Sexualbedürfnis... Wie wir von einer Ökonomie des Nahrungshaushaltes sprechen können, von der Art und Weise, in der die Gesellschaft die Befriedigung des Nahrungstriebes aller ihrer Mitglieder besorgt, müssen wir von der Ökonomie der Sexualität sprechen, als der Art, in der die Gesellschaft die Befriedigung des Sexualbedürfnisses regelt, fördert oder hemmt» (REICH 1935, S. 105, 107). Die Form der Regelung der Sexualbefriedigung ist in der bürgerlichen Gesellschaft die Einzelehe. Die verschieden analytischen Ansätze ENGELS' (und auch BEBELS) und REICHS führen dann auch zu unterschiedlichen Akzentuierungen in der Kritik. ENGELS sieht in der Einzelehe «keineswegs die Versöhnung von Mann und Weib... Sie tritt auf als die Unterjochung des einen Geschlechts durch das andere, als Proklamation eines in der ganzen Vorgeschichte unbekannten Widerstreits der Geschlechter» (ENGELS 1918, S. 52). AUGUST BEBEL (*‹Die Frau und der Sozialismus›* [1879]) schreibt: «Das weibliche Geschlecht in seiner Masse leidet in doppelter Beziehung: einmal leidet es unter der sozialen und gesellschaftlichen Abhängigkeit von der Männerwelt... und [zweitens] durch die ökonomische Abhängigkeit, in der sich die Frauen im Allgemeinen und die proletarischen Frauen im Besonderen, gleich der proletarischen Männerwelt, befinden» (BEBEL 1903, S. 5). Als entscheidendes Element der Unterdrückung und Ausbeutung der Frau erscheint bei ENGELS und BEBEL ihre Rolle als Hausfrau und Kinderbewahrerin, die sie auch dann ausüben muß, wenn sie zusätzlich in der Produktion arbeitet. Ob berufstätig oder nicht, der Frau obliegt die Sorge für Haushalt und Kinder: «Wenn die Frau ihre Pflichten im Privatdienst der Familie erfüllt, bleibt sie von der öffentlichen Produktion ausgeschlossen und kann nichts erwerben; wenn sie sich an der öffentlichen Produktion beteiligt und selbständig erwerben will, ist sie außerstande, Familienpflichten zu erfüllen» (ENGELS 1918, S. 62). Das gilt nicht nur für die Arbeiterin in der Fabrik, sondern – nach ENGELS – genauso für die Medizinerin oder Juristin. Er bezeichnet die moderne Einzelfamilie als auf die «Haussklaverei der Frau» gegründet und sieht die Parallele zur Gesellschaft, die sich ja «aus lauter Einzelfamilien als ihren Molekülen zusammensetzt». Dies veranlaßt ihn zu der Feststellung, daß der Mann «in der Familie der Bourgeois» ist, während die Frau «das Proletariat repräsentiert» (ENGELS 1918, S. 62). Die Analogie der Unterdrückung der Frau in der Familie und der Werktätigen im Betrieb findet sich auch in ihrer rechtlichen Lage wieder. Geht das Familienrecht davon aus, daß die Ehe ein von beiden Teilen freiwillig geschlossener Vertrag ist, so geht auch das Arbeitsrecht davon aus, daß der Arbeiter den Arbeitsvertrag freiwillig eingeht. Die Gleichstellung der Vertragschließenden auf dem Papier kann aber nicht über die faktische Ungleichheit hinwegtäuschen: «Die Macht, die die verschiedene Klassenstellung dem einen Teil gibt, den sie auf den anderen Teil ausübt – die wirkliche ökonomische Stellung beider – das geht das Gesetz nichts an» (ENGELS 1918, S. 60). Die rechtliche, formale Lösung der ‹Gleichberechtigung der Frau› bewirkt kaum eine reale Veränderung ihrer Position. ENGELS sah die einzig wirksame Lösung des Problems der Abhängigkeit der Frau in ihrer Eingliederung in die Produktion: «Die Befreiung der Frau wird erst möglich, sobald diese sich in großem, gesellschaftlichen Maßstab an der Produktion beteiligen kann, und die häusliche Arbeit sie nur noch in einem unbedeutenden Maße in Anspruch nimmt» (ENGELS 1918, S. 168). Aber schon BEBEL hat darauf hingewiesen, daß die Erwerbsarbeit der Frau nicht ihre Befreiung bedeutet, solange die Ideologie von der Hausarbeit und Kinderbewahrung als ‹eigentliche, natürliche› Aufgabe der Frau gesellschaftlich wirksam ist: «Bei der immer stärker werdenden Frauenarbeit wird das Familienleben zerstört und nimmt die Degeneration des weiblichen Geschlechts unter dem Doppeljoch der Arbeit für die Existenz und für die Häuslichkeit rapide zu... Die Frau des Arbeiters, die abends müde nach Hause kommt, hat von Neuem alle Hände voll zu tun» (BEBEL 1903, S. 109, 125). M. HORKHEIMER hat diese Frage wieder aufgegriffen und die grundsätzliche Unmöglichkeit der Befreiung der Frau in der bürgerlich-autoritären Gesellschaft aufgezeigt. Aus der Verdinglichung des Menschen in der Produktion «als bloße Funktion einer ökonomischen Größe» folgt, daß der Mann zum Geldverdiener, die Frau «zum Geschlechtsobjekt und zur häuslichen Leibeigenen» wird (HORKHEIMER 1936, S. 63). Diese Trennung der Funktionen von Mann und Frau ist ökonomisch nicht begründbar: beide können grundsätzlich gleichartige Arbeit in der Produktion verrichten. Sie ergibt sich aus dem Bestreben der bürgerlichen Gesellschaft, sich die Familie als Erzeugerin autoritärer Charaktere zu erhalten. Die Familie steht und fällt aber mit ihren konkreten Funktionen, mit der familiären Kindererziehung und der privaten Haushaltung, die die Anwesenheit der Frau im Haushalt erforderlich und ihre Erwerbstätigkeit tendenziell unmöglich machen. M. HORKHEIMER stellt fest, daß alle «folgerichtigen politischen, moralischen und religiösen Bewegungen die Stärkung der Familie mit allen ihren Voraussetzungen wie Verpönung des außerehelichen Geschlechtsverkehrs, Propaganda für Kindererziehung und Aufzucht, Beschränkung der Frau auf den Haushalt sich zur Pflicht gemacht haben» (HORKHEIMER 1936, S. 61).

M. HORKHEIMER hat die Frage der «Ökonomie der Sexualität», die REICH gestellt hatte, in seine Argumentation einbezogen: Stärkung der Familie durch Verpönung der außerehelichen Sexualität. Die Beschränkung der Sexualität auf die Ehe setzt aber die sexualverdrängende Erziehung voraus. Sie ist die Bedingung für die Herrschaft des Mannes in der Familie: «Zur Erhaltung der Familiensituation gehört nicht nur die wirtschaftliche Abhängigkeit der Frau und der Kinder von Mann und Vater», stellt REICH fest. «Diese Abhängigkeit ist nur unter der Bedingung für die Unterdrückten erträglich, daß das Bewußtsein, ein geschlechtliches Wesen zu sein, bei Frauen und Kindern so gründlich wie möglich ausgeschaltet wird. Die Frau darf nicht als Sexualwesen, sondern nur als Gebärerin erscheinen» (REICH 1934 a, S. 156). Die sexuelle Unterdrückung addiert sich zur ökonomischen Ausbeutung nicht nur hinzu, sondern sie macht diese erst möglich: «Solche Frauen, die ihre Sexualität zur glatten, anspruchslosen Verdrängung gebracht haben, ertragen die wirtschaftliche Abhängigkeit nicht nur, sondern sie bejahen sie sogar» (REICH 1934 a, S. 269), eine

Beobachtung, die dem Unterwerfungstrieb des autoritären Menschen unter seinen Unterdrücker entspricht. W. Reich stellt aber auch fest, daß es nicht primär die ökonomische, sondern die sexuelle Unterdrückung ist, unter der die Frauen leiden. In der Tat ist die entfremdete Arbeit in der kapitalistischen Produktion nicht unbedingt eine attraktive Alternative zur Arbeit in Haushalt und Kindererziehung. Für Reich ist die Dimension der sexuellen Freiheit wichtiger als die der ökonomischen: «Man muß wissen, daß vielen Frauen die materielle Abhängigkeit vom Mann in der Familie nicht an sich, sondern wesentlich wegen der sexuellen Einschränkung, mit der sie verbunden ist, lästig wird» (Reich 1934 a, S. 269).

Zwang zur Eheschließung, Mutterschaftsideologie

Die lebenslang monogame Ehe stellt objektiv eine Beschränkung der sexuellen Befriedigungsmöglichkeiten dar, und zwar für die Frau noch mehr als für den Mann. Die patriarchalische Ehe und Familie mit horizontaler Arbeitsteilung bringt die Frau objektiv in die ökonomische Abhängigkeit vom Mann und nimmt ihr objektiv viele Möglichkeiten der freien Entfaltung ihrer Persönlichkeit über das Haushalten und Kindererziehen hinaus. Warum gehen dennoch die meisten Menschen die Ehe ein? Die Frage kann nur beantwortet werden, wenn die beiden oben formulierten Thesen modifiziert werden. In einer sexualmoralisch strukturierten Gesellschaft ist die außereheliche Sexualbefriedigung in einem solchen Maße erschwert und mit gesellschaftlichen Sanktionen und Strafen bedroht, daß den Menschen subjektiv die Ehe als ein Schutzraum für sexuelles Leben in einer sexualfeindlichen Umgebung erscheinen muß. Die erste These abstrahiert also von dem Tatbestand, daß der Übergang vom Ledigsein zur Ehe kein Übergang von realer Freiheit zur realen Einschränkung der Freiheit ist, sondern von realer Unfreiheit in eine, wenn auch sehr begrenzte, Freiheit. Ähnliches gilt für die zweite These: in der gegenwärtigen Situation sind die beruflichen Möglichkeiten für alle Frauen sowie die Chancen einer befriedigenden sexuellen Existenz für die alleinstehenden Frauen relativ gering. Ihr muß gegenüber der unterprivilegierten Berufssituation und der ohnehin entfremdeten Arbeit in der Produktion die vielleicht nicht entfremdete Arbeit im Haushalt und mit den Kindern als erstrebenswert erscheinen. Die gesellschaftlichen Umweltbedingungen sind für Mann und Frau so gestaltet, daß das Leben in Ehe und Familie den Menschen als wünschenswerte Alternative zum ungebundenen Leben erscheinen muß. Das sagt aber nicht unbedingt etwas aus über eine menschenwürdige und ihren Bedürfnissen entsprechende Struktur der Ehe und Familie, sondern zunächst sehr viel über die Unwirtlichkeit und Unmenschlichkeit der Gesellschaft außerhalb von Ehe und Familie. W. Reich stellt die relative sexuelle Bewegungsfreiheit, die die bürgerliche Gesellschaft in der Ehe zubilligt, als Hauptmotiv für die Eheschließung hin und betrachtet alle ökonomischen Motive als sekundär: «Der gerichtliche Eheschein ist für das Unbewußte der sexualängstlichen Menschen nichts anderes als eine Erlaubnis, Geschlechtsverkehr zu pflegen» (Reich 1966, S. 153). Man muß sich in der Tat an die sexuell äußerst repressiven Verhältnisse erinnern, unter denen die meisten Jugendlichen noch heute in Familien, Schulen, Heimen, in Untermiete und in Studentenheimen, in Lehrlings- und Jungarbeiterheimen leben, um diese Motivation verstehen zu können. «Die wenigsten Ehen werden aus wirtschaftlichen Motiven oder zum Zwecke der Fortpflanzung geschlossen... Es ist unpsychologisch, anzunehmen, daß jene objektiven Ziele der Ehe jemals ein subjektives Ziel der Eheschließung oder -erhaltung sein oder werden könnten. Wenn trotz wirtschaftlicher und persönlicher Einschränkung Ehen geschlossen werden, so geschieht es, weil mächtige individuelle Bedürfnisse, in erster Linie sexuelle, es erfordern» (REICH 1927, S. 150). Erst einmal verheiratet, erkennen viele Eheleute, daß diese Institution ihren Bedürfnissen und Erwartungen nur bedingt entspricht. Das kann zwei Ursachen haben: haben sie ihre genitalen Bedürfnisse vor der Ehe verdrängen müssen, ist jetzt ihre Chance, sexuell befriedigt zu werden, vergleichsweise gering. Es treten Potenz- und Orgasmusschwierigkeiten auf, beim Manne Impotenz, bei der Frau Frigidität. Haben sie sich hingegen vor der Ehe gegen die Sexualmoral aufgelehnt und ein ungebundenes Sexualleben geführt, erscheinen ihnen bald Monogamiegebot und Lebenslänglichkeit der Ehe schwer erträglich. Sie fühlen sich so oder so betrogen, können aber nur unter schwierigen Bedingungen wieder aus der Ehe heraus: dem steht die gesellschaftliche Notwendigkeit der Versorgung und Erziehung der Kinder in einer Umwelt entgegen, die für andere Formen der Kinderaufzucht und -erziehung als der familiären keine oder nur höchst unzulängliche Vorkehrungen trifft. Für die Frau kommt das Problem der Existenzfähigkeit dazu, wenn sie der Ehe und der Kinder wegen keinen Beruf erlernt oder einen Beruf längere Zeit nicht ausgeübt hat. Außerdem sind die Chancen der Wiederverheiratung für die geschiedene Frau, zumal mit Kind, geringer.

Die sexuelle Lust und Befriedigung geht in der monogamen Ehe allmählich oder auch schneller zurück, zumindest erscheinen den Eheleuten bald andere Partner als der eigene Gatte sexuell attraktiv, ohne daß sie dieser Anziehung nachgehen können. So wird die Ehe allmählich zum Gegenteil dessen, weswegen sie eingegangen war: als Institution zur vollen und ungestörten sexuellen Befriedigung. Hatten die Jugendlichen unter dem Druck der Sexualmoral jahrelang auf den Tag der Eheschließung gewartet, so stellen sie jetzt fest, daß ihre Hoffnung trügerisch war. «FREUD hat einmal die sexuelle Lust als Prämie aufgefaßt, die die Natur dem Einzelnen zahlt für die Erhaltung der Art. Die Kultur mit ihrem Zwange zur Verdrängung hat zuwege gebracht, daß ein ganz beträchtlicher Teil der Menschheit, insbesondere der weiblichen, um die Lustprämie betrogen wird. Zumeist ist es nur mehr die Hoffnung, die Lustprämie zu erhalten oder bei der Frau die geringe Aussicht, allein wirtschaftlich zu bestehen, die die Fortpflanzung [und die Aufrechterhaltung der Ehe] sichern» (REICH 1927, S. 150). Für die Frau spielen die ökonomischen Überlegungen eine große Rolle. BEBEL hatte schon festgestellt: «Durch unsere sozialen und geschlechtlichen Beziehungen ist die Frau mit allen Fasern ihrer Existenz auf die Ehe hingewiesen» (1903, S. 144), und nimmt als Indiz dafür die Beobachtung, daß «in der Regel die Frau nur in Fällen schwerster männlicher Untreue oder Mißhandlung sich entschließen wird, die Scheidung zu beantragen, weil sie meist in der materiell abhängigen Lebenslage sich befindet und gezwungen ist, die Ehe als Versorgungsanstalt anzusehen» (BEBEL 1903, S. 119). Das hat sich seit BEBEL sicher etwas geändert, trifft aber auch heute noch für die Mehrzahl der Ehen zu.

Wenn die bürgerliche Gesellschaft größten Wert auf die Erhaltung der Familieninstitution legt, muß sie Vorkehrungen treffen, um deren Verfall nachdrücklich zu hemmen. Das geschieht unter anderem durch die Ideologien von ‹Mutterschaft› und ‹Kinderreichtum›. ‹Mutterschaft› ist insoweit ideologisch, als der Mutter über das Gebären und Säugen der Kinder hinaus die Verantwortung für Aufzucht und Erziehung der Kinder primär aufgebürdet wird als ihre ‹naturgemäße› und ‹wesenhafte› Aufgabe. Denn nur dadurch ist die horizontale Arbeitsteilung zwischen Mann und Frau in der Familie zu rechtfertigen, nur dadurch kann die Frau zum Verzicht auf Erwerbsarbeit und damit zur materiellen Abhängigkeit vom Manne gebracht und die Ehe und Familie stabilisiert werden. «Die Idealisierung der Mutterschaft, ihre Verhimmelung, die in so krassem Widerspruch steht zur Brutalität, mit der die Mütter des werktätigen Volkes in Wirklichkeit behandelt werden, dienen im wesentlichen als Mittel, in den Frauen das geschlechtliche Bewußtsein nicht aufkommen, die gesetzte Sexualverdrängung nicht durchbrechen und das sexuelle Schuldgefühl nicht untergehen zu lassen» (REICH 1934 a, S. 156). Denn die Übernahme der Mutterrolle durch die Frau mit dem notwendigen Verzicht auf Erwerbstätigkeit und mit der langfristig erheblich erschwerten Möglichkeit der Scheidung bedeutet automatisch, daß sie ihre sexuellen Bedürfnisse, soweit sie nicht auf den Mann gerichtet sind, einschränken muß, will sie nicht (durch eigenen Ehebruch) die Scheidungsklage durch den Mann und damit die materielle Gefährdung ihrer selbst und der Kinder riskieren; für den Mann gilt das in sehr vermindertem Maße. Für die Frau ist diese Einschränkung unbedingte Voraussetzung für das Funktionieren der Familie: «Die Frau als Sexualwesen, dazu noch bejaht und anerkannt, würde den Zusammenbruch der gesamten familiären Ideologie bedeuten» (REICH 1934 a, S. 156). Hat die Frau einmal die Mutterschaftsideologie verinnerlicht und die Mutterrolle akzeptiert, findet bei ihr auch die Ideologie des Kinderreichtums fruchtbaren Boden. Sie will die Mutterrolle nun auch mit Inhalt füllen. Die Ideologie des Kinderreichtums trifft bei der sexuell anspruchslos gewordenen Frau auf eine genau hierauf vorbereitete Psychostruktur, die man charakterisieren kann als psychische Leere, nachdem die sexuellen Ansprüche zu einem großen Teil aus dem Bewußtsein entschwunden und in das Unterbewußtsein abgedrängt worden sind, einer Leere, die jetzt dadurch gefüllt wird, daß die Gebärfunktion gegenüber der Sexualfunktion in den Vordergrund gezogen wird (REICH 1934 a, S. 157). «Kinderreichtum [kann] einen Ausweg aus der Schwierigkeit (der sexuellen Unbefriedigtheit) bieten, indem er psychische Energien absorbiert, die sonst zur Bildung einer Neurose herangezogen worden wären. Speziell die Frau vermag bis zu einem gewissen Grade in den Kindern einen Ersatz für die ausgebliebene Sexualbefriedigung zu finden» (REICH 1927, S. 149). Die Beobachtung, daß Kinderreichtum eine sexuell unbefriedigte Frau vor Neurosen bewahren kann, darf jedoch nicht zu dem Fehlschluß führen, der Kindeswunsch sei ebenso stark oder gar stärker als der Sexualwunsch. Er tritt vielmehr als Folge befriedigter genitaler Ansprüche auf: «In relativ guten Ehen pflegt sich der Wunsch nach einem Kinde erst einzustellen, wenn eine gewisse Sättigung der genitalen Ansprüche platzgegriffen hat» (REICH 1927, S. 149); der Kindeswunsch ist also quasi sexualökonomisch fundiert. Anders aber bei der frigiden Frau: «Die kinderreiche frigide Frau hat, auch, wenn sie die beste Mutter ist, die Kinder nicht oder doch nicht in erster Linie gewollt. Erst, als sie da waren, ersetzten sie die Sexualbefriedigung durch Absorption libidinöser Energien, das heißt durch Arbeit, zu der sie verpflichteten» (REICH 1927, S. 149).

Immerhin wird deutlich, daß Mutterschaft und Kinderreichtum als Ideologie ihre familienerhaltende Funktion ausüben: die verheiratete, sexuell unbefriedigte Frau kann sich durch die Kinder bis zu einem gewissen Grade über ihr unbefriedigendes Leben hinwegtrösten und sich mit ihrer Rolle abfinden. Die Ideologie von Mutterschaft und Kinderreichtum erhält durch die Erschwerung der Geburtenkontrolle, insbesondere durch das Abtreibungsverbot, einen brutalen und repressiven Zug. In der bürgerlichen Gesellschaft bleiben der Frau, die unehelich schwanger wird, drei Wege offen: die oft lebensgefährliche, weil von Pfuschern und ‹Engelmacherinnen› unter unhygienischen und entwürdigenden Verhältnissen durchgeführte, dazu sehr teuer und mit Strafe (§ 218 StGB) bedrohte Abtreibung, die für Mutter und Kind folgenschwere, gesellschaftlich und wirtschaftlich schwer diskriminierte uneheliche Geburt und die Ehe. Die zwanghaft ehe- und familienbildende Kraft des Abtreibungsverbots wird deutlich. In früheren Zeiten mögen politische, wirtschaftliche und militärische Erwägungen und Interessen bei der Einführung des Abtreibungsverbots eine Rolle gespielt haben. Heute dominieren familienideologische Gesichtspunkte: «In der Frage des Abtreibungsparagraphen ist die bürgerliche Familienpolitik der Schlüsselpunkt, weit wesentlicher als die Faktoren des Interesses an industrieller Reservearmee und Kanonenfutter für imperialistische Kriege. Das Argument der Reservearmee hat an Bedeutung fast völlig verloren. Wenn die politische Reaktion uns immer wieder sagt, die Aufrechterhaltung des Abtreibungsparagraphen sei notwendig im Interesse der Familie und der sittlichen Ordnung, so müssen wir ihnen Glauben schenken, daß Familie und Sittlichkeit entscheidend wichtige Kräfte sind» (REICH 1934 a, S. 159). Ähnliches gilt heute für die ‹Pille›, die Antikonzeptiva. Der Berliner Gynäkologe EBERHARD SCHAETZING erklärte in einem Rundfunkvortrag in zynischer Offenheit: «Mit der Antibabypille wird auch noch die körperliche Liebe automatisiert. Pillen rein – kein Kind, Pillen weg – ein Kind. Der Schalthebel der Liebe ist also jetzt die Pille! Außerdem ist die Angst die Vorstufe der Moral, welche man nicht ganz abschaffen sollte» (SCHAETZING 1966, S. 77). Die ständige Empfängnisangst der Frau bei der Liebesvereinigung als Grundlage der Moral: das ist die ‹Sittlichkeit› der bürgerlichen Gesellschaft. W. REICH: «Es geht um die Bindung der Frauen an die Familie mithilfe der Unterdrückung ihrer Sexualität. Das Interesse an der Familie steht also an erster Stelle in allen Fragen der reaktionären Sexualpolitik» (1934 a, S. 160). Dasselbe manifestiert sich auch in der Behandlung der Antikonzeptiva. So werden etwa in der westdeutschen und französischen Praxis Antibabypillen von sehr vielen Ärzten nur an verheiratete Frauen, nicht aber an unverheiratete Mädchen verschrieben (ohne jegliche rechtliche Grundlage übrigens: die reaktionäre Sexualpolitik funktioniert auch ohne Gesetze). Maßgebend ist also nicht das Interesse der Frau (deren gesellschaftliche Existenz bei einer unehelichen Empfängnis ungleich schwerer gefährdet ist als bei einer ehelichen), noch das des ungeborenen Kindes (das als uneheliches Kind einen schweren Stand hat). Maßgeblich ist das Prinzip der Sexualmoral und der Familienpolitik: nur wer den Eheschein hat, soll seiner sexuellen Befriedigung ohne Angst nachgehen dürfen. Die Behinderung der Geburtenkontrolle bei Unverheirateten und das Abtreibungsverbot führt, da die meisten Menschen geschlechtlich verkehren müssen, zu Schwangerschaften und dann meistens zu Ehen. Die Erleichterung der Geburtenkontrolle und die Freigabe der Abtreibung würde die Eheinstitution entscheidend schädigen: «Gibt man die Abtreibung frei, so kann das nicht nur für die Ehefrauen, sondern muß auch für die Unverheirateten gelten. Damit billigt man aber die außereheliche Verbindung und hebt den moralischen Zwang auf. Man würde die Eheinstitution schädigen; ideologisch muß eben, trotz der widersprechenden Tatsachen des Geschlechtslebens, die eheliche Moral gehalten werden, weil die Ehe das Rückgrat der autoritären Familie und diese die Erzeugungsstätte autoritärer Ideologien und menschlicher Strukturen ist» (Reich 1966, S. 68). Will sich die Frau diesem repressiven Mißbrauch ihrer Empfängnisfähigkeit entziehen, dabei aber das Abtreibungsverbot respektieren, und muß sie auf Antikonzeptiva verzichten, bleiben ihr nur jene Formen der Empfängnisverhütung, die auf Dauer mit Sicherheit die sexuelle Befriedigung herabsetzen, möglicherweise zur Frigidität führen und dabei noch einen höchst unsicheren Schutz vor Schwangerschaft darstellen: Unterbrechung des Koitus oder die Methode der periodischen Askese nach Knaus-Ogino. Die Befriedigung wird dabei nicht nur durch die langen Zeiten der Enthaltsamkeit und den vorzeitigen Abbruch des Koitus vermindert, sondern vor allem auch durch die permanente Empfängnisangst.

Aus allen diesen Gründen ist es völlig verfehlt, das Problem der Geburtenkontrolle in den entwickelten Industrieländern unter bevölkerungspolitischen Gesichtspunkten zu erörtern, wie es vielfach anläßlich der Diskussion um die päpstliche Enzyklika gegen die Antikonzeptiva geschah. «Der Abtreibungsparagraph [und das Antikonzeptiva-Verbot] interessiert nicht aus bevölkerungspolitischen, sondern einfach aus Gründen der persönlichen Not, die aus ihm quillt. Soweit der Abtreibungsparagraph Not, Tod und Kummer bereitet, ist er eine Frage der allgemeinen Sozialpolitik. Sexualpolitisch wird die Frage der Abtreibung erst und nur dann, wenn ganz klar zum Ausdruck kommt, daß die Menschen den Paragraphen übertreten, weil sie geschlechtlich verkehren müssen ... Die menschliche Natur hat es so eingerichtet, daß der Mensch erstens auch Sexualerregung produziert und geschlechtlich verkehren will, auch wenn er kein Ehedokument hat, und zweitens diesen Drang durchschnittlich alle drei Tage verspürt» (Reich 1934 a, S. 249; 1966, S. 69).

Die bürgerliche Ideologie der ‹Mutterschaft›, deren karikierende Überzeichnung das nationalsozialistische ‹Mutterkreuz› für Mütter mit drei oder mehr Kindern, der ‹Muttertag› (wie auch sein alkoholreiches Gegenstück, der ‹Vatertag›) darstellt, entlarvt sich als Pervertierung des Wunsches des Menschen, besonders der Frau, nach Kindern: die Empfängnisfähigkeit der Frau und ihr Sexualtrieb werden rücksichtslos dazu mißbraucht, sie in die Ehe und in die Abhängigkeit vom Mann zu bringen.

Beherrschung des Mannes durch die Frau als Folge ihrer Abhängigkeit

In der bürgerlichen Gesellschaft ist die Frau mit allen «Fasern ihrer Existenz», wie BEBEL es ausdrückte, auf die bürgerliche Ehe und Familie angewiesen, materiell, sexuell und mit ihrem Kindeswunsch. Grundsätzlich muß sie sich für die Ehe und damit in der Regel für die Abhängigkeit vom Mann entscheiden: sie muß sich freiwillig seiner Herrschaft unterordnen. Herrschaft von Menschen über Menschen fällt jedoch stets auf den Herrschenden zurück: er wird selbst abhängig. Diese Dialektik der Herrschaft ist charakteristisch für die ehelichen Verhältnisse.

Die Situation der Ehefrau ist in der Tat relativ ausweglos. Für die unzufriedene Ehefrau wäre die Ehescheidung nur dann ein gangbarer Ausweg aus der Ehemisere, wenn sie ohne schwerwiegende Nachteile für die Beteiligten durchgeführt werden könnte. Die Versorgung und Erziehung der Kinder müßte ebenso gewährleistet sein wie die materielle Sicherung der geschiedenen Frau. Beides wird in der bürgerlichen Gesellschaft vernachlässigt.

Die Versorgung und Erziehung der Kinder aus geschiedenen Ehen könnte nur im gesellschaftlichen Rahmen durch geeignete Einrichtungen gewährleistet werden, weil die geschiedenen Gatten als Erwerbstätige diese Funktion allein nicht ausüben können. Derartige Einrichtungen fehlen aber durchweg, und die bestehenden bieten meistens unzureichende Versorgungs- und Erziehungsleistungen, mit Ausnahme vielleicht derer für die zahlungskräftige Kundschaft. Der moralische Druck, der dadurch auf die scheidungswilligen Eheleute geladen wird, bei der Frau vor allem die verinnerlichte und gesellschaftlich abgesicherte Mutterschaftsideologie, die ihr die Hauptlast der Verantwortung für die Kinder auferlegt, veranlaßt sie in der Regel, auf die Scheidung zu verzichten oder sie doch so lange hinauszuschieben, bis eine befriedigende Lösung des Kinderproblems erreicht ist. Ob den Kindern damit geholfen ist, erscheint fraglich. Die, wenn auch verdrängten, Ehekonflikte der Eltern wirken sich schädigend auf das Kind aus: «Was an Ehemisere in den elterlichen Konflikten nicht direkt ausgelebt werden kann, ergießt sich auf die Kinder. Das setzt neuerliche Schädigungen ihrer Selbständigkeit und sexuellen Struktur» (REICH 1966, S. 112).

Die wirtschaftliche Abhängigkeit der Frau bringt immer dann große Schwierigkeiten mit sich, wenn sie entweder berufslos geheiratet oder einen einst erlernten Beruf wegen jahrelanger Hausfrauentätigkeit verlernt hat und nicht ohne weiteres gleich wieder ausüben kann. Besonders schwer trifft dieses Problem die Frau aus den Mittelschichten. Die proletarische Frau findet relativ leicht eine Stelle als ungelernte Arbeiterin, die Frau aus der Oberschicht kann auf hohe Unterhaltsbeiträge durch den Mann rechnen. Diese materiellen Probleme wiegen viel schwerer als die mehr oder weniger große Schärfe des Scheidungsrechtes: «Jede Erleichterung der gesetzlichen Formalitäten der Ehescheidung ist praktisch für die Masse bedeutungslos. Ist man auch bereit, alle wirtschaftlichen Voraussetzungen zu schaffen, die für die Frau unerläßlich sind, wenn sie die Scheidung auch wirklich durchsetzen können will? Die wirtschaftliche Abhängigkeit der Frau vom Mann, die geringere und niedriger eingeschätzte Anteilnahme am Produktionsprozeß macht die Ehe zu einer Schutzinstitution für sie» (REICH 1966, S. 184). Beziehen wir in diese Überlegungen ein, daß das Hauptmotiv für Scheidungswillige mangelnde sexuelle Befriedigung in der Ehe ist, so manifestiert sich die ‹Ehemisere› als Konflikt zwischen sexuellen Bedürfnissen und materiellen Bedingungen. Der Konflikt wird um so stärker, je mehr Sexualität als Inhalt der Ehe bejaht wird, wie es zur Zeit in der Bundesrepublik (exemplarisch: die Verbreitung der sexualbejahenden Ehethesen OSWALT KOLLES – *‹Wunder der Liebe›* – durch Film und Publikumszeitschriften) zu beobachten ist. Unter den gegebenen Bedingungen verschärft die Sexualbejahung den Ehekonflikt. Die Hauptleidtragende dabei ist die Frau, aber auch Mann und Kinder bleiben von den Wirkungen nicht verschont. «Der Ehekonflikt wird im Rahmen der bestehenden Ordnung unlösbar, weil einerseits der Sexualtrieb sich nicht länger mit der ihm aufgezwungenen Sexualform abfindet, daher Zerfall der Ehemoral, andererseits die materielle Daseinsweise der Frau und der Kinder die Aufrechterhaltung der Eheform notwendig macht, daher fortgesetztes Eintreten für die bestehende Sexualform: die Ehe» (REICH 1966, S. 186). Die Beobachtung BEBELS gilt im Prinzip unverändert fort: «Noch heute nimmt insbesondere die Frau ihre untergeordnete Stellung als etwas Selbstverständliches hin, und es ist nicht leicht, ihr klar zu machen, daß diese eine unwürdige ist und sie danach streben müsse, ein dem Manne gleichberechtigtes, in jeder Beziehung ebenbürtiges Glied der Gesellschaft zu werden» (BEBEL 1903, S. 8). BEBEL stellt fest, daß die Frauen im Laufe der Jahrhunderte gelernt haben, sich mit großer Leichtigkeit in neue Verhältnisse zu finden und über eine höhere Anpassungsfähigkeit verfügen als der Mann. Dazu gehört auch, daß sie sich meist widerspruchslos in den ‹Naturberuf› der Frau, nämlich als Haushälterin und Kinderwärterin, fügen (BEBEL 1903, S. 234). M. HORKHEIMER kritisiert die schädigende gesellschaftliche Wirkung, die von dieser (Selbst-) Beschränkung der Frau ausgeht. Sie wird in ihrer Entwicklung gehemmt, seelische Energien, die der «aktiven Gestaltung der Welt zugute kommen könnten», werden gefesselt, «die materielle und psychische Ausbeutung der Frau infolge der ökonomischen Vormachtstellung des Mannes» führt zu Verzweiflung und zum «Raub an ihrem Lebensglück» (HORKHEIMER 1936, S. 56, 67, 69).

Die Frau ‹rächt› sich jedoch für diese Unterdrückung. Die Herrschaft des Mannes über die Frau produziert aus sich selbst heraus die Beherrschung des Mannes durch die Frau. Von den gesellschaftlichen Verhältnissen, die sich in der Ehe manifestieren und im Ehemann personalisieren, an der freien Entfaltung ihrer ökonomischen und sexuellen Persönlichkeit gehindert, akzeptiert die Frau ihre Rolle als Mutter und Hausfrau und begibt sich in die Ehe, in der sie selbst Versorgung findet und ihre Kinder versorgt sieht. Die Versorgungsfunktion der Ehe erzeugt damit die erste Einschränkung des Mannes: er muß für den materiellen Unterhalt von Frau und Kindern aufkommen. Die zweite, sehr viel weitergehende Einschränkung ergibt sich für den Mann dadurch, daß die Frau bestrebt ist, auf Dauer die Sicherung der Versorgungsfunktion zu erzwingen: «Als abhängig von der Stellung und dem Verdienst des Mannes ist die Frau darauf angewiesen, daß der Hausvater sich den Verhältnissen fügt, unter keinen Umständen sich gegen die herrschende Gewalt auflehnt, sondern alles aufbietet, um in der Gegenwart vorwärtszukommen. Ein tiefes, ökonomisches, ja physiologisches Interesse verbindet die Frau mit dem Ehrgeiz des Mannes. Vor allem ist es ihr um die eigene ökonomische Sicherheit und die ihrer Kinder zu tun» (HORKHEIMER 1936, S. 68). Diese Beobachtung HORKHEIMERS, hier nur auf die Familie bezogen, muß in die gesellschaftliche Dimension ausgeweitet werden. Das Bestehen der Frau auf eine langfristige Sicherung der materiellen Basis des Familienlebens stabilisiert die Familie und erhält sie dadurch als Erzeugungsstätte autoritärer Charaktere. Außerdem garantiert dieses Bestreben der Frau, daß die Produktion langfristig mit männlichen Arbeitskräften versorgt wird, die sich leicht in die betrieblichen Herrschaftsstrukturen einfügen, um sich Aufstiegschancen zu erdienen, und die zweitens im Rahmen des Leistungsprinzips bereit sind, hohe Leistungen im Arbeitseinsatz zu erbringen. Schließlich wird so der ungestörte Weiterbestand der herrschenden ökonomischen und politischen Verhältnisse gesichert, weil jede Auflehnung gegen diese Verhältnisse unmittelbar die Gefährdung der eigenen sozialen und ökonomischen Stellung mit sich bringt und daher von der Frau bekämpft werden muß: «In doppelter Weise stärkt die familiale Rolle der Frau die Autorität des Bestehenden ... Nicht bloß durch die Sorge um die Familie selbst, sondern auch durch die stetige Mahnung der Frau wird der Gatte dem Bestehenden verhaftet, und die Kinder erleben in der mütterlichen Erziehung unmittelbar die Einwirkung eines der herrschenden Ordnung ergebenen Geistes» (HORKHEIMER 1936, S. 68 f). Die Frau beugt sich dem «Gesetz der patriarchalischen Familie», und indem sie das tut, wird sie selbst zu einem «die Autorität in der Gesellschaft reproduzierenden Faktor» (HORKHEIMER 1936, S. 69). Damit liegt die systemerhaltende Funktion der Familie und der Frauenrolle in der Familie offen zutage. Mann, Frau und Kinder tragen, jeder auf seine Weise, dazu bei. Die Familie garantiert, daß immer wieder Generationen hervorgebracht werden, «welche die Struktur des [jeweiligen] Wirtschafts- und Gesellschaftssystems nicht in Frage stellen, sondern sie als natürlich und ewig anerkennen und sogar noch ihre Unzufriedenheit und Rebellion zu vollstreckenden Kräften der herrschenden Ordnung machen lassen» (HORKHEIMER 1936, S. 58). Als Haupttriebkraft des Untertanenverhaltens des Mannes wirkt dabei der gesellschaftliche Zwang zur Sorge für die materiell abhängige Frau und die Kinder, für die von ihm geliebten Personen: «Das Sicheinfügen in die bestehenden Autoritätsverhältnisse wird für den Gatten und Vater aus Liebe zu den Seinen ratsam, es bringt ihn schon der bloße Gedanke an Widerstand vor den qualvollsten Gewissenskonflikt. Aus einer Sache des persönlichen Muts verwandelt sich der Kampf gegen bestimmte historische Zustände in eine Aufopferung der geliebten Personen» (HORKHEIMER 1936, S. 68). M. HORKHEIMER weist auf den Zusammenhang zwischen Familie und autoritärem Staat hin: «Die Existenz mancher

Staatenbildungen in der neueren Geschichte, insbesondere der streng autoritativen, ist aufs engste mit dem Vorhandensein und der stetigen Erneuerung dieser tiefen Hemmungen verknüpft. Ihr Wegfall oder auch nur ihre Minderung bedeutet für diese Staaten die unmittelbarste Gefahr» (HORKHEIMER 1936, S. 68 f). Werden Tendenzen festgestellt, die auf eine Auflösung der Familie hinauslaufen, greifen die Staaten zur Familienpolitik, sie «suchen unmittelbar die Regulierung antifamiliärer Tendenzen zu bewirken und sie auf das zur Aufrechterhaltung des Systems im nationalen und internationalen Kräftespiel notwendige Maß zu beschränken» (HORKHEIMER 1936, S. 63).

Zusammenfassung: Fünf Thesen

Erstens: Ein frei entfaltetes Sexualleben würde die Bereitschaft und Fähigkeit des Menschen, lebenslang monogame Ehen einzugehen, erheblich vermindern, wenn diese Institution als ungeeignet zur Befriedigung der sexuellen Bedürfnisse bewußt wäre. Im Zentrum der familiären Erziehung steht daher vom Kleinkind an die sexualverneinende Erziehung zur Ehefähigkeit. Verinnerlichte sexualfeindliche Moral im Zusammenhang mit autoritärer Psychostruktur garantiert dann die Erziehung der nächsten Generation zur Ehefähigkeit.

Zweitens: Die Dreiecksstruktur der Familie (Vater–Mutter–Kind) nimmt für das Kind die Autoritätsstruktur der Gesellschaft vorweg. In der Familie übt das Kind die Anpassung an autoritäre Hierarchien ein, verinnerlicht die Realität der Herrschaft von Menschen über Menschen, des ‹Oben› und ‹Unten›, des Befehlens und Gehorchens.

Drittens: Ökonomische Abhängigkeit vom Mann und besondere sexuelle Einschränkung und Unterdrückung charakterisieren die Lage der Frau in Ehe und Familie, vor allem bei horizontaler Arbeitsteilung. Unter den Bedingungen entfremdeter Lohnarbeit wäre die Hausfrauenarbeit für die Frau akzeptabel, wenn sie nicht mit der sexuellen Einschränkung verbunden wäre.

Viertens: Die bürgerliche Ideologie von ‹Mutterschaft› und ‹Kinderreichtum› manifestiert sich als Pervertierung des Wunsches der Frau nach Kindern, weil sie der reaktionären Familienpolitik dazu dient, die Frau in die bürgerliche Ehe zu zwingen. Am deutlichsten zeigt sich das im Abtreibungsverbot und in der Behinderung der Geburtenkontrolle insbesondere bei unverheirateten Frauen.

Fünftens: Die Herrschaft des Mannes über die Frau produziert aus sich selbst heraus die Beherrschung des Mannes durch die Frau. Der Mann wird durch seine Rolle in der Familie ökonomisch, gesellschaftlich und politisch eingeschränkt, und zwar in Richtung auf eine Anpassung an die herrschenden wirtschaftlichen und politischen Verhältnisse und auf eine Erfüllung ihrer Unterordnungs- und Leistungsforderungen.

4. Folgen der Familie

Sexuelle Störungen

Das Leben in Ehe und Familie sowie das asketische Leben vor der Ehe führen nach REICH zur Störung der sexuellen Befriedigungsfähigkeit, zur Spaltung der natürlichen Sexualität in einen ‹zärtlichen› und einen ‹sinnlichen› Zweig und zu abnormem Sexualverhalten. Zunächst schwächt oder zerstört die voreheliche Askese die Genitalität und bringt damit ein störendes Element in die Ehe: «Je keuscher vor, desto treuer in der Ehe. Diese Treue verdankt ihren Bestand der Eintrocknung der Sexualität in der vorehelichen Askese ... Das Gros der Ehen ist miserabel, weil die Sexualbefriedigung in der Ehe unvollkommen ist, die Männer ungeschickt und die Frauen kalt sind» (REICH 1966, S. 183). Hier zeigt sich die Widersprüchlichkeit der bürgerlichen Eheinstitution. Nicht nur, daß sie die Jugendlichen um die in der Zeit vor der Ehe gehegte Hoffnung auf sexuelles Glück in der Ehe, die ihnen die voreheliche Abstinenz erträglich erscheinen läßt, betrügt; die Prinzipien, die die Ehe allein möglich machen, bringen deren Aushöhlung mit sich, sie erschweren oder zerstören die Befriedigungsmöglichkeit in der Ehe. «Der Widerspruch der Eheinstitution ergibt sich aus dem Widerspruch zwischen den sexuellen und den wirtschaftlichen Interessen in der Ehe. Vom Standpunkt der wirtschaftlichen Interessen werden sehr konsequente und folgerichtige Forderungen gestellt. Da es unwahrscheinlich, ja sexualökonomisch unmöglich ist, daß ein sexuell voll intakter Mensch sich den Bedingungen der ehelichen Moral unterwirft ... ist eine sehr tiefgreifende Unterdrückung des Sexualbedürfnisses allererste Forderung. Es ist nun richtig, daß diese Forderungen für die Aufrechterhaltung der Ehe notwendig sind. Aber die gleichen Forderungen sind es, die die Ehe untergraben, sie schon bei ihrer Schließung dem Untergang weihen» (REICH 1966, S. 181). Die erste Ursache für diese zerstörerische Tendenz ist die Spaltung der Genitalität, die sich daraus ergibt, daß zwar das Ideal der vorehelichen Abstinenz und das Ideal der ehelichen Treue stets hochgehalten werden, die Menschen in der Praxis jedoch durchaus vor- und außereheliche geschlechtliche Beziehungen unterhalten, und zwar mit einem ‹schlechten Gewissen›. Die Spaltung der Genitalität erfolgt in ‹sinnliche› und ‹zärtliche› Strebungen und führt zu Neurosen und dissozialem sexuellem Verhalten. Sie ist ein Produkt der vorehelichen Askese und der Klassengesellschaft: «Die sinnliche Komponente der Genitalität wird von der zärtlichen abgespalten; der junge Mann befriedigt seine Sinnlichkeit in einem Verhältnis mit einem Mädchen, das er als Gattin nie akzeptieren würde, weil sie sich ihm ohne Trauschein hingegeben hat» (REICH 1927, S. 141). Daneben ‹verehrt› er ein Mädchen seiner sozio-kulturellen Schicht, wobei die sinnliche Strebung in eine zärtliche Verehrung sublimiert wird. Dieses Mädchen kommt für eine voreheliche Geschlechtsbeziehung nicht in Frage, weil sie damit als Heiratskandidatin nicht mehr in Betracht käme. Neueste repräsentative Erhebungen haben ergeben, daß ein großer Teil der jungen Männer noch heute eine ‹unberührte› Frau zur Gattin wünscht (vgl. S. 154). Die Folge dieser Spaltung ist, daß immer nur die eine Hälfte der Persönlichkeit am Sexualerlebnis teilhaben kann. Eine volle Befriedigung tritt aber nur ein, wenn Sinnlichkeit und Zärtlichkeit beim Sexualakt gleichermaßen ausgelebt werden. Die Spaltung führt zur Frustration und zu schwerwiegenden psychischen Störungen, vor allem zum Anschwellen sadistisch-aggressiver Strebungen, die sich auch auf den Sexualpartner erstrecken und tendenziell zu brutalisiertem Verhalten führen. Beim Sexualverhalten manifestiert sich die Brutalisierung dadurch, daß «für das Gros der Männer der ‹Besitz› einer Frau eine Eroberung und der Besitz einer Verheirateten überdies ein Triumph über den ‹betrogenen› Ehegatten bedeutet. Es handelt sich also in erster Linie nicht um ein Sexualerlebnis, sondern um ‹Besitz›, ‹Verlust›, ‹Triumph›, ‹Rache› ... Es ist ganz klar, daß unter solchen Bedingungen das orgastische Erleben zurücktreten muß» (REICH 1927, S. 142).

Zudem bedingt die Tatsache, daß vor- und außerehelicher Geschlechtsverkehr zwar verboten, aber dennoch üblich ist, eine Abwertung der Sexualität: «Mit der Einführung der Keuschheit werden die Frauen unter dem Druck ihrer sexuellen Bedürfnisse unkeusch, an die Stelle der natürlichen, zarten Sinnlichkeit tritt die sexuelle Brutalität der Männer ... Der außereheliche Geschlechtsverkehr gerät in Widerspruch zur offiziellen Moral und solcherweise auf die Hintertreppe. Der Widerspruch stört die Befriedigungsfähigkeit der Individuen, das sexuelle Schuldgefühl zersplittert den natürlichen Ablauf der sexuellen Akte und schafft sexuelle Stauungen, Neurosen, Geschlechtsverirrungen und dissoziales Verhalten» (REICH 1934 a, S. 134). Diese Erscheinungen der bürgerlichen Sexualität wirken sich nicht nur vernichtend auf das sexuelle Glück der betroffenen Menschen aus; sie tragen überdies zur Perpetuierung der Sexualunterdrückung und der Sexualmoral bei, indem sie diese scheinbar legitimieren: «Diese derart verzerrte, gestörte, brutalisierte und erniedrigte Sexualität stützt nun ihrerseits die gleiche Ideologie, der sie ihr Entstehen verdankt. Die verneinenden Wertungen der Sexualität können sich jetzt mit Recht darauf berufen, daß die Sexualität etwas Unmenschliches und Tierisches ist; dabei ist nur vergessen, daß diese tierische und unmenschliche Sexualität nicht die Sexualität ‹an sich›, sondern eben die Sexualität des Patriarchats ist» (REICH 1934 a, S. 135). Dieser ideologische Boden ermöglicht dann die Reproduktion der pervertierten Sexualität in der familiären, sexualmoralischen Erziehung.

Neben der Beeinträchtigung der sexuellen Erlebnisfähigkeit spielt die sich in jeder sexuellen Gemeinschaft, besonders auch in der Ehe auf die Dauer ergebende sexuelle Abstumpfung eine bedeutende Rolle für die Unbefriedigtheit der in Ehen lebenden Menschen. W. REICH beschreibt die sexuelle Abstumpfung als eine allgemeine, nicht an die Ehe gebundene Erscheinung: «In jedem sexuellen Verhältnis treten früher oder später, mehr oder minder gehäuft, Perioden geringerer sinnlicher Anziehung, ja sinnlicher Gleichgültigkeit auf. Das ist eine empirisch festgestellte Tatsache, gegen die keinerlei moralisches Argument ins Feld geführt werden kann. Sinnliches Interesse läßt sich nicht kommandieren» (REICH 1966, S. 160). Diese allgemeine Erscheinung erhält jedoch in der sexualfeindlichen Gesellschaft eine Verschärfung, die sich aus der Sexualmoral ergibt: «Das Sexuelle war immer (unter der Herrschaft der Sexualmoral!) verboten und behält im Unbewußten diese Assoziation bei. Das Verbotene, das ist im Kern das Sexuelle, wurde besonders begehrt ... Bei manchen Menschen festigt sich nun der Sexualwert des Verbotenen derart, daß sie das Nichtverbotene nicht begehren können. Je mehr der Mann im vorehelichen Leben ‹erobern› und ‹besitzen› wollte, desto rascher wird er in der Ehe abstumpfen» (REICH 1927, S. 154). Dies ist ein neuer Hinweis darauf, daß die Sexualmoral, die die Ehe ermöglichen soll, deren Grundlage, die sexuelle Beziehung, tendenziell zerstört und damit die Eheinstitution untergräbt.

Findet der Mensch in der Ehe keine volle sexuelle Befriedigung, wird er empfänglich für sexuelle Reize von außerhalb der Ehe, wodurch der eheliche Abstumpfungsprozeß beschleunigt werden kann. «Jeder Mensch ist ständig neuen sexuellen Reizen von anderer Seite als der des Partners ausgesetzt. Häufen sich diese Wünsche nach anderen Objekten, so wirken sie auf die sexuelle Beziehung zum Partner zurück, sie beschleunigen die Abstumpfung ... Unbewußt wird der Haß gegen den Partner immer stärker; sein Motiv ist die Behinderung der Erfüllung der Wünsche nach anderen durch den Partner; ja nur scheinbar paradox ist die Tatsache, daß der unbewußte Haß umso stärker werden kann, je liebenswürdiger und toleranter der Partner ist. Man hat dann keinen Grund, ihn persönlich zu hassen und empfindet ihn, besser die eigene Liebe zu ihm, doch als Behinderung» (REICH 1966, S. 161). Ob es unter den geschilderten Bedingungen zum Bruch der Beziehung, zur Trennung und zur Scheidung kommt, hängt davon ab, ob es sich um eine vorübergehende oder dauernde Abstumpfung handelt. W. REICH meint, daß, wenn man einmal wirtschaftliche und moralische Motive zur Aufrechterhaltung der Beziehung unberücksichtigt läßt, eine Trennung unvermeidlich ist, wenn die Abstumpfung anhält und die Beziehung zu einem anderen Partner mehr sexuelle Befriedigung verspricht: «Die monogame Haltung ... bleibt so lange erhalten, wie die sexuelle Übereinstimmung und Befriedigung anhält. Gedanken und Wünsche nach anderen Partnern treten entweder nur ganz schwach auf oder sie werden wegen des Interesses am Partner nicht in die Tat umgesetzt. Die alte Beziehung bricht aber unrettbar zusammen, wenn sie morsch wird und eine andere Kameradschaft höhere Lust verspricht. Diese Tatsache steht im Widerspruch zur gesamten Sexualordnung der heutigen Gesellschaft, wo materielle Bindungen und Rücksichten auf die Kinder dem sexualökonomischen Prinzip widersprechen. Derart sind unter den Bedingungen der sexualverneinenden Gesellschaftsordnung gerade die gesündesten Menschen schwersten subjektiven Leiden ausgesetzt. Das Verhalten der orgastisch gestörten Menschen ist anders ... Der Akt bedeutet ihnen nicht so viel. Derartig gestörte Menschen sind fähiger, sich den Bedingungen einer lebenslänglichen Ehe zu fügen; ihre Treue beruht jedoch nicht auf sexueller Befriedigtheit, sondern auf moralischen Hemmungen» (REICH 1966, S. 35 f). Hier wird REICHS theoretische Position zur ‹Monogamie› und ‹Polygamie› deutlich. Der Mensch ist nicht an sich monogam oder polygam, sondern er ist so lange polygam, also verkehrt mit wechselnden Partnern, bis er einen geeigneten Partner gefunden hat, mit dem er volle sexuelle Befriedigung findet, und er bleibt dann so lange monogam, bis diese Befriedigung nachläßt und eine andere Beziehung mehr Befriedigung verspricht. Diese These bezeichnet präzise das sexualökonomische Prinzip als eines dynamischen Prinzips. Der Realisierung im gegenwärtigen gesellschaftlichen Leben stehen Ehe und Familie in der Form des normativen Monogamiepostulats und des Lebenslänglichkeitsgebots gegenüber.

Die Situation des sexuell gesunden, orgastisch nicht gestörten Menschen wird aber nicht nur durch materielle Bindungen, Rücksichten auf die Kinder und gesellschaftliche Normen erschwert. Dazu kommt die Tatsache, daß im Falle einer beiderseitigen sexuellen Abstumpfung der Partner trotz der auch von ihm empfundenen Abstumpfung weiterhin emotional an den anderen gebunden ist und sich nicht trennen will. W. REICH deutet dies als Folge der starken Elternbindung auf Grund der familiären Erziehung: «Die (sexualmoralisch erzogenen) Menschen sind sexuell meist in hohem Maße unselbständig, mit der Fähigkeit zu klebriger, liebeleerer Bindung an den Partner behaftet, daher zur Lösung von ihm unfähig; beim Verlust des Partners fürchten sie, einen anderen so leicht nicht zu finden. Diese Angst wird immer getragen von kindlichen Bindungen an Mutter, Vater oder ältere Geschwister» (REICH 1966, S. 287). Diese emotionale Anhänglichkeit erweist sich als Grundlage der Eifersucht. W. REICH denkt, daß mit dem Fortfall der familiären Erziehung das Eifersuchtsproblem zwar nicht verschwinden, sich aber doch vereinfachen würde. Die ‹Besitzeifersucht› entfiele, die sich aus den erwähnten neurotischen Bindungen entwickelt und auch dann auftritt, wenn zwischen beiden keine Liebe mehr besteht. Dann käme nur noch die Eifersucht aus Liebe als eine ‹natürliche› Eifersucht vor: «So, wie es natürlich ist, einen geliebten Partner nicht in den Armen eines anderen wissen zu wollen, so unnatürlich, einem sekundären Trieb entsprechend wäre es, wenn man etwa in einer Ehe oder in einer Dauerbeziehung selbst keine geschlechtliche Beziehung mehr hätte und trotzdem dem anderen eine anderweitige Beziehung verbieten würde» (REICH 1966, S. 58). Diese Trennung in ‹natürliche› und ‹Besitz›-Eifersucht führt REICH zu einer spezifischen Deutung der Tatsache, daß der Ehebruch einer Frau vom Mann als sehr viel schwerwiegender betrachtet wird als der Ehebruch des Mannes durch die Frau: «Die Forderung des Ehegatten, seine Frau müsse monogam sein, hat ihre besonderen individuellen Gründe ... Wir finden in erster Linie die Angst vor dem Konkurrenten, insbesondere dem mit der größeren Potenz, und die narzißtische Scheu vor der sozialen Ächtung, vor dem Stigma des ‹Gehörnten›. Die betrogene Frau wird ja nicht verachtet, sondern bemitleidet. Das hat seinen Grund darin, daß für die Frau in ihrer abhängigen Stellung die Untreue des Gatten eine wirkliche Gefahr bedeutet. Die Untreue der Frau hingegen ist der öffentlichen Meinung der Beweis, daß der Gatte seine Herrenrechte nicht zu wahren vermochte, vielleicht auch, daß er nicht Mann genug war im rein sexuellen Sinne, um seine Frau treu zu erhalten» (REICH 1966, S. 179). Hier wird deutlich, wie stark unter den herrschenden gesellschaftlichen Bedingungen die ‹natürliche› Eifersucht ergänzt wird durch ökonomisch und gesellschaftlich geprägte Momente. In der sexualfeindlichen Gesellschaft und in ihren sexuellen Institutionen, der Ehe und der Familie, werden sinnliche Regungen so stark mit gesellschaftlich erzeugten moralischen und ökonomischen Elementen durchsetzt, daß ihre Entfaltung äußerst stark behindert wird oder gar diese Bedürfnisse durch ihre Verzerrung sich gegen ihre eigene Befriedigungsmöglichkeit wenden. Der Widerspruch der Moral manifestiert sich darin, daß sie das, was sie zu erhalten und zu beschützen vorgibt, tendenziell untergräbt und zerstört.

Familiensentimentalität

Die bürgerliche Gesellschaft kann den Konflikt zwischen dem ‹theoretischen› Anspruch der Ehe und Familie, eine geeignete Institution zur Befriedigung sexueller Bedürfnisse zu sein, und ihrer tatsächlichen Unfähigkeit, diesen Anspruch zu erfüllen, nicht lösen, es sei denn, sie wollte auf die Familie als Produktionsstätte autoritärer Charaktere verzichten, was sie aus ökonomischen Gründen nicht kann. Sie muß vielmehr bestrebt sein, den aus diesem Konflikt resultierenden Zerfall der Ehe und Familie aufzuhalten. Dies geschieht auf der politischen Ebene durch die Familienpolitik, auf der ideologischen durch die Propagierung der Ideologie der Familiensentimentalität. «So miserabel und trostlos, leidvoll und unerträglich die Ehesituation und Familienkonstellation ist, ideologisch muß sie nach außen sowohl wie nach innen von den Familienmitgliedern verfochten werden. Die gesellschaftliche Notwendigkeit des Seins zwingt zum Vertuschen der Misere und zu ideologischem Hochhalten von Familie und Ehe, erzeugt auch die weitverbreitete Familiensentimentalität und die Schlagworte vom ‹Familienglück›, vom ‹trauten Heim›, vom ‹stillen Ruhepunkt›, und vom Glück, das die Familie für die Kinder angeblich bedeutet» (Reich 1966, S. 107). Diese Ideologisierung dient nicht nur der Rechtfertigung von Familienpolitik, Familienrecht und Sexualgesetzgebung. Sie ist unter den gegebenen Bedingungen objektiv notwendig, um den Menschen in den Familien das psychische Existieren zu ermöglichen. «Das Verschleiern vor sich selbst und die sentimentalen Schlagworte, welche wichtige Bestandteile der ideologischen Beeinflussungsatmosphäre bilden, sind seelisch notwendig, denn sie unterstützen das Durchhalten in der seelisch unökonomischen Familiensituation» (Reich 1966, S. 108). Innerhalb der Familie gilt dies besonders auch für die Frau: «Die Frauen sind zu einem großen Teil nur auf das eheliche Sexualleben eingestellt, auf dieses Leben mit all seinem sexuellen Elend, seinem Zwang, seiner Erlebniseinöde, aber auch seiner äußerlichen Ruhe, seiner gebundenen Marschroute, die der heutigen Durchschnittsfrau das Nachdenken über ihre Geschlechtlichkeit und den aufreibenden Kampf im außerehelichen Sexualleben erspart. Für das Bewußtsein der Frau hat es wenig zu bedeuten, daß diese Ersparnis teuer bezahlt ist durch seelisches Leiden» (Reich 1966, S. 185).

Die Bedeutung der Familiensentimentalität und Familienideologie wird in der Praxis der Psychoanalyse sichtbar: «Die Behandlung von Neurosen zerstört leicht den Familien- und Ehezusammenhang; sie räumt nämlich mit den Illusionen auf, die Wahrheit tritt unerbittlich zutage» (Reich 1966, S. 141). Die Wahrheit, die zutage tritt, ist das Bewußtsein der eigenen Persönlichkeit, vor allem das der eigenen Geschlechtlichkeit, und das Bewußtsein davon, daß die familiären Lebensumstände den Bedürfnissen der persönlichen Geschlechtlichkeit entgegenstehen: der Mensch erkennt sein falsches Bewußtsein, unter dem er gelebt hat, als die Ursache seiner Neurose und seines Unglücks. Die konkrete Konsequenz der Psychoanalyse ist in der Regel die Ehescheidung, jedenfalls dann, wenn sie konsequent durchgeführt wurde. Damit ist der Konflikt jedoch nicht gelöst. Gerade derjenige, der die Trostlosigkeit der Ehe- und Familiensituation erfaßt hat, kann unter dem Druck der realen gesellschaftlichen Verhältnisse zum konsequenten Verteidiger der Ehe und Familie werden: «Aus der Tatsache, daß es in unserer Gesellschaft außerhalb der Ehe und Familie noch trostloser aussieht, weil dort jeder materielle, rechtliche und ideologische Schutz des Sexuallebens fehlt, schließt man auf die Naturnotwendigkeit der Familiensituation» (REICH 1966, S. 108). Diese Resignation aus Einsicht wirkt sich in der gesellschaftlichen Realität als familienstabilisierender Faktor aus, weil die familiäre Misere auf Grund der Struktur von Ehe und Familie durch diese selbst, auch bei noch so sexualbejahender Grundeinstellung, nicht beseitigt werden kann, im Gegenteil: für die nächste Generation reproduziert wird.

Religiosität

Die Familie trägt nicht nur durch das Gute-Nacht-Gebet des Kindes zur Entstehung der Religiosität als einer psychischen Disposition beim Kind bei. Den psychischen Boden für Religiosität bildet vielmehr die neurotische Struktur des sexuell gehemmten Menschen. Diese Disposition zur Aufnahme metaphysischer Ideologien hat sich in der Gesellschaft institutionell niedergeschlagen: Religionsgemeinschaften, Kirchen existieren als Produzenten und Verbreiter moralischer Normensysteme, in denen Askesegebot und Lustfeindschaft, konkret sexualfeindliche Moral, eine hervorragende Bedeutung haben. Die Hauptfunktion der Religion ist, durch metaphysische Begründung der Sexualmoral ihre gesellschaftliche, politisch-ökonomische Funktion zu verschleiern und ihr so die Angriffspunkte einer rationalen Kritik zu nehmen. Die Kirche wird zur wichtigsten gesellschaftlichen Instanz für die direkte Verbreitung der sexualfeindlichen Ideologie und für die Kontrolle ihrer Befolgung. Den massenpsychologischen Boden für ihre Autorität bildet dabei dieselbe ambivalente Fixierung des sexuell gehemmten Menschen, die auch gegenüber den sexualfeindlich erziehenden Eltern wirksam wird und den Widerstand gegen die moralische Instanz unwirksam werden läßt. W. REICH beschreibt die Funktion der Religion: «Mit der Einschränkung und Unterdrückung der Geschlechtlichkeit verändert das menschliche Fühlen seine Art, es entsteht die sexualfeindliche Religion, und allmählich baut die herrschende Klasse eine eigene sexualpolitische Organisation auf, die Kirche mit allen ihren Vorläufern, die nichts als die Ausrottung der sexuellen Lust der Menschen und mithin des geringen Glücks auf Erden hat» (REICH 1934 a, S. 49). W. REICH demonstriert die psychischen Vorgänge eindrucksvoll am Beispiel der Verehrung von JESUS und MARIA (REICH 1934 a, S. 217–223), die den religiösen Menschen quasi als Ersatz für den fehlenden Sexualpartner dienen sollen.

Die konkrete Leistung der Kirche als der «internationalen sexualpolitischen

Organisation des Kapitals» (REICH 1934 a, S. 169) sieht REICH in den wöchentlichen Gottesdiensten: «Die internationale Organisation des Christentums hält seit Jahrtausenden in jedem kleinen Nest der Welt allwöchentlich zumindest eine sexualpolitische Versammlung in ihrem Sinne ab, denn nichts anderes sind die sonntäglichen Kirchenversammlungen» (REICH 1934 a, S. 276). Die jüngste Manifestation kirchlicher Sexualfeindlichkeit stellt die Enzyklika ‹*Humanae Vitae*› von 1968 dar, in der der Papst den Gläubigen jede Form der Geburtenkontrolle verbietet, die «sich entweder in Voraussicht oder während des Vollzuges des ehelichen Aktes oder darauf folgend ... die Verhinderung der Fortpflanzung zum Ziel setzt» (zit. n. ‹*Der Spiegel*› 32/1968, S. 82).

Nationalismus, Imperialismus, Militarismus

Bisher haben wir lediglich die innenpolitischen, herrschaftssichernden und systemstabilisierenden Funktionen der Sexualmoral und der familiären Existenz berücksichtigt. W. REICH weist darauf hin, daß auch außenpolitisch relevante Verhaltensweisen Ergebnis der sexuellen Unterdrückung sein können und zeigt die Entstehung nationalistischer, militaristischer, imperialistischer und kriegerischer Tendenzen auf.

Die Voraussetzung für die Übernahme nationalistischer Ideologien ist das Vorhandensein von Heimat- und Nationalgefühl als emotionale Fixierung auf ein bestimmtes Territorium und eine bestimmte gesellschaftliche Gruppe in der menschlichen Psychostruktur. W. REICH nennt mehrere Ursachen für diese Fixierung: die Störung der Rationalität des neurotischen Menschen als Voraussetzung für irrational-emotionale Fixierungen überhaupt, dann die Mutterbindung als Ursprung des Heimatgefühls und schließlich die Familienstruktur als Miniaturausgabe der Struktur von Nation und Staat.

Die Hemmung der sinnlichen, sexuellen Strebungen durch die Sexualmoral führt zu ständigen Spannungen im psychophysischen Apparat. Diese Spannung «bildet die Grundlage zunächst von Tagträumerei beim Kleinkind und Puberilen, die sich besonders leicht in mystisches, sentimentales und religiöses Empfinden umsetzen kann, weil die Atmosphäre des bürgerlichen Menschen davon durchtränkt ist. Beim durchschnittlichen Kind jeder gesellschaftlichen Schicht wird so eine Struktur hergestellt, die mystische Einflüsse des Nationalismus, der Religion, des Aberglaubens jeder Art geradezu aufsaugen muß» (REICH 1934 a, S. 191). Auf diese Weise ist die psychische Bereitschaft zur Übernahme der nationalistischen Ideologie geschaffen; die Familienerziehung macht es aber grundsätzlich überflüssig, den Nationalismus bewußt von außen her in das Individuum einzupflanzen, denn er bildet sich unmittelbar im Zusammenhang mit der familiären Erziehung und dem Erleben der Familie als gesellschaftlicher Gruppe: «Im Kern der Familienbindung steht die Mutterbindung. Die Vorstellung von Heimat und Nation ist in ihrem subjektiv-gefühlsmäßigen Kern Vorstellung von Mutter und Familie. Die Mutter ist die Heimat des Kindes, wie die Familie die ‹Nation im Kleinen› ist» (REICH 1934 a, S. 91). ‹Nation im Kleinen› ist die Familie insofern, als sie ähnlich wie der Nationalstaat ständig um ihre wirtschaftliche Existenzgrundlage (Einkommen, Wohnung) ringen, sich Lebensraum erkämpfen und erhalten muß und auf diese Weise in Konkurrenz zu anderen Familien gerät.

«Die Familien sind ebenso gegeneinander abgegrenzt wie die Nationen im Kapitalismus. Die Grundlagen hierfür sind in beiden Fällen letzten Endes wirtschaftliche Motive. Die Familie des Kleinbürgers steht unter dem ständigen Druck von Nahrungs- und sonstigen materiellen Sorgen. Die wirtschaftliche Expansionstendenz der kinderreichen Kleinbürgerfamilie reproduziert gleichzeitig die imperialistische Ideologie: ‹Nation braucht Raum und Nahrung›. Deshalb muß der Kleinbürger der imperialistischen Ideologie besonders leicht zugänglich sein. Er vermag sich mit der personifiziert gedachten Nation voll zu identifizieren. Derart reproduziert sich der objektive staatliche Imperialismus im subjektiven familiären Imperialismus» (REICH 1934 a, S. 92). Heute mögen sich die Akzente verschoben haben: an die Stelle von ‹Nahrung und Raum› ist das Ringen um Absatzmärkte für die nationale Produktion im Ausland und um Konkurrenzfähigkeit getreten. Im Kern hat sich nichts geändert.

Vom Nationalismus und Imperialismus zum Militarismus und der Kriegsbereitschaft ist es nur ein quantitativer, kein qualitativer Schritt. Die für eine Kriegführung notwendige Psychostruktur wird nach REICHS Erkenntnissen ebenfalls durch die Sexualmoral angelegt. «Der Zwang zur sexuellen Selbstbeherrschung, das heißt zur Aufrechterhaltung der sexuellen Verdrängung, führt zur Entwicklung krampfhafter, besonders gefühlsmäßig betonter Vorstellungen von Ehre und Pflicht, Tapferkeit und Selbstbeherrschung ... Der genital Geschwächte, in seiner Sexualität Widerspruchsvolle muß sich ständig mahnen, seine Sexualität zu beherrschen, seine sexuelle Ehre zu wahren, tapfer gegen Versuchungen zu sein» (REICH 1934 a, S. 87). W. REICH zeigt, wie der deutsche Faschismus genau in diesem Punkte an die bürgerliche, sexualverneinende Psychostruktur anknüpfte und Methoden erfand, deren willkommene Wirkungen noch zu intensivieren. W. REICH untersucht im Jahre 1933 die Strategie der Nationalsozialisten und prophezeit präzise ihre Ziele und Folgen: «Der deutsche Faschismus versucht es derzeit mit aller Macht, sich in den psychischen Strukturen zu verankern, und legt daher größtes Gewicht auf die Erfassung der Jugend und der Kinder. Er hat keine anderen Mittel zur Verfügung, als Weckung und Pflege der Hörigkeit zur Autorität, deren psychologische Grundvoraussetzung die asketische, sexualverneinende Erziehung ist. Die natürlichen sexuellen Strebungen zum anderen Geschlecht, die von Kindheit an zur Befriedigung drängen, werden im wesentlichen durch verstellte, abgelenkte homosexuelle und sadistische Gefühle, teils auch durch asketische Neigungen ersetzt. Das gilt etwa für den sogenannten Kameradschaftsgeist in den Arbeitsdienstlagern wie für die Einpflanzung des sogenannten Geistes von Zucht und Gehorsam. Sie haben die Aufgabe, jede Brutalität und am Ende Entfesselung aller derart erzeugten und gebremsten brutalen Regungen in einem antisowjetischen Kriege von denen abzulenken, gegen die sich die durch strenge Erziehung in den Arbeitsdienstlagern erzeugten Haßgefühle ursprünglich richteten» (REICH 1934 a, S. 259 f).

Die skizzierten Folgen der Sexualmoral sind jedoch keine spezifische Eigenart offen faschistischer Regime. HITLER konnte an die bürgerlichen Praktiken der sexuellen Unterdrückung anknüpfen und brauchte sie nur zu intensivieren, um seine Ziele zu erreichen. Und mit dem faschistischen Regime endete zwar die extreme Überspitzung der Sexualunterdrückung, nicht aber diese selbst: sie wird nach wie vor reproduziert und hat Folgen, die sich von denen des faschistischen Regimes zwar quantitativ, nicht aber qualitativ unterscheiden und die für alle autoritären Gesellschaften in ähnlicher Weise signifikant sind.

Für REICH ist die Sexualverdrängung eine der wichtigsten Voraussetzungen für imperialistische Kriege, für Kriege also, die von der herrschenden Schicht gegen die tatsächlichen Interessen der werktätigen Massen inszeniert werden. Es ist sicher kein Zufall, daß heute die schärfste Opposition gegen den Vietnam-Krieg der USA aus den Reihen der antiautoritären und sexualbejahenden Studentenbewegung der USA, Englands, Frankreichs, Italiens, der Bundesrepublik Deutschlands und West-Berlins kommt.

Die im Kriege notwendige Aggressivität, Brutalität und Neigung zum Sadismus ist dadurch zu erhalten, daß die libidinösen Energien vom Sexualtrieb abgelenkt und damit zum Destruktions- und Aggressionstrieb hingelenkt werden; die erforderliche Feind-Fixierung geschieht durch Umlenkung des aus der ambivalenten Haß-Liebe-Fixierung auf den sexuellen Unterdrücker entstandenen Hasses gegen den militärischen Gegner (REICH 1934 a, S. 53). «Wir müssen annehmen, daß ebenso wie beim Individuum auch in der Masse die Verbildung der Liebesfähigkeit bei der Entfaltung der Grausamkeit hervorragend beteiligt ist. Die Brutalität des Weltkrieges (und vielleicht er selbst) wäre unmöglich gewesen, hätte nicht das Machtbedürfnis weniger Führer den Anschluß an die latente Grausamkeit des Einzelnen gefunden» (REICH 1927, S. 144). W. REICH weist darauf hin, daß FREUD mit ähnlichen Argumenten versucht hat, die Kriegsbegeisterung im Ersten Weltkrieg zu erklären: «Der Krieg bedeutet eine kollektive Aufhebung der Verdrängungen, insbesondere der grausamen Antriebe, mit Erlaubnis einer idealisierten Vaterimago, des Kaisers. Man durfte endlich ohne Schuldgefühl morden» (FREUD: *‹Zeitgemäßes über den Tod›* in: *‹Gesammelte Schriften›* Bd. 10, zit. n. REICH 1927, S. 144).

Ein Zusammenhang zwischen ‹Kampfbereitschaft› und Sexualverdrängung wird noch überzeugender verständlich, wenn man bedenkt, daß allein die Soldaten (von den Mönchen einmal abgesehen) ihr ‹Handwerk› kaserniert, also von ihren Frauen oder Freundinnen getrennt erlernen und Frauen zum Militärdienst nicht herangezogen werden. Die Möglichkeit sexueller Kontakte ist extrem eingeschränkt; für den Soldaten sind oft nur Prostituierte erreichbar.

Neben der Kampfbereitschaft erzeugt die Sexualunterdrückung den autoritären Charakter und damit die Voraussetzung für die strikte Einordnung des Soldaten in die streng hierarchische Autoritätsstruktur des militärischen Herrschaftsapparates.

Zusammenfassung: Fünf Thesen

Erstens: Die bürgerliche Ehe ist in sich widersprüchlich. Sie verspricht den Jugendlichen die langersehnte sexuelle Befriedigung, kann aber dies Versprechen nur teilweise einlösen. Die voreheliche, erzwungene Enthaltsamkeit hat die Genitalität geschwächt. ‹Frigidität› und ‹Impotenz› sind die Folgen. Außerdem läßt in der Ehe wie in jeder sexuellen Beziehung auf die Dauer die sinnliche Anziehung nach. Die sexuelle Unterdrückung hat jedoch bewirkt, daß die Menschen mit der Fähigkeit zu klebriger, liebeleerer Bindung behaftet sind, fälschlicherweise als ‹Treue› bezeichnet. Das erschwert eine Trennung zusätzlich zu den ökonomischen Hindernissen. Als Hilfsideologie wird die ‹Familiensentimentalität› herangezogen, die den äußeren Schein eines harmonischen Zusammenlebens von Mann und Frau (und Kindern) herstellen soll.

Zweitens: Die bürgerliche Sexualmoral bewirkt eine Spaltung der Sexualität in ‹sinnliche› und ‹zärtliche› Strebungen, die über die Frustration in Folge der unvollkommenen Befriedigung tendenziell zu brutalisiertem Sexualverhalten führt. Die reale Brutalisierung dient dann wieder der Diskriminierung des Sexuellen überhaupt und der Stützung der sexualfeindlichen Moral.

Drittens: Die Brutalisierung des sexuellen Verhaltens zeigt sich nicht zuletzt im Streben der Männer nach ‹Eroberung› und ‹Besitz› von Frauen. Aus diesem resultiert die Besitzeifersucht, die von der ‹natürlichen› Eifersucht zu trennen ist. Die Besitzeifersucht bewirkt, daß der ‹Ehebruch› der Frau gesellschaftlich erheblich mehr diskreditiert ist als der des Mannes.

Viertens: In einer sexualfeindlichen Gesellschaft können außereheliche (‹ehebrecherische›) Verhältnisse die sexuellen Probleme der in bürgerlichen Ehen lebenden Menschen nicht lösen. Die Androhung gesellschaftlicher Sanktionen für Ehebruch sowie die verinnerlichte formale Treueideologie belegen im subjektiven Bewußtsein des Menschen den ‹Ehebruch› mit Angst und schlechtem Gewissen. Dadurch wird eine volle Befriedigung im außerehelichen Verhältnis unmöglich gemacht.

Fünftens: W. Reich zufolge fördert die Sexualunterdrückung die Disposition zur Religiosität. Die Bereitschaft zum Glauben an religiöse Doktrinen schafft eine der Voraussetzungen für die Beeinflussung des Menschen im Sinne der sexualverneinenden Moral. Die christlichen Kirchen und andere Religionsgemeinschaften haben eine zentrale Bedeutung bei der metaphysischen Begründung, Verbreitung und Kontrolle der Befolgung der sexualfeindlichen Moral.

Teil 2:

Familienpolitik

Ideologiekritische Analyse der Bonner Familienpolitik

Einleitung

Familienpolitik wird hier definiert als eine Staats- und Regierungstätigkeit, deren Objekt die gesellschaftliche Kleingruppe Familie ist. Familienpolitik dient der Durchführung des Artikels 6 des Grundgesetzes. Dort heißt es:

6.1 Ehe und Familie stehen unter dem besonderen Schutze der staatlichen Ordnung.

6.2 Pflege und Erziehung der Kinder sind das natürliche Recht der Eltern und die zuvörderst ihnen obliegende Pflicht. Über ihre Betätigung wacht die staatliche Gemeinschaft.

6.3 Gegen den Willen des Erziehungsberechtigten dürfen Kinder nur auf Grund eines Gesetzes von der Familie getrennt werden, wenn die Erziehungsberechtigten versagen oder wenn die Kinder aus anderen Gründen zu verwahrlosen drohen.

6.4 Jede Mutter hat Anspruch auf den Schutz und die Fürsorge der Gemeinschaft.

6.5 Den unehelichen Kindern sind durch die Gesetzgebung die gleichen Bedingungen für die leibliche und seelische Entwicklung und ihre Stellung in der Gesellschaft zu schaffen wie den ehelichen Kindern.

Konkrete Maßnahmen im Rahmen dieser Grundsätze werden von verschiedensten Ministerien ergriffen. Aufgabe des Bundesministeriums für Familienfragen, seit 1957 des Bundesministeriums für Familien- und Jugendfragen ist die Koordination der Tätigkeit dieser Ministerien: «Das Bundesministerium für Familie und Jugend nimmt seine familienpolitischen Aufgaben auf dem Gebiet der Steuer-, Wirtschafts-, Sozial-, Wohnungsbau- und Eigentumspolitik sowie des Ehe- und Familienrechts in koordinierender Zusammenarbeit mit den Fachministerien wahr» (*‹Aufgaben und Aufbau des Bundesministeriums für Familie und Jugend›* 1968, S. 1). Die überwiegend ‹koordinierende› Funktion des Ministeriums wird schon bei der Betrachtung des Stellenplans deutlich: 1968 verfügte es über nur 78 Beamte, 56 Angestellte, 9 Arbeiter, insgesamt also über 143 Bedienstete (*‹Aufgaben und Aufbau›*, S. 3). ‹Koordinierung› bedeutet in diesem Falle jedoch – das wird die Analyse der familienpolitischen Äußerungen der Minister HECK und WUERMELING aufzeigen – in erster Linie Entwicklung und Verbreitung eines familienpolitischen Konzepts auf der Grundlage der bürgerlichen Familienideologie. Das Ministerium erklärt dazu: «Wichtige familienpolitische Aufgaben des Ministeriums liegen u. a. auf dem Gebiet der ... Familienbildung (Ehevorbereitung, ehebegleitende Bildung, Elternbildung), der Eheberatung sowie des Schutzes und der Förderung des Familiengedankens in der Öffentlichkeit» (*‹Aufgaben und Aufbau›*, S. 1). Gegenstand dieser Untersuchung sind jene vom Familienministerium verbreiteten und in Zusammenarbeit mit den Fachministerien in konkrete politische Maßnahmen umgesetzten Ideologien, die der Aufrechterhaltung und Verfestigung der familiären Strukturen dienen sollen. Gegenstand der folgenden Untersuchung sind hingegen nicht die familienpolitischen Einzelmaßnahmen, wie sie sich in Gesetzen und Verordnungen konkretisieren; eine derartige Untersuchung würde den hier gesteckten Rahmen sprengen.

Im theoretischen Teil wurde herausgearbeitet, daß die Familie im bürgerlich-autoritären Staat eine zentrale Funktion zur Sicherung der Herrschaft, zur Stabilisierung des Systems und zur Perpetuierung der gegenwärtig herrschenden gesellschaftlichen Verhältnisse hat. In der schematischen Darstellung (vgl. Abb. 1 [S. 73]) wird versucht, die Wirkungsweise familienpolitischer Maßnahmen im Hinblick auf die Funktionserfüllung der Familie zu veranschaulichen. Wir haben auf Grund der Thesen von REICH und HORKHEIMER drei politisch relevante Ergebnisse der familiären Erziehung und des Lebens in der Familie unter den Bedingungen der bürgerlichen Familienideologie und Sexualmoral herausgearbeitet:

1. Autoritäre Psychostruktur
2. Disposition zu entfremdeter Arbeit
3. Verinnerlichung des Prinzips der Klassengesellschaft.

Die *autoritäre Psychostruktur* beinhaltet die Hinnahme autoritärer Hierarchien in der Gesellschaft (Gegensatz oben–unten) und befähigt dazu, sich autoritären Befehlen unterzuordnen sowie andererseits autoritär zu unterdrükken (ambivalenter Charakter der autoritären Disposition). Sie formt sich als Reaktion auf die autoritäre Struktur der Familie (Gegensatz Eltern/oben–Kinder/unten) auf der psychischen Grundlage der Sexualverdrängung. Stabilisierung der Familie in ihrer patriarchalischen Variante und sexualverneinende Erziehung zur Ehefähigkeit sind hier die wichtigen Ansatzpunkte für Familienpolitik. In der Periode WUERMELING dominierte das erstgenannte Ziel und wurde durch Verschärfung des Scheidungsrechts und Förderung des Kinderreichtums angestrebt; bei HECK rückte das zweitgenannte Ziel in den Vordergrund und wurde durch Institutionalisierung direkter ideologischer Beeinflussung verfolgt.

Die *Disposition zu entfremdeter Arbeit* ist eine Grundvoraussetzung für die profitorientierte Warenproduktion im Kapitalismus. Sie ergibt sich als psychische Disposition in Folge der Sexualverdrängung. Zu ihrer Durchführung im Betrieb bedarf es einer besonderen «Verkehrsmoral» (HECK), die in der Familie eingeübt wird. Die Stabilisierung der Familienstruktur (als Sammelbegriff für eine Fülle familienpolitischer und familienrechtlicher Maßnahmen) fördert die Herausbildung dieser Disposition.

Die *Verinnerlichung des Prinzips der Klassengesellschaft* (Gegensatz reich/arm–oben/unten, privilegiert–nicht privilegiert) geschieht teilweise in der Familie. In der patriarchalischen Familie entspricht der ökonomischen Privilegierung des Mannes die ökonomische Unterprivilegierung der Frau. Von dieser patriarchalischen Struktur muß trotz aller gegenteiligen Behauptungen so lange gesprochen werden, wie die ‹Mutterschaftsideologie› existiert, die der Frau die Hauptlast der Kinderversorgung und -erziehung auferlegt, unabhängig davon, ob sie gleichberechtigt und erwerbstätig ist oder nicht. Die weitgehende Unterlassung einer Gesetzgebung zur materiellen Gleichstellung der Frau, zur Gleichstellung der ledigen Mutter mit der verheirateten Frau und zur Gleichstellung des unehelichen Kindes mit dem ehelichen manifestiert die

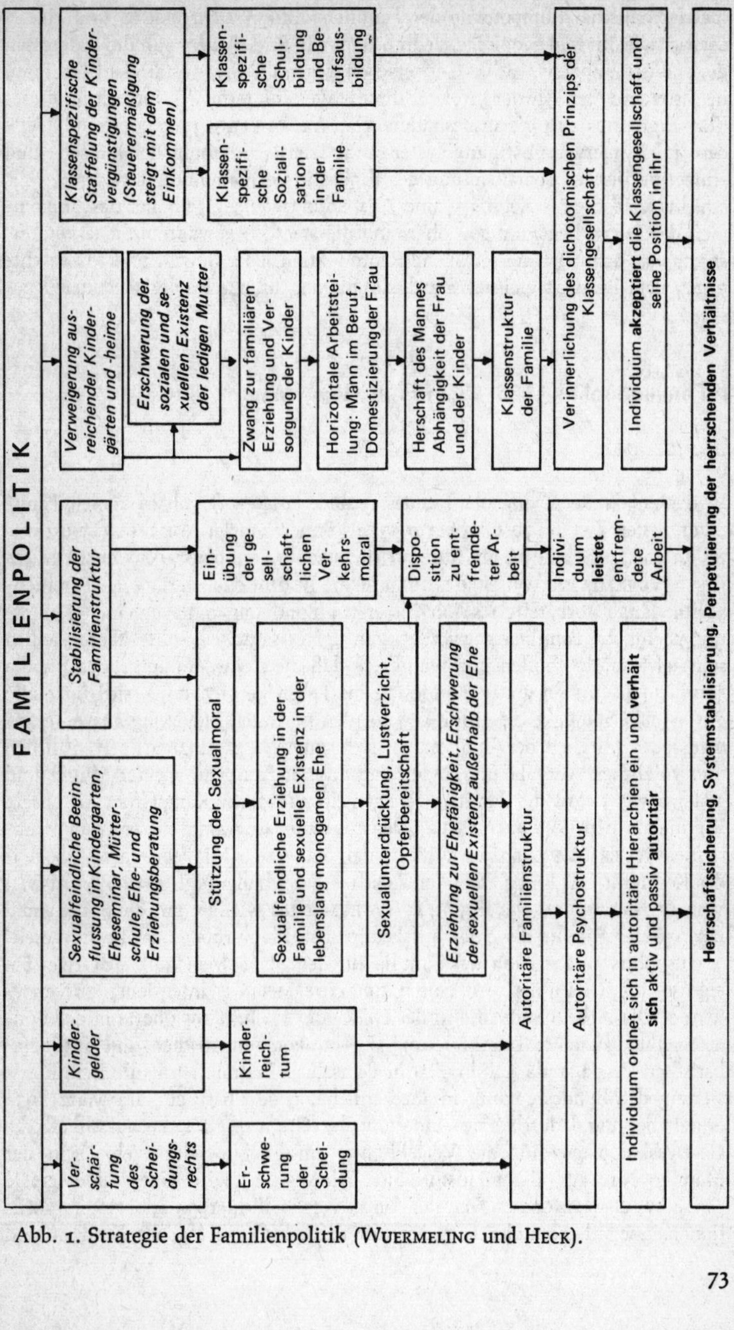

Abb. 1. Strategie der Familienpolitik (WUERMELING und HECK).

‹patriarchalische› Komponente der Familienpolitik WUERMELINGS und HECKS ebenso wie ihre ideologische, lediglich durch Rücksichten auf die Interessen der Industrie abgeschwächte Gegnerschaft gegen die Erwerbstätigkeit der Frau, insbesondere der Mutter. Neben diese familieninterne Verinnerlichung des Klassenprinzips tritt die insbesondere von WUERMELING propagierte und seitdem im Kindervergünstigungssystem praktizierte Sicherung der klassen- und schichtspezifischen Sozialisierung des Kindes in der Familie und in den jeweils schichtspezifischen Erziehungs- und Ausbildungsgängen. Je höher das Einkommen der Eltern liegt, um so höher sind die staatlich gewährten Steuervergünstigungen, damit ist die physische Reproduktion jeder Schicht und Klasse entgegen dem Postulat gleicher Startbedingungen für alle Kinder tendenziell gesichert.

1. Familienpolitik 1953–1962: Franz-Josef Wuermeling

Grundzüge

In der ersten Regierung der Bundesrepublik (1949–53) gab es keinen Familienminister. Erst am 20. Oktober 1953, als Bundeskanzler ADENAUER sein zweites Kabinett präsentierte, tauchte ein «Minister für Familienfragen» auf: FRANZ-JOSEF WUERMELING. WUERMELING hatte die Institutionalisierung der Familienpolitik lange vorbereitet: schon im ersten Bundestag hatte er eine «Kampfgruppe für die Familie» gegründet, von der er sagte, sie sollte überparteilich sein: «Ich möchte hoffen und wünschen, daß die kleine ‹Kampfgruppe für die Familie›, die ich im ersten Bundestag ins Leben gerufen habe, sich über alle Partei- und Standesgrenzen hinweg auf den gesamten Bundestag ausweite, indem jedes Mitglied des Bundestages sich zutiefst der einzigartigen sittlichen und volklichen Aufgabe und Bedeutung unserer Familien, unserer Mütter und Väter bewußt wird und damit in eine gemeinsame große Kampffront für unsere Familie eintritt» (WUERMELING 2). Den militanten Charakter dieser Gruppe umschrieb WUERMELING später noch einmal, als er sein Ministerium als «boxendes Koreferat für die Belange der Familie» bezeichnete (vgl. *‹Neuer Vorwärts›* vom 11. Juni 1954). Dabei ging es WUERMELING weniger um die Sorgen und Belange der Familie als einer hilfsbedürftigen Kleingruppe als um die gesellschaftspolitische Funktion der Familie für den Staat. Man muß sich zwei Ereignisse ins Gedächtnis zurückrufen, um WUERMELINGS Intentionen zu verstehen: 1. Der Arbeiteraufstand in der DDR vom 17. Juni 1953 hatte in der Bundesrepublik zu einer Intensivierung der antikommunistischen und antisozialistischen Propaganda geführt; 2. in demselben Zeitraum trat die Remilitarisierung der Bundesrepublik in ihre entscheidende Phase ein. Im März 1954 erhielt der Bund durch eine Änderung des Grundgesetzes die ausschließliche Gesetzeskompetenz für die Verteidigung einschließlich der Wehrpflicht der Männer. Nur auf diesem historischen Hintergrund wird eine grundlegende These WUERMELINGscher Familienpolitik verständlich. 1953 erklärte er: «Millionen innerlich gesunder Familien mit rechtschaffen erzogenen Kindern sind als Sicherung gegen die drohende Gefahr der kinderreichen Völker des Ostens mindestens so wichtig wie alle militärischen Sicherungen» (WUERMELING 2). Familienpolitik wird von WUERMELING als wichtige Ergänzung militärischer Verteidigungspolitik gesehen. Dabei muß vor einem Mißverständnis gewarnt werden: WUERMELING verstand Familienpolitik als Hilfsfunktion der Verteidigung nicht im bevölkerungspolitischen Sinne. Es ging ihm nicht um eine Erhöhung der Geburtenzahlen, um die Bereitstellung der Soldaten für künftige Kriege. Familienpolitik bedeutet für ihn eine neben der Militärpolitik stehende, mindestens ebenso wichtige wie diese, aber vom Militär völlig unabhängige Politik zur Abwehr des Kommunismus. Die entscheidenden Worte im obigen Zitat sind die von den ‹innerlich gesunden› Familien und den ‹rechtschaffen erzogenen› Kindern. Er versteht Familienpolitik als gesamtgesellschaftliche Aufgabe, als Anliegen des ganzen Volkes, als ‹staatspolitische› Aufgabe: «Wir stehen mit den familienpolitischen Forderungen nicht in einer Reihe mit den Interessengruppen berufsständischer und sonstiger Zusammensetzung. Unsere Familien sind Urzellen auch aller Berufsstände, Urzellen der Gesamtgesellschaft und auch des Staates. Damit ist die Familienpolitik Anliegen des ganzen Volkes und damit für jeden Verantwortlichen über jeden Interessenstreit einzelner Gruppen erhaben» (WUERMELING 2). Familienpolitik gilt der Erhaltung des herrschenden Gesellschaftssystems und seiner Verteidigung gegen seinen konsequentesten Gegner, den Kommunismus. Im theoretischen Teil wurde dargestellt, welche Funktion die Ideologie als materielle Gewalt hat. Diese These finden wir bei WUERMELING bestätigt. Das unmittelbare Ziel der Familienpolitik ist zwar die wirtschaftliche Stärkung der Familie. Das Kernziel jedoch ist die Stabilisierung der Gesellschaft dadurch, daß die gesellschaftlich üblichen Normen und die herrschenden Gesetze in der Familie ihren Mitgliedern zwangsweise vermittelt werden: «Letzte und entscheidende Voraussetzung der Wirksamkeit aller wirtschaftlichen Fundierung der Familien ist allerdings die ethische Bindung an das Sittengesetz» (WUERMELING 3). Familienpolitik ist keine Interessenpolitik zugunsten der Verbände kinderreicher Familien. Familienpolitik ist keine Parteipolitik. Familienpolitik ist ein Anliegen des ganzen ‹Volkes›: Familienpolitik ist Staatspolitik.

W. REICH faßt die politischen und gesellschaftlichen Funktionen der Familie in einem Satz zusammen: «Die patriarchalische Familie ist die strukturelle und ideologische Reproduktionsstätte aller gesellschaftlichen Ordnungen, die auf dem Autoritätsprinzip beruhen» (REICH 1966, S. 95). Die Struktur der patriarchalischen Familie ist in allen Einzelheiten so angelegt, daß sie diese Funktion notwendigerweise und unabhängig vom subjektiven Willen der Familienmitglieder ausüben muß. Wenn wir jetzt dazu übergehen, die Familienideologie eines langjährigen Familienministers zu überprüfen, ist es nützlich, zunächst nach seiner globalen Einschätzung der Rolle der Familie in Gesellschaft und Staat zu suchen. Schon die Interpretation des Grundgesetzes durch WUERMELING ist richtungweisend für seine gesamte Konzeption. Heißt es im Grundgesetz (Art. 6.1): «Ehe und Familie stehen unter dem besonderen Schutze der staatlichen Ordnung», so besagt das noch nichts über die Funktion der Familie und Ehe in der Gesellschaft. WUERMELING interpretiert das Grundgesetz auf seine Weise: «Unser Grundgesetz stellt die Familie unter den besonderen Schutz der staatlichen Ordnung und bejaht damit die Familie als die natürliche Urzelle und Kraftquelle auch der staatlichen Ordnung» (WUERMELING 2). Das bedeutet nichts anderes, als daß die Familie nicht um ihrer selbst, als einer Intimgruppe, wie es die bürgerliche Familiensoziologie nennt, wegen geschützt werden soll, sondern wegen ihrer strukturellen Eigenart als einer ‹natürlichen Urzelle› und ihrer Funktion als eines ‹Kraftquells› der staatlichen Ordnung. WUERMELING betrachtet die Familie als die «wichtigste Ordnungszelle des Staates» (WUERMELING 2) und dokumentiert damit, daß sie eine ganz zentrale, von keiner anderen Gruppe oder Institution zu überbietende staatserhaltende Funktion hat. Sie ist das nicht nur im statischen, sondern auch im dynamischen Sinne: Die Familien sind die «Grundfesten für den Fortbestand von Staat und Gesellschaft» (WUERMELING 2), und zwar für den Fortbestand der Klassengesellschaft: «Unsere Familien sind Urzelle auch aller Berufsstände» (WUERMELING 2); die in den Familien erzogenen Kinder werden «später als Schaffende den sozial geordneten Fortbestand von Staat und Gesellschaft garantieren» (WUERMELING 23). Sozial geordnet heißt hier, daß der Mensch in der Familie die schicht- bzw. klassenspezifischen Normen und Verhaltensmuster verinnerlicht und damit seine soziale Stellung in der Klassenstruktur bejaht und respektiert.

Damit ist bisher nicht viel mehr als die lapidare Aussage gewonnen, daß die Familien irgendwie die bestehenden gesellschaftlichen Verhältnisse in Gegenwart und Zukunft garantieren und daß der gegenwärtige Staat sich auflöste, würde sich die traditionelle bürgerliche Familie auflösen oder verändern. «Eine Mißachtung der natürlichen Ordnung der Familie hat eine Aushöhlung der Grundlagen von Staat und Gesellschaft zur Folge und bedroht damit ihren Bestand» (WUERMELING 7, S. 259). WUERMELING spezifiziert diese Aussage: «Die Familie erfüllt die einzig unersetzliche Funktion für die Bestanderhaltung der Gesellschaft und ihrer Aufgaben, indem sie durch ihre Sorge für die Kinder der Gesellschaft leistungsfähige Individuen zur Verfügung stellt» (WUERMELING 6, S. 16). Neben die politische, staatserhaltende Funktion tritt hier deutlich die ökonomische, fungible Arbeitskräfte produzierende Funktion der Familie. Es wird deutlich, daß WUERMELING nicht an den bevölkerungspolitischen Aspekt, die physisch-quantitative Reproduktion der Bevölkerung denkt, sondern an qualitative Merkmale, die Spezifika der Familienerziehung sind. Als erstes Ergebnis familiärer Erziehung können wir festhalten: in der bürgerlichen Familie wird – nach WUERMELINGS Vorstellung – der Mensch zur Leistungsfähigkeit erzogen.

Und wir erhalten einen zweiten Ansatzpunkt für qualitative Merkmale der Familienerziehung: es kommt nicht nur darauf an, daß die Gesellschaft physisch reproduziert wird, sondern auch darauf, daß sich jede Schicht, jede Klasse in ihren Kindern reproduziert, daß die Klassenstruktur der Gesellschaft erhalten bleibt: «Kinder sind für den Staat nicht nur dann von Interesse, wenn sie nicht satt zu essen haben. Sie sind *in jeder sozialen Schicht* gleich wichtig» (WUERMELING 11, S. 5). Es soll der ‹sozial geordnete› Fortbestand der Gesellschaft gesichert werden, und das kann nur geschehen, wenn jede Klasse sich selbst, mit allen dazugehörigen Normen, Werten und Verhaltensmustern, reproduziert.

Nun hat Wuermeling festgestellt, daß das System des Leistungslohns, dem die Werktätigen unterworfen sind, kinderfeindlich ist und kinderreiche Familien zu sozialem Abstieg verurteilt. Der ‹sozial geordnete› Fortbestand der Gesellschaft wird gefährdet, weil gerade die zahlreichen Kinder der großen Familien Gefahr laufen, nicht in ihrer ‹ererbten›, sondern in einer niedrigeren Schicht aufzuwachsen, weil ihren Eltern die materiellen Mittel zum Leben im schichtspezifischen Konsum fehlen. Dies trifft in erster Linie die Mittelschichten, die Bezieher mittlerer Einkommen: «Der Besitz von mehreren Kindern führt praktisch zum Ausstoß dieser Familien aus ihrer sozialen Schicht und schließt die den Kinderarmen ohne weiteres mögliche entsprechende Ausbildung mehrerer Kinder schlechthin aus» (Wuermeling 11, S. 5).

Wuermeling stellt nun fest, daß seine Beobachtungen zur politischen Bedeutung der Familie weithin unbekannt sind und folglich die Gesellschaft und der Staat die Probleme der Familie weitgehend ignorieren: «Die Familie wird fast so behandelt, als wenn sie für den Staat ohne Bedeutung wäre» (Wuermeling 6, S. 6). Er meint festzustellen, daß die Familie sich in eine Richtung hin verändert, die die Ausübung ihrer Funktionen gefährdet: sie wird zur kinderarmen Familie, weil der nicht an den Bedürfnissen kinderreicher Familien orientierte Leistungslohn für mehrere Kinder nicht ausreicht. Wuermeling bezeichnet dies als eine «Einengung der Freiheit der Familie», nämlich der Freiheit, viele Kinder zu haben, worauf viele Familien mit Geburtenbeschränkungen antworten. Er macht dem Staat den Vorwurf, gegen diese Entwicklung nichts unternommen zu haben: «Staat und Gesellschaft haben sich an der Familie versündigt, indem sie der Einengung ihrer Freiheit freien Lauf ließen, ohne mögliche Gegenmaßnahmen zu treffen» (Wuermeling 7, S. 260). Wuermeling schließt auf die Notwendigkeit einer konsequenten Familienpolitik, und zwar einer Familienpolitik, die primär weder Bevölkerungspolitik noch Sozialpolitik ist. Keine Bevölkerungspolitik, weil es weniger auf die Quantität der kommenden Generation als auf ihre Qualität ankommt, einer Qualität, die – nach Wuermeling – in erster Linie kinderreiche Familien zu liefern in der Lage sind. Keine Sozialpolitik im Sinne sozialer Fürsorge, weil gerade die Familien der mittleren und oberen Schichten, die ja nicht vom Verhungern bedroht sind, vor dem sozialen Abstieg bewahrt werden sollen.

«Familienpolitik gehört nicht in den Bereich der sozialen Fürsorge, sondern ist Staatspolitik» (Wuermeling 11, S. 5). Familienpolitik ist damit eine Politik, die die Familie so zu strukturieren und zu gestalten versucht, daß sie in optimaler Weise zur Staatserhaltung und Staatsstabilisierung beiträgt. Sie wird besonders dort eingesetzt, wo die Familie diese Funktionen zu verlieren droht. Wuermeling fordert, daß jede familienpolitische Maßnahme primär unter staatspolitischen Gesichtspunkten konzipiert und durchgeführt werde. Daß Familienpolitik auch sozialpolitische und bevölkerungspolitische Sekundärwirkungen hat, ist für ihn relativ irrelevant. Die sozialpolitischen Wirkungen sind ohnehin bis zu einem gewissen Grade antisozial, weil durch die finanziellen Kindervergünstigungen die Einkommensdifferenzen zwischen den Beziehern niedriger und hoher Einkommen (bei gleicher Kinderzahl) vergrößert und nicht etwa vermindert werden.

Die Rückkoppelung der Familienpolitik zur Staatspolitik kommt in einer weiteren grundlegenden These WUERMELINGS zum Ausdruck: «Die Familienpolitik muß unter dem Leitgedanken stehen, daß nicht die Familie für den Staat da ist, sondern der Staat für die Familie, die seine Existenzgrundlage und seine Zukunft bedeutet» (WUERMELING 11, S. 5). Der Relativsatz hebt den ersten Halbsatz auf, er besagt genau das Gegenteil, denn: wenn die Familie die Existenz und die Zukunft des Staates garantiert, ist sie eben doch für den Staat da. Was für die Familienpolitik insgesamt von WUERMELING postuliert wird, gilt auch für jede Einzelmaßnahme, so für die Kindergeldpolitik, das Scheidungsrecht und die Förderung des Familienheimbaus:

1. WUERMELING fordert einen Familienlastenausgleich, Kinderlose und Kinderarme sollen also per Umlage finanzielle Unterstützungen für die kinderreichen Familien zahlen. Dies erscheint auf den ersten Blick als soziale Maßnahme, als sozial gerechter Ausgleich in einem bedürfnisinadäquaten Lohn- und Gehaltssystem. WUERMELING hebt aber den staatspolitischen Aspekt hervor: «Familienausgleichskassen sind eine nicht nur sozial, sondern vor allem staatspolitisch notwendige Einrichtung» (WUERMELING 2), weil nämlich der staatspolitische Nutzen der Erziehung im kinderreichen Milieu von ihm höher eingeschätzt wird (vgl. S. 95–97).

2. WUERMELING möchte durch Kindergelder die Familien der Mittelschichten vor der sozialen Deklassierung bewahren. Dabei denkt er zwar auch an die finanzielle Misere dieser Familien: «Auch der tüchtige Mann, der es zum Prokuristen gebracht hat, darf nicht lediglich deshalb, weil er fünf Kinder hat, auf der wirtschaftlichen Ebene eines ungelernten Hilfsarbeiters zu leben gezwungen sein» (WUERMELING 23). Zentral für seine Überlegungen ist aber die besondere staatspolitische Rolle, die die Mittelschichten spielen, und zwar gerade deren kinderreiche Familien: «Es kommt darauf an, daß gerade unseren weithin kulturtragenden Mittelschichten nicht ausgerechnet dann die Erfüllung ihrer wichtigen kulturellen Aufgabe unmöglich gemacht wird, wenn sie diese an ihren Kindern und damit für unsere Zukunft wirksam werden lassen wollen» (WUERMELING 23). (Vgl. S. 112–117).

3. WUERMELING fordert ein strenges Scheidungsrecht und hat in seiner Amtsperiode sogar dessen Verschärfung durchgesetzt. Gewiß hat das auch den sozialen Aspekt des wirtschaftlichen Schutzes der Frau und der Kinder. Wichtiger für ihn ist der staatspolitische Aspekt: «Jede Erleichterung der Scheidung bedroht in verstärktem Maße die in den Familien gegebenen Grundfesten für den Fortbestand von Staat und Gesellschaft» (WUERMELING 2). (Vgl. S. 104–106.)

4. WUERMELING verlangt die Förderung des familiären Wohnungseigentums und der familiengerechten Wohnung. Gewiß dient das dem sozialen Fortschritt: die Familie erhält eine gewisse Zukunftssicherung und wird von der Willkür der Hausbesitzer unabhängig. WUERMELING besteht jedoch auf dem staatspolitischen Aspekt, er spricht von der großen «Bedeutung des familiengerechten Heimes für Familie, Volk und Staat» (WUERMELING 2). (Vgl. S. 81 bis 83.)

Ein weiterer Grundzug in WUERMELINGS familienpolitischem Programm ist, daß er sich nicht in die inneren Verhältnisse der Familie einmischen will: «Die innere Sphäre der Familie ist unbedingt privater Natur» (WUERMELING 6, S. 6). Damit sichert er sich gegen die liberale, auf die Wahrung der persönlichen Freiheitsräume vor staatlichen Eingriffen bedachte Kritik ab. Die Analyse der Familie im theoretischen Teil hat aber gezeigt, daß direkte Eingriffe in das Familienleben unter den Bedingungen der bürgerlichen Moral ohnehin weitgehend überflüssig sind. Eine einmal etablierte, sexualfeindlich strukturierte patriarchalische Familie sorgt aus sich selbst heraus für ihre Erhaltung, für die Produktion autoritärer Charaktere und für die Reproduktion der Sexualmoral. Und man kann um so mehr die Intimsphäre der Familie respektieren, als die moralische, vor allem die sexualmoralische Beeinflussung durch die gesellschaftliche Umwelt, insbesondere durch die Kirchen, gewährleistet ist. Die Kirchen erscheinen dabei als autonome, staatsunabhängige Gruppen, die für ‹Familienethik› und ‹Sittengesetz› eintreten: «Familienethik und Sittengesetz entziehen sich unmittelbar staatlicher Einwirkung» (WUERMELING 11, S. 6). Von Interesse ist hier das Wort ‹unmittelbar›. Familienstruktur, Familien- und Ehegesetze sowie die gesellschaftlichen Normen, die die lebenslang monogame Ehe mit obligatorischem Kinderversorgungsauftrag fordern, beeinflussen eben doch, wenngleich nur mittelbar, ‹Familienethik und Sittengesetz›, sprich Sexualmoral, und diese Gesetze und Normen werden durchaus vom Staat geprägt und ihre Einhaltung wird durch die Justiz kontrolliert.

WUERMELING selbst spricht hier von «Schutzvorschriften»: «Der Staat kann hier (im Hinblick auf Familienethik und Sittengesetz) nur Scnutzvorschriften zur Abwehr familienfeindlicher Einwirkungen schaffen» (WUERMELING 11, S. 6). Derartige Schutzvorschriften sind strenge Scheidungsgesetze, Behinderung der Geburtenkontrolle, Abtreibungsverbot, Erschwerung der Berufstätigkeit der verheirateten Frau mit Kindern, Verweigerung ausreichender Möglichkeiten zur kollektiven Versorgung und Erziehung der Kinder, Erschwerung des Sexuallebens in anderen Formen als der bürgerlichen Ehe. WUERMELING weiß, daß die Familie sich trotz aller materiellen familienpolitischen Stützungsmaßnahmen auflösen würde, wenn die Sexualmoral ausgehöhlt würde. Er weiß, daß die Familie in ihrer bürgerlichen, nämlich als lebenslang monogam konzipierten Form ein künstliches, nur durch den Einsatz von ‹Sittlichkeit› haltbares Gebilde ist: «Es darf nicht übersehen werden, daß alle staatliche Familienpolitik auf die Dauer erfolglos bleiben muß, wenn die innere ethische Kraftquelle in den Familien verloren geht. Über allen wirtschaftlichen Erwägungen und Maßnahmen steht das Sittengesetz als wichtigste Grundlage von Familie, Volk und Staat» (WUERMELING 11, S. 6). Die wirtschaftlichen Maßnahmen der Familienpolitik sind aber so konzipiert, daß das ‹Sittengesetz›, sprich: die Sexualmoral, gestärkt und in seiner Wirkung intensiviert wird.

WUERMELINGS Beharren auf der staatserhaltenden Funktion der Familie und der deshalb als ‹Staatspolitik›, nicht aber als Sozial- oder Bevölkerungspolitik zu konzipierenden Familienpolitik bestätigt die im Teil «Familientheorie» dieses Buches zitierten Thesen WILHELM REICHS von der patriarchalischen Familie als struktureller und ideologischer Reproduktionsstätte aller auf dem Autoritätsprinzip beruhenden Gesellschaften (vgl. S. 26, 29–31, 42, 63 f, 65–68), die Thesen MAX HORKHEIMERS von der Produktion autoritärer Charaktere bei allen in Familien lebenden Menschen (vgl. S. 44–46, 56–58) und die Thesen von CLAESSENS (S. 32 f), GOODE (S. 33) und RENATE MAYNTZ (S. 33) von der gesellschaftlich notwendigen Sozialisierungsfunktion der Familie, auf die nicht verzichtet werden kann, wenn das System erhalten werden soll.

Ziele, Maßnahmen und Ergebnisse

Das Hauptziel WUERMELINGscher Familienpolitik ist staatspolitischer Natur: die Stabilisierung des bestehenden Gesellschaftssystems und ihres Herrschaftsapparates, des Staates, durch die Festigung der Familie, jener «wichtigsten Ordnungszelle des Staates» und «natürlichen Urzelle und Kraftquelle der staatlichen Ordnung» (WUERMELING 2). Der Erreichung dieses Hauptzieles dienen die im engeren Sinne familienpolitischen Ziele und Maßnahmen, die alle die Festigung der familiären Struktur bewirken sollen. Jede einzelne dieser Maßnahmen muß im Rahmen der staatspolitischen Gesamtstrategie gesehen werden. Der Nachweis der Richtigkeit dieser These wird auf S. 89 bis 117 erbracht.

Zu Beginn seiner Amtszeit, Ende 1953, hatte WUERMELING ein Acht-Punkte-Programm für seine Familienpolitik entwickelt. Er verlangte vom Bundestag die Erfüllung folgender Forderungen:

1. Familiengerechter Wohnungsbau
2. Bevorzugter Familieneigenheimbau
3. 20 DM monatliches Kindergeld ab drittem Kind
4. Hohe Kinderzuschläge für alle Rentenempfänger
5. Hohe Steuerfreibeträge für Familien mit Kindern
6. Familienermäßigung bei der Bundesbahn
7. Schutz der überbeanspruchten Mütter
8. Mehr Schutz schuldlos verlassener Frauen und Kinder (WUERMELING 1 und 2).

Dieses Programm erscheint wie ein sozialpolitisches Stützungsprogramm für wirtschaftlich benachteiligte Familien mit Kindern. Der staatspolitische Hintergrund der Familienpolitik verschwindet hinter dem sozialpolitischen Vordergrund zahlreicher Einzelziele.

Mitte 1961, nach acht Jahren Familienpolitik, stellte WUERMELING fest, daß die Tätigkeit des «boxenden Koreferats für die Familie» (vgl. S. 74) von Erfolg gekrönt war: «Es waren damals [1953] acht Punkte, die inzwischen bis auf den letzten, der kurz vor seiner Verwirklichung steht [Erschwerung der Ehescheidung], sämtlich und zum Teil erheblich über das damals vorgesehene Maß hinaus verwirklicht worden sind... Alles in allem eine Bilanz, von der ich sagen darf, daß sie wesentlich mehr Aktiva aufweist, als ich mir damals vor acht Jahren vorgestellt habe» (WUERMELING 1).

Beim Vergleich der Ziele von 1953 mit den Ergebnissen von 1961 soll versucht werden, die WUERMELINGschen ‹Erfolgsmeldungen› kritisch zu überprüfen.

WUERMELING hatte 1953 festgestellt, daß «die auf die Dauer gefährlichste Kriegsfolgenot die Familiennot [ist], die ihre äußere Ursache weithin in der Zerstörung der Familiengemeinschaft hat» und nennt als Hauptproblem die Wohnungsnot und die Trennung der Ausgebombten und Vertriebenen, die sich «als Folge der hinter uns liegenden Katastrophe zerstörend auf die Familien auswirkt und dadurch nicht etwa nur die physischen, sondern auch die sittlichen Grundlagen unserer Zukunft unterminiert» (WUERMELING 2). Weniger die unmittelbare Not der Obdachlosen und Wohnungssuchenden als die Gefahr der «Zerstörung der Familie» und der «Unterminierung der sittlichen Grundlagen unserer Zukunft», also im Kern die Familienideologie und Sexualmoral, veranlaßte ihn, ein umfassendes Wohnungsbauprogramm speziell für Kinderreiche zu fordern: «Das A und O der Familienpolitik ist der familiengerechte Wohnungsbau ... wir fordern Wohnungen, in denen die Familien sich entfalten können, deren räumliches Ausmaß den Wunsch der Eltern nach dem 2. und 3. Kind nicht von vorneherein erstickt» (WUERMELING 2). In seiner Bilanz weist WUERMELING darauf hin, daß das «Wohnungsbau- und Familienheimgesetz zahlreiche familienpolitisch wichtige Bestimmungen gebracht hat ... Vorrang der Kinderreichen bei der Zuteilung von Baumitteln; die Höhe der Baudarlehen, Mietzuschüsse und Mietbeihilfen steigt mit der Zahl der Familienangehörigen, Auflockerung der früheren raumbeengenden Vorschriften, Anerkennung des zweiten Kinderschlafzimmers und anderes mehr» (WUERMELING 1). Die reale Auswirkung dieser rechtlichen Verbesserungen ist jedoch selbst im Ministerium unbekannt. WUERMELING beschränkt sich 1961 auf die Feststellung, daß «der Anteil der Kleinwohnungen bis zu drei Räumen in acht Jahren von 59 % auf 31 % zurückging, während der Anteil der Vier- und Mehrraumwohnungen von 41 % auf 69 % gestiegen ist» (WUERMELING 1). Offen bleibt hingegen die Frage, ob die Großwohnungen tatsächlich von kinderreichen Familien bewohnt werden. Das war selbst 1968 noch unbekannt. Der *‹Familienbericht›* formuliert sehr vorsichtig: «Wenn auch über die Belegung der Wohnungen im Einzelnen nichts Verbindliches gesagt werden kann, so kann doch festgestellt werden, daß die Wohnungen durch ihre größere Wohnfläche und Raumzahl generell familiengerechter geworden sind. Dabei kann angenommen werden [sic!], daß diese größer gewordenen Wohnungen auch Familien mit Kindern zugekommen sind» (*‹Familienbericht›* 1968, S. 147). Die Wohnraumstatistik von 1965 bestätigt diese Annahme nur teilweise: 54 % der Fünf-Personen-Haushalte und 43 % der Sechs-Personen-Haushalte wohnten in Wohnungen mit weniger als drei oder drei Räumen, während 40 % der Ehepaare ohne Kinder drei und mehr Räume zur Verfügung hatten (*‹Familienbericht›* 1968, S. 212). Über 20 % der Fünf-Personen-Haushalte und 17,5 % der Sechs-Personen-Haushalte hatten sogar nur einen oder zwei Wohnräume zur Verfügung (*‹Familienbericht›* 1968, S. 212). WUERMELINGS Erfolge auf dem Sektor des Wohnungswesens sind also zwar spürbar; gemessen an seinem Ziel, «familiengerechte Wohnungen, in denen die Familien sich entfalten können», scheint für einen bedeutenden Teil der kinderreichen Familien das Wohnungselend noch groß zu sein, zu groß, um eine freie Entfaltung der Familie zu gewährleisten.

Familieneigenheimbau

WUERMELING strebte aus familienpolitischen Gründen in besonderem Maße das Eigentum an der Wohnung und das Eigenheim an. «Wir fordern die Familienwohnung als Eigentum. Eigentum, besonders am eigenen Heim, festigt den Bestand und den Zusammenhalt der Familie, am besten natürlich das Eigenheim als Siedlungshaus, in dem die Familie Raum und Luft zur echten Entfaltung hat» (WUERMELING 2). «Echte Entfaltung» bedeutet bei WUERMELING immer Kinderreichtum (vgl. S. 91 f), dem er – ebenso wie hier dem Eigentum – familienfestigende Bedeutung zumißt. Kinderreichtum und Eigentum erschweren die Trennung unglücklicher Ehen, Familieneigentum erschwert die rechtzeitige Lösung der Jugendlichen aus dem Elternhaus. Mit der Eigentumsideologie findet WUERMELING sich in Übereinstimmung mit der katholischen Soziallehre und evangelischen Sozialethik. Er schreibt: «Wir freuen uns, [mit der Forderung nach Wohnungseigentum] auch ein dringendes Anliegen der beiden christlichen Kirchen zu erfüllen» (WUERMELING 2). 1961 kann er als Ergebnis seiner Politik konstatieren: «Das Wohnungsbau- und Familienheimgesetz sichert grundsätzlich dem Eigenheim in allen sozialen Schichten den Vorrang vor der kollektiven Mietskaserne. Baudarlehen für Eigenheime sollen grundsätzlich 10 % höher sein als Baudarlehen für gleichartige Mietwohnungen» (WUERMELING 1). Die Wohnungsstatistik zeigt, daß der Prozentsatz der Arbeitnehmerfamilien mit Wohnungs- oder Hauseigentum in der Tat mit der Kinderzahl steigt. 1960 wohnten nur 22 % der Zwei-Personen-Haushalte, aber 40 % der Haushalte mit fünf und mehr Personen in eigenen Wänden. Kausalzusammenhänge können der Statistik nicht entnommen werden; es bleibt offen, ob bei Kinderreichen der Drang zum Erwerb eines Eigenheims besonders stark ist oder ob der Besitz eines Eigenheims die Kinderzahl erhöht. Immerhin ist die Korrelation zwischen Familiengröße und Eigenheimbesitz sehr hoch, was

Tabelle 1: Familiengröße und Eigentum an Wohnung oder Wohnhaus

Arbeitnehmerhaushalte mit ... Personen	Von den Haushalten wohnten in Eigentumswohnung oder Eigenheim im Jahre 1960 in		
	Gemeinden unter 2000 Einw. (Kleingem.)	Gemeinden über 500000 Einw. (Großstädte)	Alle Gemeindegrößenklassen
1	19,0 %	3,7 %	7,1 %
2	43,4 %	10,8 %	22,0 %
3	45,3 %	12,7 %	24,8 %
4	52,7 %	13,6 %	30,5 %
5 und mehr	62,4 %	17,4 %	39,6 %

Quelle: ‹*Familienbericht*› 1968, S. 214f (Auszug).

die Vermutung zuläßt, daß Streben nach Eigentum und Kinderreichtum ähnlichen psychologischen Strebungen entstammen und einen ähnlichen ideologischen Boden haben.

Die hohe Korrelation zwischen Kinderreichtum und Wohnungs- und Hauseigentum läßt wichtige Rückschlüsse auf das gesellschaftliche Verhalten der Kinderreichen zu, wenn man bedenkt, daß mit wachsendem Eigentum die Identifikation mit der bestehenden Gesellschaftsordnung steigt.

Aus der Tabelle wird ersichtlich, daß in kleinen (vor allem bäuerlichen) Gemeinden das Wohnungseigentum erheblich weiter verbreitet ist als in Großstädten mit überwiegend abhängig arbeitenden Werktätigen. Der Eigentumsanteil bei den Selbständigen ist größer als bei den Abhängigen; diesen Zusammenhang bestätigt folgende Statistik:

Tabelle 2: Klassenzugehörigkeit und Eigentum an Wohnung oder Wohnhaus

Familien-größe, Personen	Eigentum an Haus oder Wohnung bei kinderreichen		
	Arbeiter-familien	Beamten- und Angestellten-familien	Familien von Selbständigen
5	36 %	34 %	76 %
6 und mehr	38 %	43 %	84 %

Zahlen aus: <*Familienbericht*> 1968, S. 146 (Jahr: 1965).

Wuermelings Bemühungen, das Wohnungseigentum ‹in allen sozialen Schichten› zu verbreiten (vgl. S. 82), hatte nur bedingt Erfolg.

Kindergeld

Die Forderung nach finanziellem Kinderkostenausgleich war für Wuermeling von Anfang an der Kern der familienpolitischen Programmatik. Sie erstreckt sich auf zwei Bereiche: die Zahlung von Kindergeldern aus Familienausgleichskassen und die Gewährung von Steuervergünstigungen. Im Ansatz war an die finanzielle Unterstützung der kinderreichen Familien aller Einkommensklassen gedacht, ein Prinzip, das bei den Kindergeldern auch durchgehalten wurde (mit Ausnahme des Zweit-Kindergeldes, das ab 1961 an Bezieher von Monatseinkommen unter 550 DM gezahlt wird). 1953 erklärte Wuermeling: «Daß die größere Familie nur wegen ihres Reichtums am höchsten Gut unseres Volkes, unseren Kindern, praktisch aus ihrer sozialen Schicht ausgestoßen wird, daß der kinderreiche Arbeiter unter das Niveau des Arbeitslosen, der kinderreiche Mittelständler, nur, weil er eine große Familie hat, auf das Lebensniveau des Hilfsarbeiters heruntergedrückt wird, und daß der höhere Beamte oder Angestellte seine Kinder nicht durch Gewährung einer entsprechenden Ausbildung auf seinem durch Arbeit und Fleiß errungenen sozialen Niveau halten kann, ist ein Tatbestand, dessen unbestreitbare Ungerechtigkeit wir nicht nachdrücklich genug herausstellen können» (Wuermeling 2). Das Zitat macht deutlich, daß es WUERMELING primär nicht darum ging, den Beziehern kleiner Einkommen mit vielen Kindern aus ihrer akuten sozialen Not zu helfen noch gar darum, für alle Kinder kinderreicher Familien gleiche Startchancen zu gewährleisten. WUERMELING formuliert ganz unmißverständlich: «Familienpolitik ist kein soziales Problem im Sinne von Hilfsbedürftigkeit» (WUERMELING 2). Sein primäres Ziel ist die Zementierung der Schichten- und Klassenstruktur der Gesellschaft, es geht ihm um den schicht- und klassenspezifischen Kinderkostenausgleich. Bei der Analyse der Steuervergünstigungen wird das eindeutig bewiesen werden. Die Tatsache, daß die Kindergelder in allen Einkommensklassen gleich hoch sind, bedeutet eine offensichtliche Verschleierung des Klassencharakters des Kindergeldsystems.

Mit den Kindergeldern als einem Kernstück seiner Familienpolitik hatte WUERMELING die größten Erfolge. 1953 hatte er ein monatliches Kindergeld von 20 DM vom dritten Kind an gefordert. 1961 wurde schon der Betrag von 40 DM ab drittem Kind gezahlt. Ab 1961 wird auch für das zweite Kind ein Kindergeld gewährt, und zwar in Höhe von 25 DM, sofern das Monatseinkommen 550 DM nicht übersteigt. Diese Einkommensgrenze bedeutet aber keinen Übergang zum Prinzip der sozialen Gerechtigkeit im Kindergeldsystem. WUERMELING erklärte: «Diese Einkommensgrenze hat keinerlei Fürsorgecharakter. Sie mußte *zunächst* deshalb vorgesehen werden, weil Kindergeld für alle Zweitkinder, bei 25.– DM wäre das fast eine Milliarde DM, nicht auf einmal zusätzlich aufgebracht werden kann» (WUERMELING 1). Wenn WUERMELING dann fortfährt: «Deshalb sollen das Zweitkindergeld *zunächst einmal* alle diejenigen erhalten, die für ihre Kinder praktisch keine Steuerermäßigung bekommen» (WUERMELING 1), so macht dieser Zusatz deutlich, daß ihm die Ungerechtigkeit des Kindervergünstigungssystems durchaus bewußt ist, aber dennoch beibehalten werden soll.

Kinderzuschläge für Rentenempfänger

WUERMELING setzte durch, daß bei fast allen öffentlichen Renten die Kinderzuschläge für jedes Kind monatlich mindestens 40 DM betragen. Dieser höhere Betrag ist dadurch gerechtfertigt, daß die Renten oft das Existenzminimum kaum überschreiten und Rentenbezieher außerdem keine Steuervergünstigungen für Kinder erhalten können, weil sie keine Steuern zahlen.

Steuerfreibeträge für Familien mit Kindern

Die Kindergelder für drei und mehr Kinder werden zwar ohne Berücksichtigung der Einkommenshöhe gezahlt; für Bezieher mittlerer und höherer Einkommen hat WUERMELING jedoch erhebliche zusätzliche Vergünstigungen durchgesetzt, die unter dem Begriff ‹Steuervergünstigungen› laufen, aber materiell nichts anderes sind als zusätzliche Kindergelder für wohlhabende kinderreiche Familien. Durch sie erhält das Kindergeldsystem einen ausgeprägten Klassencharakter (vgl. S. 112–117). In seinem Erfolgsbericht von 1961 erklärte WUERMELING: «Das monatliche steuerfreie Einkommen der Familien mit Kindern ist heute mehr als doppelt so hoch als 1953. Bisher wurden durch diese Maßnahme völlig steuerfrei: 70 % der Familien mit zwei Kindern, 80 % der Familien mit drei Kindern, 90 % der Familien mit vier oder mehr Kindern» (WUERMELING 1). Tatsächlich sind die Kinderfreibeträge erstens überhaupt und zweitens besonders für die Kinderreichen angehoben worden:

Tabelle 3: Kinderfreibeträge in der Lohn- und Einkommensteuer

	für das erste Kind DM	für das zweite Kind DM	für das dritte und jedes weitere Kind DM
bis 1953	600	600	600
ab 1953	600	600	840
ab 1957	720	1440	1680
ab 1958	900	1680	1800
ab 1962	1200	1680	1800

Quelle: <*Familienbericht*> 1968, S. 110.

Die Erhöhungen sind erheblich, wenn auch der Reinertrag durch die gestiegenen Lebenshaltungskosten reduziert wurde. Was WUERMELING in seinem Erfolgsbericht jedoch verschweigt, ist die Höhe der Steuerersparnis in den verschiedenen Einkommensklassen. Der ‹*Familienbericht*› 1968 weist eindringlich darauf hin, daß die unteren Einkommensklassen erheblich benachteiligt werden: «Eine zwangsläufige Folge des derzeitigen Systems vom Einkommen abzugsfähiger Freibeträge in Verbindung mit dem progressiven Einkommenssteuertarif ist, daß die effektiv durch die Berücksichtigung von Kinderfreibeträgen bewirkten Steuerermäßigungen unterschiedlich sind. Außerdem zeigt sich, daß bei niedrigem Einkommen sich eine Steuerermäßigung unter Umständen überhaupt nicht ergibt, die Kinderfreibeträge also nicht oder nicht voll ausgeschöpft werden können» (‹*Familienbericht*› 1968, S. 111). Beispiel: im Jahre 1954 erhielt eine Vier-Kinder-Familie bei 300 DM Einkommen 50 DM Kindergeld und 7 DM Steuerermäßigung, zusammen also 57 DM, hingegen bei 3000 DM Einkommen ebenfalls 50 DM Kindergeld, aber dazu 160 DM Steuervergünstigung, zusammen 210 DM: das dreiundzwanzigfache an Steuerermäßigung, fast das vierfache an Gesamtkinderkostenausgleich. (Einzelheiten vgl. S. 112–117.)

Familienermäßigung bei der Bundesbahn

Familien mit drei oder mehr Kindern bis zu achtzehn Jahren, seit 1957 bis zu 25 Jahren, sofern sie sich noch in der Ausbildung befinden, erhalten für die Kinder bei Reisen (außer bei Wochen- und Monatskarten und Schülerfahrkarten) eine Ermäßigung von 50 %. Auch hier handelt es sich um eine Vergünstigung, die hauptsächlich den Familien der höheren Einkommensklassen zugute kommt, weil den Beziehern kleiner Einkommen das Reisegeld oft auch für ermäßigte Fahrkarten fehlt oder sie aus sonstigen Gründen weniger reisen: 1962/

63 unternahmen nur 18 % der Arbeiterfamilien mit drei Kindern eine Urlaubs- oder Erholungsreise, jedoch 39 % der Beamten- und Angestelltenfamilien mit gleicher Kinderzahl (‹*Familienbericht*› 1968, S. 69).

Schutz der überbeanspruchten Mütter

WUERMELING erklärte 1961, der Bund fördere die Müttererholung mit jährlich zwei Millionen DM (WUERMELING 1). In der Bundesrepublik gibt es etwa 7,7 Millionen Mütter mit Kindern unter achtzehn Jahren, auf jede Mutter entfallen folglich jährlich 25 Pfennig Bundeszuschuß für Müttererholung. Die Winzigkeit des Betrags entspricht der generellen Vernachlässigung der ökonomisch ausgebeuteten Frau in der Familienpolitik (vgl. S. 106–111). Zur Müttererholung wurde 1968 festgestellt, daß «Mütter mit drei oder mehr Kindern zu 45 % noch nie Urlaub gemacht haben. Die Hauptgründe für den Verzicht sind Geld- und Zeitmangel» (‹*Familienbericht*› 1968, S. 66).

Schutz verlassener Frauen und Kinder

WUERMELINGS Programmsatz ist irreführend: er will nicht die (von Männern) verlassenen Frauen und Kinder schützen – das wäre ein soziales Ziel. Er will vielmehr durch eine Verschärfung des Scheidungsrechtes es den Männern schwerer machen, Frauen und Kinder zu verlassen. Das ist ein familienpolitisches Ziel. 1953 forderte er: «Wir fordern ein Familienrecht, das die Funktionsfähigkeit der Familie durch eine ihre Ordnung sichernde Autorität gewährleistet und das die Kinder nicht weniger als die Frau und Mutter im Rahmen des möglichen vor den schwerwiegenden Folgen einer Scheidung und Auflösung der Familie bewahrt» (WUERMELING 2). Der autoritäre Staat löst zwischenmenschliche Probleme durch Einsatz seiner Autorität. Wenn Eheleute menschlich, emotional, sexuell nicht mehr miteinander auskommen, stellt die staatliche Autorität die ‹Ordnung› wieder her. Denn die ‹Ordnung› in der Familie ist die Voraussetzung für die ‹Ordnung› im Staat: «Wenn schon unsere Auffassung von der Unlösbarkeit der Ehe keine gesetzliche Anerkennung mehr finden kann, so wollen wir doch alles versuchen, um die Auflösung der wichtigsten Ordnungszelle des Staates, der Ehe und Familie, auf das geringstmögliche Maß zu beschränken» (WUERMELING 2). (Vgl. S. 104–106.)

Den Erfolg seiner Bestrebungen zur Verschärfung des Scheidungsrechtes konnte WUERMELING 1961 verbuchen: «Bei dieser Forderung dachte ich vor allem an die Beseitigung des Hitler-Gesetzes, nach dem eine Ehe auch gegen den Widerspruch des schuldlosen Gatten auf Antrag des ehebrecherischen Teils geschieden werden kann» (WUERMELING 1). Die Gesetzesänderung wurde vom Bundestag am 29. Juni 1961 beschlossen. Sie lautet:

Ehegesetz, § 48

«Hat der Ehegatte, der die Scheidung begehrt, die Zerrüttung ganz oder überwiegend verschuldet...

Fassung von 1938:	Neufassung von 1961:
... so kann der andere der Scheidung widersprechen. Der Widerspruch ist nicht zu beachten, wenn die Aufrechterhaltung der Ehe bei richtiger Würdigung des Wesens der Ehe und des gesamten Verhaltens beider Ehegatten sittlich nicht gerechtfertigt ist».	... so darf die Ehe gegen den Widerspruch des anderen Ehegatten nicht geschieden werden, es sei denn, daß dem widersprechenden Ehegatten die Bindung an die Ehe oder eine zumutbare Bereitschaft fehlt, die Ehe fortzusetzen».

Nach der neuen Regelung darf die Ehe nicht geschieden werden, wenn der widersprechende, ‹schuldlose› Ehegatte sich zur Fortsetzung der Ehe bereiterklärt. Nach der alten Regelung hatte es beim Richter gelegen, zu entscheiden, ob die Aufrechterhaltung der Ehe noch sinnvoll und ‹sittlich gerechtfertigt› sei.

Wuermeling konnte sein Ziel, die Zahl der Scheidungen zu verringern, nicht erreichen, sie nahm sogar nach der Gesetzesnovelle zu. Was er aber erreichte, war eine weitere Kriminalisierung der Scheidung. Die Statistik zeigt eine deutliche Verschiebung der Ehescheidung vom gesellschaftlich noch bis zu einem gewissen Grade tolerierten Scheidungsgrund der ‹Zerrüttung› der Ehe hin zum gesetzlich (auf Antrag) mit Strafe bedrohten und gesellschaftlich weniger tolerierten ‹Ehebruch› als Scheidungsgrund.

Tabelle 4: Ehescheidungen nach dem Scheidungsgrund

Jahr	Ehescheidungen insgesamt	auf Grund von § 48 (Zerrüttung)	auf Grund von § 42 (Ehebruch) und § 43 (sonstige Eheverfehlungen)
1960	48 878	3488	44 952
1961	49 280 (+402)	3250 (−238)	45 598 (+646)
1962	49 521 (+ 241)	2726 (−524)	46 366 (+768)

Bundesrepublik und West-Berlin. Scheidungsgründe nach §§ 44–46 und «sonstige» nicht wiedergegeben. Quelle: ‹*Stat. Jb. für die BRD*› 1964, S. 65.

Zwischen 1960 und 1962 hat die Zahl der Ehescheidungen wegen Zerrüttung um 762 Fälle abgenommen, die der Scheidungen wegen Ehebruchs und sonstiger Verfehlungen um 1414 zugenommen.

Entwicklung der Kinderzahl pro Familie

Ein Hauptziel Wuermelingscher Familienpolitik war die Förderung des Kinderreichtums (vgl. S. 89–94). In den Jahren 1953 bis 1960 ist ein fast kontinuierliches Ansteigen der jährlichen Lebendgeburten (von 778 206 auf 947 124) und des Geburtenüberschusses (4,7 ‰ auf 6,4 ‰) sowie der Geburtenziffer (15,8 ‰ auf 17,7 ‰) zu verzeichnen (‹*Stat. Jb. BRD*› 1964, S. 57). Diese Zahlen sagen wenig aus über die Entwicklung der Kinderzahl pro Familie, zumal im selben Zeitraum die Eheschließungen zugenommen haben. Eine Vorstellung von der Entwicklung der Familiengröße vermittelt der ‹*Familienbericht*› 1968:

Tabelle 5: Kinderzahl pro Familie

Kinderzahl	Ehejahrgänge 1947 – 1950	Ehejahrgänge* 1956 – 1958	Ehejahrgänge* 1961 – 1963
0	21 %	18 %	15 %
1	24 %	18 %	18 %
2	27 %	29 %	31 %
3	15 %	18 %	20 %
4 und mehr	13 %	17 %	16 %

Quelle: ‹*Familienbericht*› 1968, S. 166.
*Einschließlich der noch zu erwartenden Kinder.

Die Tabelle zeigt einen deutlichen Rückgang der kinderlosen und Ein-Kind-Familien, ein mäßiges Ansteigen der Zahl der Zwei-Kinder-Familien und eine starke Zunahme der Familien mit drei und mehr Kindern. Die reale Ausbreitung der Mehr-Kinder-Familie läßt sich auch bewußtseinsmäßig nachweisen. Meinungsumfragen haben ergeben, daß sich die Vorstellung von der ‹idealen› Kinderzahl zwischen 1950 und 1958 erheblich in Richtung auf die kinderreiche Familie verschoben hat:

Tabelle 6: Gewünschte Kinderzahl

Jahr der Befragung	Gewünschte Zahl der Kinder (% der Befragten)					
	0	1	2	3	4	5 und mehr
1950	8	10	50	21	9	2
1958	1	4	46	38	10	1
Veränderung	−7	−6	−4	+17	+1	−1

Quelle: ‹*Familienbericht*› 1968, S. 166.

Der Wunsch nach kinderloser Ehe oder kinderarmer Familie hat sich deutlich zum Wunsch nach der Familie mit drei Kindern hin verlagert: diesen Wunsch hatten 1958 fast doppelt soviel Befragte als 1950.

Beide Tabellen können als Beweis für den Erfolg von Wuermelings Bemühungen um die kinderreiche Familie gewertet werden, wenn auch nicht auszuschließen ist, daß auch andere Faktoren Bewußtsein und reales Verhalten der Eheleute beeinflußt haben.

Abgrenzung der Familienpolitik gegen Bevölkerungspolitik und Sozialpolitik

Obgleich der Begriff ‹Familienpolitik› unmißverständlich darauf hinweist, daß die Familie als solche Gegenstand der Politik des Familienministeriums ist, zeigen doch Diskussionen innerhalb wie außerhalb der Universität immer wieder, daß Familienpolitik entweder als Bevölkerungspolitik (Politik zur Beeinflussung der Geburtenziffer) oder als Sozialpolitik (materielle Unterstützung notleidender kinderreicher Familien) begriffen wird. Dieses Mißverständnis findet sich auch in den Arbeiten erfahrener Familiensoziologen, so bei SCHELSKY (1955, S. 32–42) und CLAESSENS, KLÖNNE und TSCHOEPE (1965, S. 225–227). Das ist um so erstaunlicher, als WUERMELING seit 1953 immer wieder nachdrücklich beide Fehlinterpretationen zurückgewiesen hat. WUERMELING geht es nicht um die hohe Geburtenziffer, sondern um eine hohe Kinderzahl pro Familie, und nicht um soziale Gerechtigkeit im Sinne der Unterstützung der wirtschaftlich Schwachen, sondern um eine schichtspezifische ‹soziale› Gerechtigkeit, nämlich die annähernde wirtschaftliche Gleichstellung der Familien gleich welcher Kinderzahl innerhalb einer jeden Einkommensgruppe, Schicht, Klasse.

Mehr-Kinder-Familie statt Erhöhung der Geburtenziffer

WUERMELINGS familienpolitisches Ziel ist die Mehr-Kinder-Familie. Welche Bedeutung hat die kinderreiche Familie in der bürgerlichen Familienideologie? Wir übernehmen aus der Familientheorie als Hypothesen die Aussagen REICHS, daß im Spätkapitalismus die Bedeutung quantitativer Bevölkerungspolitik im Sinne der Geburtenziffererhöhung sehr stark zurückgegangen ist, weil industrielle Reservearmeen nicht mehr benötigt werden, gesellschaftlich auch nicht mehr tragbar sind, weil die ökonomische Expansion mehr und mehr durch Produktivitätssteigerungen auf Grund des technologischen Fortschritts und nicht durch steigende Arbeiterzahlen gewährleistet wird und schließlich, weil die militärische Bedeutung von Massenheeren zurückgeht zugunsten technischer Waffen (vgl. S. 53). Wir übernehmen ferner die Thesen von ENGELS, BEBEL, REICH und HORKHEIMER, nach denen die kinderreiche Familie ein wirksames Mittel zur Erreichung der wirtschaftlichen Abhängigkeit, sexuellen Unterdrückung und zur Verhinderung der Emanzipation der Frau darstellt, weil mit steigender Kinderzahl der Zwang für die Frau, sich allein oder überwiegend dem Haushalt und der Kindererziehung zu widmen, wächst (vgl. S. 47–50). Wir stützen uns außerdem auf die Thesen REICHS zur Ideologie von Mutterschaft und Kinderreichtum; für die Ehefrau in ihrer sexuellen Unbefriedigtheit in der lebenslang monogamen Ehe bedeutet Kinderreichtum, vor allem wegen der damit verbundenen Ablenkung durch die Arbeit im Haushalt, eine gewisse Milderung ihrer psychischen Störungen. Die Sorge für und die Beschäftigung mit den Kindern absorbiert libidinöse Energien, die sonst zu offenen Neurosen führen könnten (vgl. S. 50–53). Wir übernehmen schließlich aus der familiensoziologischen Sozialisierungstheorie von CLAESSENS die These, daß die Sozialisierung der Kinder am wirkungsvollsten in der Familie erfolgt. Das gleiche gilt für die ‹zweite

Sozialisierung› der Erwachsenen, die in der kinderreichen Familie vollkommener und gründlicher verläuft, da durch die Kinder der Ansporn wie auch der Zwang zu sozialem, rücksichtsvollem und anpassungsbereitem Verhalten größer ist als in der kinderlosen Ehe (vgl. CLAESSENS 1962, S. 127–130). Alle diese Thesen finden ihre Bestätigung in der familienpolitischen Programmatik WUERMELINGS. Als familienpolitisches Ziel läßt sich aus ihnen die kinderreiche Familie ableiten, worunter eine Familie mit mindestens drei Kindern zu verstehen ist (bis 1961 wurde Kindergeld nur für das dritte und jedes weitere Kind gezahlt).

WUERMELING stellt fest, daß die einst kinderreiche Familie sich unter dem Druck der ökonomischen Lebensbedingungen in den Industriestaaten verkleinert hat. In der vorindustriellen agrarischen und handwerklichen Wirtschaft war die Familie der entscheidende Träger der Produktion, und die Kinder nahmen an dieser Produktion teil: «Kinder waren damals, auch wirtschaftlich gesehen, Nutzen, nicht Belastung» (WUERMELING 10). In der industriellen Gesellschaft verlor die Familie ihre «Funktion als gesunde wirtschaftliche Produktionsgemeinschaft» (WUERMELING 10), an die Stelle der kollektiv-familiär erarbeiteten Existenzgrundlage trat jetzt die Trennung zwischen Haushalt und Arbeitsplatz und die individuelle Erarbeitung der Existenzgrundlage durch den Vater oder beide Eltern. Der abhängig Werktätige erhält einen Leistungslohn, dessen Höhe nicht von der Anzahl der zu versorgenden Familienmitglieder abhängt, sondern von seiner Leistung. Der ökonomische Druck, dem dadurch die kinderreiche Familie im Vergleich zur kinderarmen ausgesetzt wurde, bewirkte die Reduzierung der Kinderzahl: «Die meisten Familien reagierten darauf durch radikale Einschränkung der Zahl ihrer Kinder» (WUERMELING 10), weil sie als kinderreiche Familien in den Bereich unmittelbarer Not geraten oder «aus ihrer sozialen Schicht ausgestoßen» würden. «Der Leistungslohn, volkswirtschaftlich eine Notwendigkeit, steht dem Ledigen in der gleichen Höhe zu wie dem Familienvater mit Kindern. Letzterer ist daher mit seiner Familie der Entbehrung preisgegeben... In höheren Einkommensschichten wird die Familie mit mehreren Kindern in der Regel vom Lebensstandard ihrer Schicht ausgeschlossen» (WUERMELING 6, S. 3). In WUERMELINGS gesellschaftskritischem Ansatz wird deutlich, daß er nicht das Absinken der Geburtenzahlen, sondern die Verkleinerung der Familien kritisiert. Da er die ökonomischen Gründe hierfür für irreversibel hält, den Leistungslohn als «volkswirtschaftliche Notwendigkeit» bezeichnet, will er den objektiven ökonomischen Tendenzen durch korrigierende Einflußnahme auf ihre Auswirkungen begegnen und die Erhaltung und Wiederausbreitung der Mehr-Kinder-Familie durch finanzielle Zuwendungen sichern. Die wirtschaftliche Benachteiligung der Kinderreichen gegenüber den Kinderarmen und Kinderlosen wertet er als Ungerechtigkeit, der entgegenzutreten ist: «Wir treiben Familienpolitik nicht für die Geburtenziffer, sondern um der Gerechtigkeit willen» (WUERMELING 23).

Der Kampf gegen das Mißverständnis, seine Familienpolitik sei Bevölkerungspolitik, zieht sich über die ganze Amtszeit WUERMELINGS hin. «Ein wesentliches psychologisches Hemmnis für das Fortschreiten des Familienlastenausgleichs dürfte die politische Vorbelastung sein, die sich aus den Vergleichen mit den bevölkerungspolitischen Maßnahmen der unseligen Hitlerzeit herleitet. Viele sind – oft unbewußt – noch so im kollektivistischen Staatsdenken verhaftet, daß sie familienpolitische Maßnahmen – genau wie der Nationalsozialismus – im Sinne der ‹Bevölkerungspolitik› verstehen, die lediglich im Interesse des Kollektivs den notwendigen Nachwuchs sicherstellen soll» (WUERMELING 7, S. 258). WUERMELING setzt sich mit seiner Familienpolitik nicht nur vom Nationalsozialismus, sondern auch vom Liberalismus, ‹östlichen› Kommunismus und ‹westlichen› Sozialismus ab: «Obwohl [der bevölkerungspolitische] Ausgangspunkt auch völlig mit dem der kommunistischen Welt des Ostens übereinstimmt, finden wir ihn auch weithin im Bereich des Liberalismus wie des westlichen Sozialismus» (WUERMELING 7, S. 258). Allen diesen Richtungen ist nach WUERMELING gemeinsam, daß ihre Verfechter «sich gar nicht bewußt werden, daß man mit ‹Bevölkerungspolitik› den Menschen und die Familie zu Funktionären des Kollektivs erniedrigt und damit den heiligen Bereich der Ehe und Familie zu menschenunwürdigem Funktionärtum entweiht» (WUERMELING 7, S. 258). Vermutlich im Anschluß an SCHELSKY (1955, S. 32–42) differenziert er zwischen ‹demokratischer› und ‹totalitärer› Familienpolitik: «Wenn ein demokratischer Staat ‹Familienpolitik› betreibt, muß das etwas grundsätzlich anderes sein als die ‹Bevölkerungspolitik› etwa des Nationalsozialismus ... Totalitäre Regime betreiben Bevölkerungspolitik» (WUERMELING 23). Der Unterschied besteht seiner Auffassung nach darin, daß der ‹totalitäre› Staat der Familie den Auftrag erteilt, für ihn Kinder großzuziehen. Im ‹demokratischen› Staat sei das anders: «Wir haben dieser totalitären Schau die klare These entgegenzusetzen: Unsere Kinder sind nicht Kinder des Staates, sondern Kinder der Familie! ... Wenn sich staatliche Familienpolitik heute um Familien mit Kindern kümmert, hat das seinen Grund also letztlich nicht darin, daß der Staat mehr Kinder braucht. Dieser hat gar kein Recht, von den Familien mehr oder weniger Kinder zu fordern. Mit solchen Forderungen würde er seine Grenzen eindeutig überschreiten und in den Intimbereich von Ehe und Familie eindringen» (WUERMELING 23). Wir werden sehen, daß WUERMELING mit seiner Forderung nach Kinderreichtum diese von ihm selbst gesetzte Grenze durchaus überschreitet. Er distanziert sich allerdings zu Recht von der ‹totalitären› Bevölkerungspolitik, die Kinder als Arbeiter und Soldaten verlangt. Er verlangt Kinder als Familienmitglieder, zur Stabilisierung der Familie. Da die Familie ihrerseits den Staat stabilisieren soll, wird sie allerdings auch bei WUERMELING zum ‹Funktionär› des Staates und der Gesellschaft (vgl. S. 75–80). WUERMELING versucht, diesem Vorwurf dadurch zu entgehen, daß er behauptet, die ökonomische Entwicklung (Leistungslohn) habe die Freiheit des Menschen und der Familie eingeengt, sich entsprechend ihrer Verantwortung vor Gott und dem Sittengesetz zu verhalten. «Die gesellschaftliche Entwicklung in den letzten drei Menschenaltern hat die *gesunde* Familie ... in eine Lage abgedrängt, in der ihre Würde und Freiheit, insbesondere die Freiheit ihrer *gesunden* und *natürlichen* Entfaltung, schlechthin nicht mehr gegeben ist ... Staat und Gesellschaft haben sich an der Familie *versündigt*, indem sie der Einengung der Freiheit freien Lauf ließen, ohne mögliche Gegenmaßnahmen zu treffen» (WUERMELING 7, S. 258 f). Er erhebt folglich die Wiederherstellung dieser Freiheit zum Ziel seiner Politik: «Familienpolitik ist heute geboten, um einem – gewiß unbeabsichtigten – Eingriff der Gesellschaft in den Intimbereich von Ehe und Familie zu begegnen» (WUERMELING 23). ‹Freiheit› versteht WUERMELING allerdings durchaus nicht im Sinne eines liberalen Begriffs individueller Freiheits- und Selbstbestimmungsrechte. Vielmehr setzt er der Einschränkung der familiären ‹Freiheit›, viele Kinder zu haben, eine metaphysisch begründete Einschränkung der ‹Freiheit› des Individuums entgegen: die Verantwortung vor ‹Gott› und dem ‹Sittengesetz›: «Der Staat hat gar kein Recht einer wie auch immer gearteten Mitbestimmung darüber, welchen Gebrauch die Eltern von der wiederherzustellenden Freiheit der Familie machen ... Hier gilt die alleinige Verantwortung der Eltern vor Gott und dem Sittengesetz» (WUERMELING 7, S. 248). Die Eltern sollen nicht daran gehindert werden, «die Kinder großzuziehen, die sie in echter Verantwortung vor Gott und ihrem Gewissen großzuziehen für ihre persönliche Lebensaufgabe halten» (WUERMELING 7, S. 248). In derartigen Passagen, in denen WUERMELING sich zur ‹Freiheit› der Familien hinsichtlich der Kinderzahl äußert, vermeidet er jede Andeutung seiner Forderungen nach Kinderreichtum. Wir werden noch sehen, daß sie an anderen Stellen um so eindringlicher erhoben werden. In bezug auf die Verantwortung vor ‹Gott›, dem ‹Sittengesetz› und dem ‹Gewissen›, die er den Familien aufbürdet, sei nur auf das religiös begründete Abtreibungsverbot (Tötung einmal gezeugten Menschenlebens) und das Verbot der Antibabypille durch Papst PAUL VI. (Enzyklika ‹*Humanae Vitae*›, 1968) hingewiesen, das sich über die ‹Pille› hinaus auf jede Art der Empfängnisverhütung mit Ausnahme der periodischen Enthaltsamkeit erstreckt, automatisch familienvergrößernd wirkt und ideologisch die Kinderlosigkeit diskreditiert.

Zur These, daß die Mehr-Kinder-Familie zur ökonomischen Ausbeutung der Frau und zu ihrer sexuellen Unterdrückung führt, bringt WUERMELING eine bestätigende Aussage. Er stellt fest, daß die «außerordentliche wirtschaftliche Entwicklung der Bundesrepublik», die Aufstellung der Bundeswehr, die Einführung der Fünf-Tage-Woche usw. zu einer Verschärfung auf dem Arbeitsmarkt führten. Dadurch werden immer mehr Frauen zur Erwerbstätigkeit veranlaßt: «Bereits jetzt erhebt sich immer dringender die Forderung auf verstärkte Eingliederung der Frauen in die Betriebe. Dafür kommen aber hauptsächlich nur noch diejenigen Ehefrauen in Betracht, die sich heute noch ganz ihrer Familie widmen; denn die Zahl der nichterwerbstätigen ledigen Frauen ist ohne größere Bedeutung» (WUERMELING 6, S. 23). Erwerbstätigkeit der Frau aber bedeutet tendenziell ihre ökonomische Eigenständigkeit, Unabhängigkeit vom Mann und damit die Möglichkeit, sich von ihm zu trennen, wenn sie es wünscht. Familienpolitik sieht WUERMELING nun in einem doppelten Sinne als Maßnahme gegen diesen Trend. Einmal sollen die Kindervergünstigungen die Mütter davon abhalten, aus rein ökonomischen Beweggründen, zur Aufbesserung des Familieneinkommens, erwerbstätig zu werden (WUERMELING 6, S. 24). Zum anderen soll die Mehr-Kinder-Familie zur Regel werden, weil dadurch eine feste Bindung der Frau an Haushalt und Familie erreicht wird: «Gerade in der Familie mit mehreren Kindern ist die Mutter unentbehrlich» (WUERMELING 23), und: «Für Mutterwirken gibt es nun einmal keinen vollwertigen Ersatz» (WUERMELING 18).

Nun läßt sich seit Beginn der Tätigkeit des Familienministeriums eine Argumentationskette verfolgen, die scheinbar die These widerlegt, Familienpolitik strebe nicht die Erhöhung der Geburtenziffer an. Anläßlich der Einrichtung des Familienministeriums erklärte Bundeskanzler ADENAUER in seiner Regierungserklärung: «Wenn nicht durch konstante *Zunahme der Geburten* der Prozentsatz der im produktiven Alter stehenden Personen wächst, werden zunächst die Alten von der geringeren Sozialproduktion betroffen werden. Durch Technisierung und Rationalisierung der Wirtschaft wird man den für unser ganzes Volk im Verlauf einiger Generationen vernichtenden Prozeß nicht aufhalten können. Helfen kann nur eines: Stärkung der Familie und dadurch Stärkung des Willens zum Kind. Die ganze Entwicklung unserer Zeit ist der Gründung einer gesunden Familie abträglich. Dieser Entwicklung entgegenzutreten, ist ein wesentliches Anliegen der Bundesregierung» (Regierungserklärung vom 20. Oktober 1953). Damit hatte ADENAUER im Rahmen seiner Richtlinienkompetenz eine Leitlinie für die Familienpolitik formuliert, die WUERMELINGS Auffassungen konträr entgegengesetzt ist, soweit sie die Zielfestlegung ‹Zunahme der Geburten›, also Bevölkerungspolitik, betrifft. Im Mittel, ‹Stärkung der Familie›, stimmten beide überein. Mit dem Ziel mußte WUERMELING sich auseinandersetzen. Zunächst stellte er klar, daß nicht abstrakt die Erhöhung der Geburtenziffer, sondern konkret die Mehr-Kinder-Familie die von ADENAUER geforderte gesellschaftliche Leistung vollbringen kann.

Dabei macht er deutlich, daß diese Mehr-Kinder-Familie mehr als drei Kinder haben müsse: «Nach den Erkenntnissen der Bevölkerungswissenschaft wird der zahlenmäßige Bestand der Elterngeneration erst dann in gleichem Umfang ersetzt, wenn jede überhaupt fruchtbare Ehe drei Kinder hat» (WUERMELING 6, S. 5). Das heißt aber angesichts der vielen kinderlosen Ehen, daß viele Familien vier, fünf oder sechs Kinder haben müssen, um diesen Bestand zu erhalten. Diese Behauptung ist zwar richtig. Die Schlußfolgerung, die ADENAUER und WUERMELING daraus ziehen, ist jedoch falsch und unsinnig, daß nämlich nur durch eine quantitativ gleiche Bevölkerungszahl die «Aufrechterhaltung des Lebensstandards in der Zukunft» gesichert sei (WUERMELING 6, S. 5). Denn einmal leben wir nicht in einer Periode konstanten, sondern rapide steigenden Lebensstandards, es wäre also ein Rückschritt, nur die ‹Aufrechterhaltung des Lebensstandards› zu erstreben. Zum anderen wird der Lebensstandard der zukünftigen Generation sehr viel mehr von der Entwicklung des technologischen Fortschritts als der der Geburtenziffer abhängen. Das war auch 1953 schon erkennbar. In der ausführlichen Denkschrift zum Familienlastenausgleich aus dem Jahre 1955 fehlt dann auch jegliche wirtschaftswissenschaftliche oder bevölkerungswissenschaftliche Begründung dieser Behauptung. WUERMELING entzieht sich der Diskussion um diese Frage, indem er das Problem der quantitativen Reproduktion der Gesellschaft als für seine Politik irrelevant erklärt: «So wichtig die ungünstige Entwicklung des Geburtenstandes für die Bundesrepublik ... auch sein mag, die entscheidende Motivation für Entschlüsse auf der politischen Ebene stellt sie nach unserem heutigen Denken nicht dar. Gegenstand der Sorge ist der Mensch, die Familie mit Eltern und Kindern, denen gerechte Behandlung seitens der Gemeinschaft zuteil werden soll. Darin unterscheidet sich Bevölkerungspolitik von Familienpolitik» (WUERMELING 6, S. 5). Damit sind für WUERMELING die richtigen Proportionen wieder hergestellt. Er lenkt die Diskussion auf das Thema der Familienpolitik um der Familie willen und zitiert die Äußerung eines Familiensoziologen über den gesellschaftlichen Wert der Mehr-Kinder-Familie und den Unwert der kinderlosen und kinderarmen Familie: «Was bedeutet das zahlenmäßige Überwiegen der Null- und Einkindehe, wenn man als *gesunden* Maßstab einen Durchschnitt von etwa 3 Kindern für die Familien annehmen muß! Das Fehlen dieser Gesundheit wirkt sich nicht nur bevölkerungspolitisch aus, sondern auch auf die Gesamtheit der Familie, auf die familiären Beziehungen, auf die Beziehungen der Ehegatten zueinander sowohl als auf das Miterziehungsmilieu, auf die kindlichen Beziehungen untereinander und mit den Eltern, auf das Bildungspotential der Familie. So hat die physische Schrumpfung auch eine geistige und soziale Schrumpfung der Familie sicher leicht zur Folge» (GECK in: ‹*Echo der Zeit*› vom 19. September 1954; zit. in: WUERMELING 6, S. 5). Diese von WUERMELING übernommene Auffassung deckt sich mit den eingangs erwähnten Thesen von CLAESSENS über den besonderen Erziehungswert der Familie mit Kindern, über die besondere Sozialisierungskraft der Familie. Hier liegt die familienideologische Begründung für WUERMELINGS Propagierung der Mehr-Kinder-Familie. Diese Behauptung findet ihre Bestätigung in den immerwiederkehrenden wütenden Attacken WUERMELINGS gegen kinderlose und kinderarme Ehen, in denen an Stelle von Sittlichkeit, Ethik und Opferbereitschaft Verantwortungslosigkeit, Materialismus, Egoismus und Genußsucht von den Erwachsenen gelebt und von den Kindern, sofern vorhanden, gelernt werden. «Es geht um die nachweislich große Zahl derjenigen, die wider die natürliche Ordnung gewollt kinderlos oder kinderarm bleiben, weil sie das Leben *genießen* und sich von *Opfern* und Belastungen freihalten wollen. Der *materialistische* Zeitgeist, der die hohen *ethischen* Werte der Familie und des Familienlebens nicht mehr sieht, weil er dem *Götzen ‹Lebensstandard›* verfallen ist ... Die *hemmungslose* Jagd nach dem höheren Lebensstandard übersteigert sich oft in eine *egoistische Verantwortungslosigkeit*» (WUERMELING 7, S. 260). Ein derartiges Zitat sollte nicht Anlaß moralischer Empörung sein, sondern Gegenstand politisch-ökonomischer Analyse. Was hier deutlich wird, ist die Überzeugung WUERMELINGS, daß allein die Mehr-Kinder-Familie Kinder und Erwachsene dazu zwingt, sich entsprechend jener ethischen und sittlichen Normen zu verhalten, die auch für die bürgerliche Gesamtgesellschaft, jedenfalls für die Massen der Werktätigen, zwingend konstitutiv sind: Genußfeindlichkeit, Opferbereitschaft, Verzicht auf materielle Güter, Zurückstellen der eigenen, ‹egoistischen› Bedürfnisse zugunsten der Erfüllung sozialer ‹Verantwortlichkeiten›, deren Inhalt im autoritären System von der herrschenden Gruppe bestimmt werden. Die kinderlose Ehe, auch die Kleinfamilie, ermöglicht den Menschen wegen der geringeren sozialen Verpflichtungen und dem größeren finanziellen Spielraum mehr Möglichkeiten zum Lebensgenuß, zur Verweigerung gegenüber gesellschaftlichen Verpflichtungen als die kinderreiche Familie; das gilt in besonderem Maße für die Frau. Hier liegt der objektiv repressive Kern der Mehr-Kinder-Familie zutage, dessentwillen WUERMELING den Kinderreichtum propagiert und mit ökonomischen Mitteln unterstützt.

Mehr-Kinder-Familien leisten einen größeren Beitrag zur physischen Reproduktion und ideologischen Stabilisierung der Gesellschaft als kinderlose Ehen oder kleine Familien (vgl. S. 89–94). Dabei bringen sie erhebliche materielle Opfer. WUERMELINGS Kindergeldpolitik hat nun nicht das Anliegen, den Kinderreichen diese Opfer abzunehmen, im Gegenteil: möglichst viele Familien sollen dazu veranlaßt werden, diese Opfer zu bringen, indem sie mehrere Kinder großziehen. Ziel der Politik ist die Erziehung zur Opferbereitschaft. Kindergelder werden gezahlt, um ökonomische Anreize zur Opferbereitschaft zu bieten, weil die Familien die übergroßen Opfer des Kinderreichtums scheuen und zu wenige Kinder großziehen. Kindergelder sollen allenfalls ein Drittel der tatsächlichen Kinderkosten ersetzen. Dieses überraschende Ergebnis der Analyse von WUERMELINGS Programmatik wird auf dem Hintergrund familientheoretischer Thesen verständlich. W. REICH weist darauf hin, daß Frauen ihre ökonomische Abhängigkeit und sexuelle Unterdrückung eher akzeptieren, eher bereit sind, ihre Freiheit zu opfern, wenn zahlreiche Kinder sie zu schwerer Arbeit im Haushalt zwingen und so ihrem Leben einen gewissen Inhalt geben (vgl. S. 51 bis 53). ENGELS, BEBEL, REICH und HORKHEIMER zeigen, daß die Mutter- und Hausfrauenrolle der Frau die bürgerlich-patriarchalische Ehe stabilisiert (vgl. S. 48–50). Die Frau wird dann die Hausfrauenrolle übernehmen müssen, wenn die Kinderzahl so groß ist, daß ihre Anwesenheit im Hause langfristig unumgänglich ist, und wenn das Familieneinkommen so niedrig ist, daß eine Hausangestellte nicht bezahlt werden kann. Niedrige Kinderzuschläge und Kinderreichtum sind also zuverlässige Mittel zur Bindung der Frau an den Haushalt. Auf der anderen Seite muß das Familieneinkommen immerhin so hoch sein, daß die Familie nicht in Hunger und Elend gerät. Denn dann müßte die Frau ihre Mutter- und Hausfrauenrolle teilweise aufgeben und erwerbstätig werden.

Schließlich übernehmen wir Thesen von MARX und REICH zur Rolle der Ideologie als materieller Gewalt (vgl. S. 29 f). In der Familie soll das falsche Bewußtsein einer Ich-verneinenden Psychostruktur verinnerlicht werden, das später in der Gesellschaft die psychologische Grundlage für ökonomische Ausbeutung darstellt. Diesem Ziel dient die Erziehung zur Opferbereitschaft.

WUERMELING versteht seine Familienpolitik als ein «Ringen um einen gerechten Familienlastenausgleich», als einen Kampf «gegen den Egoismus einer ungerecht bevorzugten Mehrheit» der Kinderlosen und Kinderarmen, «um Gerechtigkeit für eine ungerecht benachteiligte Minderheit», die Kinderreichen (WUERMELING 7, S. 267). Die benachteiligten kinderreichen Familien sollen durch Kindergelder, Steuervergünstigungen und andere Zuwendungen finanziell unterstützt werden. WUERMELING setzt aber zwei fundamentale Einschränkungen: die finanzielle Unterstützung hat nichts mit Fürsorge zu tun und soll keinen vollen, 100 % der Kinderkosten umfassenden Ausgleich darstellen. WUERMELING konstatiert zwar, daß «heute die meisten Familien mit mehreren Kindern tatsächlich zu Fürsorgesätzen zu leben gezwungen sind» (WUERMELING 7, S. 267), erklärt aber unmißverständlich, daß Kindergelder mit Fürsorge nichts zu tun haben: «Familienpolitik ist kein soziales Problem im Sinne von Hilfebedürftigkeit! Familienpolitik ist eine staatspolitische Aufgabe, die uns nicht nur im Bereich der Minderbemittelten gestellt ist, sondern die für alle sozialen Schichten größte Bedeutung hat und gerade damit ihren Wert für das ganze Volk erhält. Familienpolitik ist kein Zweig der öffentlichen Fürsorge» (WUERMELING 2). Und noch deutlicher: «Sinn und Ziel der Familienpolitik liegen also letztlich nicht darin, Minderbemittelten oder Armen, die Kinder haben, eine Art ‹Fürsorge› zu gewähren. Familienlastenausgleich ist nicht das Problem ‹arm und reich›» (WUERMELING 23). Die Ablehnung des sozialen Ausgleichs *zwischen* den Einkommensschichten zeigt den Klassencharakter des Kindergeldsystems, sie ist dessen gesellschaftspolitische Komponente (S. 112–117). Die familienpolitische Komponente manifestiert sich in seiner Forderung nach Leistungen der Kinderlosen und Kinderarmen für die Kinderreichen, und zwar in jeder gesellschaftlichen Schicht. Man könnte nun annehmen, daß jede Familie einen Ausgleich in Höhe der ihr für Kindererziehung tatsächlich entstandenen Kosten erhalten soll, darin wäre ein ‹gerechter Ausgleich› zu sehen. Die Kinderlosen müßten zahlen, die Kinderarmen würden wenig, die Kinderreichen viel bekommen, nämlich so viel, wie ihnen Versorgung und Erziehung ihrer Kinder kosten. Diese Vorstellung weist WUERMELING zurück: «Wollte man das Problem ausschließlich unter dem Gesichtspunkt der Gerechtigkeit betrachten, so wäre die Forderung auf 100-prozentigen Ausgleich der Kinderkosten zu stellen. Damit und nur damit hätte die Familie zu den Konsumgütern und zu den Kulturleistungen der Gemeinschaft den gleichen Zugang wie diejenigen, die an der sogenannten ‹Reproduktion der Arbeitskraft› nicht beteiligt sind... Gegen einen 100-prozentigen Kinderkostenausgleich sprechen Gesichtspunkte ethischer und wirtschaftlicher Art» (WUERMELING 6, S. 19). Und er nennt die ethischen Gründe: «Es ist nicht an eine Befreiung der Familie von den Kinderkosten oder auch nur an eine angenäherte Lösung gedacht. Der Zwang zum Verzicht auf materielle Güter bedeutet sicher auch sittliche Stärke» (WUERMELING 6, S. 1). Hier beginnt die Ideologie der Opferbereitschaft als Ziel der Familienpolitik deutlich zu werden. Die Opfer sollen lediglich so weit gemildert werden, daß die Kinder keinen Schaden erleiden: «Der Zwang zum Verzicht... soll auf ein Maß zurückgeführt werden, das tragbar erscheint und das vor allem die Kinder davor bewahrt, Schaden zu nehmen» (WUERMELING 6, S. 1). WUERMELING wertet den Zwang zum Verzicht auf Konsumgüter und Kulturleistungen als ‹sittliche Stärke› der kinderreichen Familie, der Verzicht dient der Erfüllung eines ethischen Prinzips, an das die Kinder rechtzeitig gewöhnt werden sollen: «Die Opferbereitschaft, zu der die Mehrkinderfamilie gezwungen ist, ist auch ihre sittliche Stärke und hat den günstigsten Einfluß auf ihre Charakterbildung» (WUERMELING 6, S. 19).

Fassen wir zusammen: gäbe es keine Kindergelder, nähmen die Kinder in kinderreichen Familien Schaden, weil sie hungern oder sonst Not leiden würden. Wären die Kindergelder aber zu hoch, nähmen sie Schaden an ihrer ‹Charakterbildung›. Dazu kommt ein zweiter Punkt: WUERMELING meint, die Kinder nähmen auch Schaden, wenn sie nicht der ununterbrochenen Erziehung und Versorgung durch die Mutter ausgesetzt wären. Das würde bei der Erwerbstätigkeit der Mutter eintreten. WUERMELING möchte verhindern, daß Mütter einer Erwerbstätigkeit nachgehen. «Es kann erwartet werden, daß der Sog in die Betriebe, verstärkt durch erhöhte Lohnangebote und steuerliche Anreize, viele ‹Hausmütter› erfassen wird, vor allem jene, die mit mehreren Kindern am Rande des Existenzminimums leben ... es muß *befürchtet* werden, daß binnen absehbarer Zeit die Mehrzahl vor allem der jungen Mütter Erwerbsarbeit in den Betrieben leistet» (WUERMELING 6, S. 23 f). WUERMELING befürchtet, daß die in der Industriegesellschaft ohnehin feststellbare Tendenz zur Auflösung der Familie durch «die sich mehrende Berufstätigkeit der Frau und Mutter» (WUERMELING 11, S. 2), also nicht nur der Mutter, sondern auch der Frau, die nicht Mutter ist, verschlimmert wird. «Die persönlich-familiäre Sphäre droht immer mehr zur reinen Logier- und allenfalls noch Verpflegungsstätte herabzusinken ... Damit geht auch mehr und mehr das Verständnis für die ethische und gesellschaftliche Bedeutung der Familie als der Urzelle menschlichen Lebens und der entscheidenden Erziehungs- und Ausbildungsstätte des Menschen verloren» (WUERMELING II, S. 2). (Vgl. S. 106–111). Um diesen Tendenzen zu begegnen, verlangt WUERMELING einen «wirkungsvollen Ausgleich der Familienlasten» (WUERMELING 6, S. 24), wobei die angestrebte Wirkung die Domestizierung der Frau ist. Mit der Domestizierung der Frau sind für sie – selbst unter den Bedingungen entfremdeter Lohnarbeit im Kapitalismus – Opfer verbunden. Daß die sexualmoralisch und mutterschaftsideologisch erzogene Frau diese Opfer zu bringen bereit ist, geht aus den Thesen von REICH hervor (vgl. S. 49 f). WUERMELING geht von einer ‹natürlichen› Opferbereitschaft der Eltern aus: «Es wäre *unnatürlich*, wenn man von den Eltern nicht Opfer – und fühlbare Opfer – für das große Glück des Besitzes von Kindern erwarten dürfte und müßte» (WUERMELING 23) und münzt diese These zu einem familienpolitischen Postulat, zu einer familiären Norm um: «Selbstverständlich müssen wir von den Eltern Opfer – und fühlbare Opfer – für das große Glück des Besitzes von Kindern erwarten» (WUERMELING 12). Er kann dabei an die von REICH psychoanalytisch nachgewiesene subjektive Bewußtseinslage der familiär erzogenen Werktätigen anknüpfen: «Unser Volk kennt gewiß noch höhere Werte als Mark und Pfennig und pflegt nicht ausdrücklich in materiellen Kategorien zu denken» (WUERMELING 9). Diese Opferbereitschaft manifestiert sich in den schon kinderreichen Familien, «die schon heute den Mut und die Bereitschaft haben, unter schwersten Opfern und größten Entbehrungen mehrere Kinder großzuziehen» (WUERMELING 23). Die Motive für den Kinderreichtum vieler Familien bleiben allerdings unbefragt. Die ‹Opferbereitschaft› vieler später kinderreicher Ehen bestand darin, daß sich die Ehegatten der kirchlichen Dogmatik unterwarfen und keine zuverlässig empfängnisverhütenden Mittel benutzten.

WILHELM REICH zeigt in seiner Kritik der Sexualmoral auf, wie die Unterdrückung der Sexualität zu einem zentralen Repressionsinstrument gegenüber den Werktätigen wird und wie die patriarchalische, lebenslang monogame Ehe und Familie die permanente Reproduktion dieser Sexualmoral garantiert (vgl. Teil 1). Jede Förderung und Stabilisierung der Familie durch die Familienpolitik sichert damit automatisch die Kontinuität der sexualmoralischen Unterdrückung der Werktätigen, auch wenn sie nicht mit speziellen Maßnahmen zur Sexualunterdrückung und zur Unterdrückung der Frau verbunden ist, und sie trägt damit zur Herrschaftssicherung und Systemstabilisierung bei. WUERMELING hat auf diesen Zusammenhang unmißverständlich hingewiesen (vgl. S. 74–80).

WUERMELING beschränkt sich jedoch durchaus nicht auf eine derartige globale Familienpolitik. Er entwickelt eine dezidiert genußfeindliche Sittlichkeitsideologie, er greift massiv in das Selbstbestimmungsrecht der Ehegatten über Fortsetzung oder Scheidung einer zerrütteten Ehe ein, er propagiert die Mutterschaftsideologie und den Kinderreichtum als wahre Aufgabe der Frau. Diesen familienideologischen Programmen stellt er gesamtgesellschaftliche zur Seite: durch die klassenspezifische Ausgestaltung des Kindergeldsystems erstrebt er eine Stabilisierung der Klassenstruktur gegen Auflösungserscheinungen, durch Hinweis auf Auflösungserscheinungen der bürgerlichen Familie in sozialistischen Ländern mobilisiert er das familiäre Bewußtsein der Werktätigen gegen Sozialismus und Kommunismus. Diese fünf Punkte stellen einen Katalog unmittelbar repressiver Maßnahmen der Familienpolitik dar.

Kampf gegen den Lebensgenuß und Erziehung zur ‹Sittlichkeit›

WUERMELING ist ein fanatischer Prediger der sexualfeindlichen Moral. Diese Behauptung muß zunächst verblüffen, da in seinen Texten Begriffe wie Sexualität, Sexualmoral und Sexualerziehung nie vorkommen. Dazu muß man wissen, daß in den fünfziger Jahren der Bundesrepublik jede öffentliche Erörterung sexueller Probleme tabuisiert war, völlig anders als in der gegenwärtigen Periode. Die sexualfeindliche Propaganda bediente sich raffinierter Verschleierungspraktiken. Sie prangerte nicht den sexuellen Genuß, sondern den Lebensgenuß schlechthin als unsittlich an. WUERMELINGS Schriften enthalten Musterbeispiele dieser Methode. Die Genußfeindlichkeit manifestierte sich in der Diskreditierung des Konsums. Schon die Tatsache, daß ein Familienminister gegen den übertriebenen Genuß von Konsumgütern predigt, läßt den Verdacht der Analogie von sexuellem und materiellem Genuß aufkommen. Die von ihm genannten Alternativen zum Lebensgenuß, nämlich Verzicht, Selbstzucht, Kampf gegen sich selbst, Sittlichkeit und Idealismus erhärten diesen Verdacht. W. REICH hat Thesen zum Zusammenhang materieller und sexueller Unterdrükkung aufgestellt (vgl. S. 30) und die Entstehung des moralischen Ich, der ‹Sittlichkeit›, beim heranwachsenden Jugendlichen beschrieben (vgl. S. 40 f). Er hat weiter auf die Zerstörung der Sexualität unter dem Druck der bürgerlichen

Sexualmoral, auf ihre Spaltung und Brutalisierung, ihre Erniedrigung hingewiesen (vgl. S. 50–61). WUERMELINGS Schriften bestätigen diese Thesen weitgehend.

Zunächst fällt auf, daß der Begriff ‹Liebe› in seiner Bedeutung als ‹Gattenliebe› von WUERMELING nicht gebraucht wird. Das Wort ‹Liebe› taucht in den untersuchten Schriften nur dreimal auf: als Liebe der Eltern zu den Kindern (WUERMELING 17), als Liebe zu den Mitmenschen (WUERMELING 17) und als Liebe der Jugend «zu unserer Welt» (WUERMELING 20). Die Liebe zwischen den Gatten, im Bewußtsein der Heiratenden heute dominierendes Motiv der Eheschließung, scheint WUERMELING aus Gründen der Familienpolitik zu ignorieren: die Familie erhält ihre Bedeutung für ihn erst als Mehr-Kinder-Familie, die Kinderlosen werden erbarmungslos kritisiert (vgl. S. 94 f), und zwar weil sie das Leben genießen und deswegen kinderlos bleiben. Ähnliches gilt für ‹Liebe› im Bedeutungsinhalt ‹Geschlechtsliebe›. WUERMELING bestätigt die These von REICH, daß intensives Sexualleben den Kindeswunsch hinauszögert (vgl. S. 51, 53). Sexualität erfährt deswegen durch WUERMELING eine massive Abwertung. WUERMELING kritisiert die moderne Literatur (ohne konkret zu werden) und schreibt: «Die moderne Literatur scheint sich heute mehr denn je des *unnatürlichen* und *krankhaften* anzunehmen und dies in einem sogenannten Realismus auszuwalzen, weil das *normale* und *gesunde* nicht mehr sensationell genug erscheint. Man glaubt, durch *enthüllende Aufklärung* und *hemmungslose Entlarvung* bestimmter Tatbestände der Wahrheit zu dienen. Dabei steigt man über bisherige *Tabus* hinweg rücksichtslos in die *Intimsphäre* des Menschen ein; der *Alltag*, das *Niedrige*, das *Geschlechtliche*, die *Schattenseiten*, all das wird nicht nur nicht mehr verschwiegen, sondern bewußt in aller Breite *hervorgezerrt* und zur *Hauptsache* gemacht. Während es früher noch eine Literatur zurückhaltenden Ansprechens gab, scheint moderne Literatur das rücksichtslose Ansprechen zu lieben und selbst vor dem *Ordinären* und *Perversen* nicht mehr halt zu machen» (WUERMELING 19). Halten wir von diesem Zitat, das einen erschreckenden Einblick in die Psychostruktur eines sexualmoralischen Neurotikers gewährt, nur zwei Punkte fest. Erstens: in einer Analogiekette erscheinen Intimsphäre, Alltag, Niedriges, Schattenseiten des Lebens, Geschlechtliches, Ordinäres und Perverses. W. REICHS These von der realen und ideologischen Erniedrigung der Sexualität in der bürgerlichen Gesellschaft und im bürgerlichen Bewußtsein findet ihre Bestätigung. Zweitens: die literarische Beschreibung des Alltags, der Schattenseiten des Lebens, der Intimsphäre des Menschen und des Geschlechtlichen, also der realen Tatbestände des täglichen Lebens der Menschen, darf nach WUERMELING nicht Hauptsache der Literatur werden. Denn die Realität des Lebens ist nach seiner Auffassung eine Scheinwelt, während das wahre Leben sich in geistigen Regionen abspielt: «Das Buch ist ein Mittel geistiger Begegnung, das die *Scheinwelt des Materiellen* zu überwinden vermag und dem Geist wieder seinen zentralen Platz im Leben einräumen kann» (WUERMELING 19). Die ideologische Funktion der bürgerlichen Literatur liegt offen zutage: Ablenkung des ausgebeuteten und unterdrückten Menschen von der Misere des Lebens in der bürgerlichen Gesellschaft. WUERMELING macht das in unbekümmerter Offenheit deutlich: «Ich glaube, daß man [in der Jugendliteratur] auch heute manche Tabus achten und ihren Sinn werten sollte. Zwar gehört Mut dazu, junge Menschen als normal, gesund oder gar glücklich zu schildern, einmal nicht darzustellen, wie eine Ehe scheitert, sondern, wie sie glückt» (Wuermeling 19).

Halten wir wieder zwei Punkte fest. Erstens: Wuermeling scheint zu wissen, daß die Jugend unter dem Druck der Sexualmoral weder normal noch gesund oder gar glücklich ist. Er war es vermutlich auch nicht. Denn sonst würde er nicht eingestehen, daß Mut dazu gehört, sie als normal, gesund und glücklich ‹zu schildern›, Mut nämlich zur Lüge. Zweitens: diese Aufforderung richtet sich speziell an die Verfasser der Jugendliteratur. Die Jugend soll darüber im Unwissen gelassen und getäuscht werden, was sie in der Ehe erwartet. Sie soll durch idealisierende Schilderungen der Ehe dazu veranlaßt werden, erwartungsvoll auf den Hochzeitstag zu hoffen. Die Literatur soll nicht durch eine realistische Schilderung der Ehe («enthüllende Aufklärung», «hemmungslose Entlarvung», vgl. S. 99) dem Jugendlichen eine Antizipation des Erlebens in der Ehe ermöglichen und ihn dadurch möglicherweise von der Eheschließung abhalten. Wuermeling kennt die Wirkungen realistischer Schilderungen des Alltags, der Intimsphäre und der Ehe der Erwachsenen auf die Jugend: «Das Ergebnis einer solchen nur noch [!] enthüllenden und aufklärenden Literatur ist für jeden jungen Leser Hoffnungslosigkeit, Verzweiflung und letztlich Verkommenheit» (Wuermeling 19). An der Hoffnungslosigkeit ist jedoch nicht, wie Wuermeling suggerieren möchte, die aufklärende Literatur schuld, sondern die reale Hoffnungslosigkeit und Verzweiflung der erwachsenen Menschen in Alltag und Ehe. W. Reichs These von den um die erhoffte Lustprämie betrogenen Ehegatten findet ihre Bestätigung (vgl. S. 51). Bei alldem muß berücksichtigt werden, daß Wuermeling in keiner Weise auf die ‹Schmutz- und Schundliteratur› Bezug nimmt, die ‹Groschenhefte›, die ja auch durchweg vom sexualmoralischen Standpunkt förderungswürdig wäre, sondern auf ‹die moderne Literatur›. Abschließend sagt er von ihr: «Ich wende mich dagegen, daß man die Jugend zu einer Literatur verführt, die nur schockiert und etwas als Wahrheit ausgibt, was in Wirklichkeit Kloake, Schmutz und ‹nacktester› Realismus ist» (Wuermeling 19).

Als Gegenstrategie gegen die realistische Aufklärung der Jugend fordert Wuermeling eine Erziehung zu Zucht und Sitte, Triebunterdrückung und Selbstverleugnung. «Es geht um *Selbstzucht* und *Verzicht.* Was hier gefordert wird, ist nicht mehr und nicht weniger, als daß der *Mensch sich selbst in die Hand bekommt,* daß er seine *physischen und geistigen Triebe ordne,* daß er sich dazu zwinge, das Geringere um des Höheren willen aufzugeben. Solcher Verzicht ist nicht Kapitulation, sondern Kampf, und zwar *Kampf an der entscheidenden Stelle – gegen sich selbst*» (Wuermeling 20). Wuermeling empfiehlt der Jugend, die solcherart verdrängte Libido nunmehr auf die sie unterdrückende Umwelt zu lenken und sie zu lieben: «Die Jugend soll sich Ideen und Ideale, ja sogar [!] Träume und vor allem das Wagnis der Freude und Liebe zu unserer Welt leisten. Sie sollte nicht nur die besten geistigen Kräfte in den Bindungen der Einsicht, der Zucht und des Opfers mobilisieren, sondern vor allem auch die belebende, gerade der Jugend innewohnende Kraft, das Herz froh und frei schlagen zu lassen. Nur so können auch junge Menschen für die Sache, die sie vertreten, überzeugend wirken und überzeugend werben» (WUERMELING 20). Der beispiellose Zynismus des ‹Selbstzucht macht frei›, der hier zum Ausdruck kommt, steht in einer ideologischen Linie mit dem «Arbeit macht frei» faschistischer Konzentrationslager. Das Herz soll froh und frei schlagen, aber nicht für ein Mädchen oder einen Jungen, sondern in Liebe zu ‹unserer Welt› für ihre Verteidigung gegen den Kommunismus: «Was wird eine Jugend, die Schund- und Schmutzliteratur liest, die ihre Seelenkräfte in Kinos, Tanzbars, Spielhöllen vergeudet, die künstlich in Unwissenheit gehalten wird [!] und zur Nachahmung ungehemmten Genußstrebens Erwachsener verleitet wird, was wird diese Jugend einer kommunistisch klar ‹ausgerichteten› Jugend morgen ideell entgegensetzen können?» (WUERMELING 20).

Die aufklärungs-, sexual- und genußfeindliche Ideologie konkretisiert sich sodann, REICHS Thesen untermauernd (vgl. S. 39–42) in einer zielstrebigen Erziehung zu Ehe und Familie. Sie wird mit Unterstützung des Ministeriums für Familienfragen von gesellschaftlichen Organisationen meist religiöser Art durchgeführt: «Der Bund fördert die Ehe- und Elternberatung und die Mädchenbildung zur Vorbereitung auf Ehe und Familie» (WUERMELING 1). «Die freien Kräfte der Gesellschaft haben die Mädchenbildung neu konzipiert und sie auch unter dem Gesichtspunkt einer sozialen Bindung im Interesse des Gemeinwohls ausgeschaltet. Sie waren es, die die Erziehung der Jugend zu Ehe und Familie zuerst als Verantwortung anerkannt haben» (WUERMELING 16). Zweierlei wird deutlich: 1. daß die Aufgabe gesellschaftlicher Organisationen gegenüber der Jugend nicht darin gesehen wird, den Rahmen für eine altersspezifische Jugendkultur zu stellen, sondern darin, die Jugendlichen auf die Ehe vorzubereiten. Erziehung zur Enthaltsamkeit und Geschlechtertrennung, Begegnungen mit dem anderen Geschlecht nur unter strenger Kontrolle, sind deren wichtigste Mittel. 2. Durch das jugendliche Gemeinschaftsleben und die ‹soziale Bindung im Interesse des Gemeinwohls› sollen die libidinösen Energien der sexuell unterdrückten Jugendlichen auf die Gemeinschaft und das ‹Gemeinwohl› umgelenkt werden, ähnlich wie später in der Ehe auf die Familiengemeinschaft und die Kinder. Dazu werden Verzichts- und Opfermoral, Selbstzucht und Selbstbeschränkung eingeübt.

Die Anprangerung des Lebensgenusses beschränkt sich bei WUERMELING nicht auf die Jugendlichen. Gegenüber den Erwachsenen nimmt sie allerdings statt der empfehlenden, erzieherischen, fordernden Form, die er gegenüber den Jugendlichen anwendet, eine unbarmherzig verurteilende Gestalt an. Für WUERMELING gibt es zwei Typen von Menschen: opferbereite Kinderreiche (zu denen er mit fünf Kindern selbst gehört) und kinderlose oder kinderarme Lebensgenießer. Diejenigen Erwachsenen, die sich den familiären Postulaten der bürgerlichen Gesellschaft entzogen und verweigert haben, die bewußt unverheiratet, kinderlos oder kinderarm geblieben sind, verfallen seiner Anklage. Anklagepunkt: Lebensgenuß. Er stellt fest, daß «heute so viele sich auch tragbare Opfer des Kindergroßziehens nicht mehr auferlegen wollen, weil ihnen der materielle Lebensgenuß über alles geht» und beklagt den Verlust an ‹ethischer Gesinnung›: «Die hohle Götzenfigur des Lebensstandards und des immer mehr

Besitzen- und Genießenwollens versperrt allzu vielen den Blick in die Welt der höheren ethischen Werte, in deren Dienst alles Materielle für den gottebenbildlichen Menschen stehen muß» (WUERMELING 7, S. 261). WUERMELING geht es dabei nicht nur um eine abstrakte Ethik. Es geht ihm um die gesellschaftliche Funktion der Mehr-Kinder-Familie, der sich die Kinderarmen und Kinderlosen verweigern, um ihr Leben genießen zu können: «Mit Bürgern, die sich hemmungslos dem Genuß hingeben und keine ethische Gedankenwelt mehr kennen, kann keine staatliche Ordnung ihre Aufgaben erfüllen. Allgemeine Zügellosigkeit wirkt gesellschafts- und staatsauflösend» (WUERMELING 20).

Im Zentrum der Anklage WUERMELINGS gegen die Kinderlosen und Kinderarmen steht ihr materieller Konsum, wenngleich teilweise nur als Synonym für ihr sexuelles Verhalten. Nun ist der Massenkonsum des Spätkapitalismus keine Erfindung der Kinderlosen, sondern eine Folge des Kapitalverwertungsproblems bei hochentwickelten Produktivkräften unter kapitalistischen Produktionsverhältnissen (vgl. dazu: BARAN 1966; BARAN und SWEEZY 1967; MANDEL 1968). Das sieht auch WUERMELING: «Ist etwa die Wirtschaftsordnung, die solche Versuchungen [des Massenkonsums] und Fernsteuerung zuläßt, an allem schuld?» und er antwortet: «Die Hemmungslosigkeit einer Produktionsmaschinerie bedroht die Entfaltung der jungen menschlichen Persönlichkeit» (WUERMELING 20). Er kritisiert die «Reklame, die bei Mann, Frau und Kindern, differenziert nach dem Alter, ganz neue Bedürfnisse weckt» (WUERMELING 20) und fragt: «Gefährdet nicht unsere wirtschaftliche Welt unser Dasein als Mensch, unser Herz und unseren Geist? Gefährdet nicht die wachsende Konjunktur unsere innere und äußere Freiheit? Bedroht die zunehmende Sucht zum Konsum nicht unser aller Zukunft?» (WUERMELING 20). WUERMELING erkennt, daß der Verfall der sittlich-ethischen (sprich: sexualmoralischen) Gesinnung zunächst kein schuldhaftes Versagen des Menschen darstellt, sondern sich aus der Veränderung der ökonomischen Verhältnisse ergibt. Nicht der ‹Verfall der Sitten› führt zum Konsumstreben und zur Genußsucht, sondern das Konsumgüterangebot verführt zum ‹Lebensgenuß› und damit zur Aushöhlung der ‹Sittlichkeit›: die ökonomische Basis zerstört den ideologischen Überbau. «Heute steht das ‹goldene Kalb› in Gestalt des riesigen Warenhauses der Augenblicksgüter in unserer Mitte und lockt uns, nur noch im Heute zu leben, nur noch den Griff zu tun nach Konsum und Genuß ... So verführt schrankenloser Konsum den Menschen dazu, Geschichtlichkeit und eigentliche Bedeutung seines Daseins zu vergessen. Er versklavt ihn an das Heute und reduziert sein Lebensziel auf die Sorge um den Lebensstandard» (WUERMELING 20).

Alle diese Thesen WUERMELINGS stammen aus dem Jahre 1960, einem Zeitpunkt, zu dem die nur unter umfassendem Konsumverzicht der werktätigen Massen mögliche Rekonstruktions- und Modernisierungsperiode der westdeutschen Industrie abgeschlossen war und die Periode des Massenkonsums einsetzte. WUERMELINGS Konsumfeindlichkeit, die seit Anbeginn seiner Amtszeit nachweisbar ist (vgl. WUERMELING 7), hatte in der Wiederaufbauphase der Bundesrepublik ihre ökonomische Funktion, sie diente als Verzichtsideologie für die Werktätigen. WUERMELING konnte den Konsumverzicht mit Billigung der Industrie predigen und auf diesem Umweg seine genußfeindliche, im Kern sexualfeindliche Ideologie verbreiten. Mit dem Aufkommen des Massenkonsums traten zwei wichtige Veränderungen ein, die hier nur hypothetisch formuliert werden können. 1. WUERMELING als Propagandist der Konsumfeindlichkeit war für die Industrie, die auf den Absatz ihrer Konsumgüter angewiesen war, nicht mehr tragbar. Die Tatsache, daß WUERMELING Ende 1962 als Familienminister abtrat und durch HECK, in dessen Programmatik die Konsumfeindlichkeit nicht mehr vorkommt, ersetzt wurde, kann diese Hypothese stützen. 2. Mit dem Auftreten des Massenkonsums erfolgte in der Bundesrepublik ein rapider Abbau sexueller Tabus, die ‹Sex-Welle› setzte ein. Sexualität wurde in breiter Front, wenn auch überwiegend nur in Form der ehelichen Sexualität, in den großen Publikumszeitschriften und im Film propagiert (OSWALT KOLLE). Die illustrierten Zeitschriften sind ökonomisch überwiegend von den Anzeigen der Konsumgüterindustrie abhängig. Die Konsumgüterwerbung bedient sich zunehmend sexueller Symbole als Reizmittel zur Propagierung ihrer Produkte (vgl. dazu: REICHE 1968). Von diesen Beobachtungen lassen sich wichtige Rückschlüsse auf den Zusammenhang zwischen Konsumgüterverbrauch und sexuellem Genuß einerseits, Konsumfeindschaft und Sexualfeindschaft andererseits ableiten, die der Bestätigung unserer These dienen können, daß WUERMELINGS Anprangerung des Lebensgenusses durch Konsum im Kern die Anprangerung des sexuellen Genusses darstellt.

Das wird deutlich, wenn WUERMELING die ‹Gefahren› des Massenkonsums nicht durch eine Veränderung des Wirtschaftssystems, das ja die ‹Konsumsucht› produziert hat, erstrebt, sondern durch die Mobilisierung der sittlichen Abwehrkräfte des Menschen: «Die echte, die wirkliche Lösung unserer großen Versuchung [Konsum] ... kann also immer nur heißen: Stärkung der sittlich verantwortlichen Persönlichkeit» (WUERMELING 20). Er greift auf die in der bürgerlichen Wirtschaftswissenschaft verbreitete Ideologie der angeblichen Marktmacht der Konsumenten zurück und schreibt: «Nicht irgendeine anonyme Macht bestimmt ja, was in unserer Lebenswelt produziert wird und dann auch konsumiert werden kann. Das Angebot wird vielmehr von der Nachfrage bestimmt. Die Nachfragenden aber sind wir. Wir selbst bestimmen, wieviel Alkohol ausgeschenkt wird, wieviele Zigaretten hergestellt werden, und wieviele fragwürdige Vergnügungsstätten sich rentieren. Und wir bestimmen auch mit, was eine Reklame uns mit Erfolg einreden kann» (WUERMELING 20). Dieser Argumentation gibt WUERMELING nun die entscheidende familienpolitische Wendung, wenn er behauptet, daß es die Kinderlosen und die Kinderarmen sind, die durch ihre wirtschaftlich starke Kaufkraft die Produktion eines Übermaßes luxurieller Konsumgüter provoziert haben. Die Kinderlosen und Kinderarmen sind «in der Lage, ihre Lebensansprüche in unverhältnismäßig größerem Umfange zu befriedigen und vermöge ihres nicht abgebundenen Kaufkraftüberschusses einen maßgeblichen und bestimmenden Einfluß auf die Entwicklungstendenzen der ganzen Produktion auszuüben. Diese wird dadurch mehr und mehr der Deckung des eigentlichen Lebensbedarfs entfremdet. Sie ist gezwungen, den weit mehr Gewinn versprechenden Luxuskonsum besonders eingehend zu pflegen und bemüht sich, ihr Produktionsprogramm darauf einzustellen» (WUERMELING 6, S. 15). WUERMELING meint, daß durch die ungleiche

Kaufkraft von Kinderlosen und Kinderreichen die Marktwirtschaft funktionsunfähig wird: «In hohem Maße wird das Gesamtgefüge der Marktwirtschaft bedroht und teilweise sogar völlig außer Kraft gesetzt, ja vielleicht kann eine wirkliche Marktwirtschaft gar nicht mehr zustandekommen» (WUERMELING 6, S. 15). WUERMELINGS Beobachtungen über die Ungerechtigkeit der Einkommens- und Güterverteilung in der kapitalistischen Marktwirtschaft sind richtig. Sein Vorschlag zur Abhilfe indes, die Gesellschaft zu einer Gesellschaft kinderreicher Familien zu machen – und darauf läuft seine Politik letztlich hinaus –, ist absurd. Eine wirksame Korrektur könnte hier nur ein voller finanzieller Ausgleich der Kinderkosten erreichen, den WUERMELING mit aller Entschiedenheit ablehnt (vgl. S. 95–97). Er erwartet von ihnen «Opfer – und fühlbare Opfer – für das große Glück des Besitzes von Kindern» (WUERMELING 23). Die in finanzieller Not lebenden Kinderreichen vertröstet er: «Der Arme wie der Reiche kann zu Gott kommen und in das Himmelreich eingehen» (WUERMELING 20).

W. REICH hat auf den Zusammenhang zwischen Sexualverdrängung und Religiosität hingewiesen (vgl. S. 64 f). Die verdrängten libidinösen Energien werden auf religiöse Glaubensinhalte und kultisch verehrte Ideale sowie auf ein jenseitiges Leben hingelenkt: «Selbstbesinnung und Sammlung, Selbstzucht und Verzicht sind aber noch nicht alles. Gefordert ist endlich: Opfer, Hinwendung an ein anderes, höherwertiges Leben» (WUERMELING 20). «Mobilisieren wir unsere geistigen, vor allem unsere christlichen Kräfte in den Bindungen höherer Erkenntnis, der Selbstzucht und des Opfers. Gestalten wir aus solchem Geist unser Familienleben... so, wie es des Menschen würdig und der Zukunft wert ist» (WUERMELING 18). WUERMELING selbst gibt ein Beispiel: «An dieser Stelle bin ich der Jugend als der für ihre Fragen verantwortliche Minister ein persönliches Bekenntnis schuldig, ohne das wir nur aneinander vorbeireden würden. Ich glaube daran, daß unser Dasein nur ‹irdische Pilgerfahrt› ist, nur Vorbereitung und Vorstufe für das ‹eigentliche Leben›, das nicht hier, sondern im Jenseits, bei Gott liegt. Ich weiß, daß Gott uns berufen hat, als seine Werkzeuge die Welt zu gestalten... In diesem Sinne deute ich den Auftrag Gottes: ‹Macht Euch die Erde untertan›» (WUERMELING 20). WUERMELING gestaltete von 1953 bis 1962 die Familienpolitik in der Bundesrepublik. Ziel der Familienpolitik ist es, sich den genußfreudigen Bürger untertan zu machen: «Mit Bürgern, die sich hemmungslos dem Genuß hingeben und keine ethische Gedankenwelt mehr kennen, kann keine staatliche Ordnung ihre Aufgaben erfüllen... Nicht nur aus ethisch-sittlichen Gründen, sondern auch im Interesse seiner eigenen Existenz muß daher der Staat sein Wächteramt ernst und noch viel ernster nehmen» (WUERMELING 20).

Erschwerung der Ehescheidung

Die bürgerliche Gesellschaft hat der Ehescheidung einen ambivalenten Charakter gegeben. Das bürgerliche Eherecht geht grundsätzlich nicht vom katholischen Prinzip der Unauflöslichkeit der Ehe aus. Es räumt den Eheleuten das Recht ein, im Falle einer zerrütteten Ehe selbst die Entscheidung über Fortsetzung oder Scheidung der Ehe zu treffen. Insoweit gewährt es dem Menschen ein Selbstbestimmungsrecht. Die ökonomische Struktur der bürgerlichen Ehe reduziert allerdings das Selbstbestimmungsrecht der Frau im Hinblick auf die Scheidung erheblich: die Mutterschaftsideologie macht letztlich die Mutter für die Aufzucht der Kinder verantwortlich, was außerhalb der Ehe nur unter erschwerten Bedingungen möglich ist. Die horizontale Arbeitsteilung in der Ehe erschwert der Frau nach einer Scheidung die Rückkehr in die Erwerbstätigkeit. Beides gilt nicht für den Mann. Die bürgerliche Ehefrau ist zum Wohlverhalten gegenüber ihrem Mann verpflichtet und muß das Gebot der ehelichen Treue erheblich strenger einhalten als der Mann, will sie nicht die Scheidungsklage durch den Ehemann riskieren. Wäre die Ehe unauflöslich, fiele dieser für die Frau repressive Zug der Scheidung fort.

WUERMELING hat eine Verschärfung des bürgerlichen Scheidungsrechtes durchgesetzt (vgl. S. 86 f). Die Scheidung einer zerrütteten Ehe ist gegen den Widerspruch des ‹unschuldigen› Ehegatten nicht mehr möglich. WUERMELING bezeichnet diese Regelung mit Recht als einen Schutz für die ‹schuldlose› Frau (WUERMELING 1). Hier wirkt die Unterdrückung der Frau durch den Mann auf den Unterdrücker zurück. M. HORKHEIMERS Thesen werden bestätigt (vgl. S. 56 f). Die Frau kann sich für ihre Unfreiheit dadurch rächen, daß sie ihrem Mann, wenn er sie verlassen hat, die Freiheit nimmt, sich wieder zu verheiraten. In diesem Zusammenhang liegt der tiefere sexualfeindliche Sinn der WUERMELINGschen Scheidungsreform. Er will verhindern, daß durch das Scheidungsrecht, wie es bis 1961 galt, «das Konkubinat staatlich sanktioniert» wird (‹*Frankfurter Allgemeine Zeitung*› vom 12. Januar 1954). Das Sexualleben des Mannes, der seine Frau verlassen hat, soll dadurch erschwert werden, daß er zur wilden Ehe in einer sexualfeindlichen Gesellschaft gezwungen wird. Deswegen soll das Widerspruchsrecht eingeführt werden. Solange die alte Ehe nicht geschieden ist, kann die neue nicht geschlossen werden. Dieses Mittel ist weit zuverlässiger als das grundsätzliche Verbot der Eheschließung mit der Person, mit der der Ehebruch begangen wurde, der Anlaß der Ehescheidung wurde (§ 6 EheG). WUERMELING beschwert sich, daß von diesem Grundsatz oft abgegangen wird: «Oftmals wird dem Ehebrecher von der zuständigen Justizbehörde durch Verwaltungsakt die Erlaubnis erteilt, die Konkubine zu heiraten» (WUERMELING, zit. in: ‹*Die Zeit*› vom 18. Februar 1954). 1961 hatte WUERMELING seine Forderung durchgesetzt (vgl. S. 86 f).

Diese Zusammenhänge erscheinen auf dem Hintergrund der bisher entwickelten Grundsätze der bürgerlichen Familienideologie paradox; im Prinzip soll sich sexuelles Leben ja nur in der Ehe abspielen. Das neue Eherecht zwingt aber in vielen Fällen zu außerehelichen Beziehungen. Es muß daran erinnert werden, daß das Grundprinzip der bürgerlichen Sexualmoral «ein Sexualpartner, und der lebenslang» (vgl. die These REICHS, S. 40) lautet. Jede Zweitehe bedeutet einen Bruch dieses Prinzips. Das ehebrecherische Verhältnis, starken gesellschaftlichen Sanktionen ausgesetzt, widerspricht diesem Prinzip nur formal, weil beim sexualmoralischen Menschen die uneheliche Sexualität mit Schuldgefühlen und Strafangst belegt ist und dadurch ihren repressiven Charakter erhält, der letztlich die Permanenz der Sexualmoral und Familieninstitution sichert.

Zusätzlich zu diesen speziellen Absichten verfolgt Wuermeling allgemeine, familienstabilisierende Ziele mit der Forderung nach Erschwerung der Scheidung: «Schließlich gehört zur Familienpolitik die Schaffung eines Ehe- und Familienrechtes, in dem Bestand und Zusammenhalt der Familie oberstes Prinzip ist» (Wuermeling 11, S. 5). Er gibt dabei vor, «Frau und Kinder im Rahmen des irgendmöglichen vor den schwerwiegenden Folgen einer Ehescheidung zu bewahren» (Wuermeling 11, S. 5). Das überzeugt nur teilweise: die wirtschaftlichen Folgen einer Scheidung könnten auch auf andere Weise als durch eine Verschärfung des Eherechts gemildert werden. Die psychischen Folgen und die negativen Auswirkungen auf die Erziehung werden nicht gemildert: eine zerrüttete, nur noch durch das Veto eines Ehegatten formal aufrechterhaltene Ehe stellt gewiß keine günstige Umgebung für das Aufwachsen von Kindern dar. Überzeugend klingt Wuermelings staatspolitische Argumentation: «Die Möglichkeit einer Scheidung an sich bedeutet schon eine schwere Gefahr für den Bestand unserer Ehen und Familien. Jede Erleichterung der Scheidung erhöht diese Gefahr und bedroht damit in verstärktem Maße die in den Familien gegebenen Grundfesten für den Fortbestand von Staat und Gesellschaft» (Wuermeling 2). Nimmt man an, daß der Scheidungswunsch in sehr vielen Fällen seine Ursache in der Frustration der sexuellen und emotionalen Erwartungen in der Ehe hat und durch die Scheidung der Weg zu größerem Lebensgenuß, vor allem sexuell, geebnet werden soll, Wuermeling aber weiß, daß kein Staat mit Bürgern, die sich «hemmungslos dem Genuß hingeben» (vgl. S. 104), die staatliche Ordnung aufrechterhalten kann, wird seine Motivation verständlich. Je unglücklicher eine Ehe ist, um so eher garantiert sie den Lustverzicht der Eheleute, ihre Sexualverdrängung und eine ausgeprägt autoritäre und sexualfeindliche Erziehung der Kinder. «Wir wollen alles versuchen, um die Auflösung der wichtigsten Ordnungszelle des Staates, der Ehe und Familie, auf das geringstmögliche Maß zu beschränken» (Wuermeling 2). Eine letzte Erhärtung des sexualfeindlichen Kerns in Wuermelings Scheidungspolitik bietet seine Antwort auf eine Frage, die ihm in öffentlicher Diskussion gestellt wurde: «Soll man, um die Zahl der Scheidungen zu verhindern, die Ehe erschweren?» (vgl. *‹Frankfurter Allgemeine Zeitung›* vom 4. Juni 1954). Wuermeling antwortete mit einem kategorischen Nein. Es geht ihm nicht abstrakt um die Verringerung der Scheidungszahlen. Es geht ihm konkret um die Zementierung der bestehenden Ehen, und wenn sie zerrüttet sind, um so mehr.

Domestizierung der Frau

Engels, Bebel, Reich und Horkheimer haben die Funktion der horizontalen Arbeitsteilung in der Familie, die Verpflichtung der Frau auf den Aufgabenbereich Haushalt und Kinderversorgung, für die ökonomische Unterdrückung und sexuelle Einschränkung der Frau, vor allem ihre lebenslange Bindung an den Ehemann als einzigen Sexualpartner, aufgezeigt (vgl. S. 48–50). Wir gehen von diesen Thesen aus und folgern, daß es ein zentrales Anliegen bürgerlicher Familienpolitik sein muß, die Erwerbstätigkeit der verheirateten Frau und Mutter zu verhindern. Wuermelings Äußerungen bestätigen diese Annahme, seine Maßnahmen allerdings nur teilweise: er unternimmt wenig gegen die Erwerbstätigkeit der proletarischen Frau.

Insgesamt äußert Wuermeling sich wenig zu diesem Problem. Das hat mehrere Gründe. 1. Die Ideologie von der Mutter- und Hausfrauenrolle ist gesellschaftlich so weit verbreitet und bewußtseinsmäßig so tief verankert, daß es kaum einer zusätzlichen ideologischen Beeinflussung bedarf, um die Mehrheit der Frauen nach der Hausfrauenrolle streben zu lassen. 2. Die Mutter- und Hausfrauenideologie steht objektiv im Gegensatz zu den ökonomischen Interessen der Industrie. Zunächst verlangt die expandierende Industrie nach der weiblichen Arbeitskraft. Dann zwingt das Absatzproblem der im Überfluß produzierten Konsumgüter zur Einbeziehung der Kaufkraft der erwerbstätigen Frau in die Gesamtkaufkraft. In der konkreten Situation der Familie wirkt der steigende Frauenlohn und das durch Werbung erzeugte Denken in Konsumkategorien in Richtung auf die Ausbreitung der Frauenarbeit. Unter diesen Umständen würde Wuermeling mit einer allzu dezimiert vorgetragenen Ablehnung der Frauenarbeit bei der Industrie wie auch bei den zum Massenkonsum erzogenen Werktätigen auf Widerstand stoßen. 3. Bei einem Teil der Frauen hat sich eine Veränderung der Bewußtseinsstruktur ergeben. Sie wollen zum Zwecke ihrer ökonomischen Absicherung einen Beruf erlernen und ihn, wenn sie nicht durch Kleinkinder daran gehindert werden, auch ausüben. Bei diesen Frauen würde eine allzu offen vorgetragene Polemik gegen Frauenarbeit auf Unverständnis stoßen.

Es verwundert unter diesen Umständen nicht, daß Wuermeling dieses Problem sehr grundsätzlich angeht und die Frauenarbeit als Spezifikum kommunistischer Länder bezeichnet. Er kann dabei an das durch jahrelange Propaganda erzeugte antikommunistische und antisozialistische Bewußtsein vieler Werktätiger anknüpfen. Die Eingliederung der Frau in den Produktionsprozeß ist seit Engels und Bebel ein wichtiges Element der sozialistischen Strategie, weil nur so zuverlässig die familiären Autoritätsstrukturen abgebaut und langfristig der freie, sozialistische Mensch geschaffen werden kann. In der Praxis heutiger sozialistischer Staaten spielt die ökonomische Gleichstellung von Mann und Frau (nicht nur die formale Gleichberechtigung) eine bedeutende Rolle. D. Storbeck stellt für die DDR fest, daß die Eingliederung der Frau in den Produktionsprozeß keineswegs nur aus beschäftigungspolitischen Gründen forciert wird: «Daß diese Forderung [Gleichstellung der Frau] gegenwärtig unter einem akuten wirtschaftlichen Zwang zur Steigerung der Frauenarbeit steht, sollte nicht zu seiner ausschließlich pragmatischen Einschätzung veranlassen. Eine derartige Einschätzung würde die Forderung nach Gleichstellung und die Maßnahme zu ihrer Verwirklichung falsch bewerten; denn alle bisher bekannten Tatsachen sprechen dafür, daß mitunter sonst durchaus vermeidbare ökonomische Schwierigkeiten allein zur Verwirklichung dieses Grundsatzes hingenommen wurden. Auch in anderen Bereichen hatten für die politische Entscheidung die ideologischen Forderungen mehr Gewicht als die Sacherfordernisse» (Storbeck 1964, S. 91). Im Bewußtsein der Masse der Werktätigen ist jedoch die Praxis der sozialistischen Länder mit ganz anderen Assoziationen belegt. Die systematisch anerzogene Angst vor dem kommunistischen ‹Totalitarismus› macht ihnen eine objektive Sicht der realen Verhältnisse unmöglich (vgl. S. 117–121). WUERMELING kann infolgedessen die Ausbreitung der Frauenarbeit als Weg in den Kommunismus bezeichnen und auf eine abschrekkende Wirkung rechnen. Er schreibt: «Es kann erwartet werden, daß der Sog in die Betriebe, verstärkt durch erhöhte Lohnangebote und steuerliche Anreize, viele ‹Hausmütter› erfassen wird, vor allem jene, die mit mehreren Kindern am Rande des Existenzminimums leben. Wenn ein wirkungsvoller Ausgleich der Familienlasten weiterhin hinausgeschoben wird, muß befürchtet werden, daß binnen absehbarer Zeit die Mehrzahl vor allem der jungen Mütter Erwerbsarbeit in den Betrieben leistet. Es würde damit – sicher gegen den Willen aller Beteiligten – auf anderem Wege dieselbe Ordnung verwirklicht werden, wie sie bereits in den Ländern östlicher Prägung herrscht. Die Nachteile für die Familie, darüber hinaus für den gesamten seelischen Bereich des menschlichen Lebens, sind offenkundig» (WUERMELING 6, S. 24).

WUERMELING stellt zu Recht fest, daß eine umfassende Erwerbstätigkeit der Frau zersetzend auf den ‹seelischen› Bereich menschlichen Lebens, im Kern auf Sexualmoral und Familienideologie, wirken muß. Er muß folglich die Hausfrauen- und Mutterrolle als unentbehrlich bezeichnen und Maßnahmen zu ihrer Sicherung ergreifen. Er stellt eine allgemeine Ent-Ideologisierung der Familie in der gesellschaftlichen Realität fest, die durch die Eingliederung der Frauen in die Produktion noch beschleunigt wird: «Die persönliche familiäre Sphäre droht immer mehr zur reinen Logier- und allenfalls noch Verpflegungsstätte herabzusinken... Damit geht auch mehr und mehr das Verständnis für die ethische und gesellschaftliche Bedeutung der Familie als der Urzelle menschlichen Lebens und der entscheidenden Erziehungs- und Bildungsstätte des Menschen verloren. Verschlimmert wurden diese Auswirkungen durch die sich mehrende Berufstätigkeit der Frau und Mutter» (WUERMELING 11, S. 2). Der Zusammenhang zwischen Familienideologie und weiblicher Erwerbstätigkeit ist WUERMELING ebenso bewußt wie ENGELS, BEBEL, REICH und HORKHEIMER. Deren Thesen finden bei WUERMELING volle Bestätigung.

Die Ursache für diese Tendenz sieht WUERMELING in objektiven ökonomischen Gegebenheiten: «Im Zuge der außerordentlichen wirtschaftlichen Entwicklung in der Bundesrepublik ist der Mangel an Arbeitskräften schon jetzt [1955] unverkennbar. Die weitere Zunahme der Produktion, die bevorstehende Aufstellung deutscher Streitkräfte mit dem Ausbau der dazu gehörigen [Rüstungs-] Industrien, die in Kürze in das Wirtschaftsleben eintretenden schwachen Geburtsjahrgänge des letzten Krieges, die Bestrebungen auf Einführung der Fünftagewoche usw. – alles das wird zu einer weiteren Verschärfung der Lage auf dem Arbeitsmarkt führen. Bereits jetzt erhebt sich immer dringender die Forderung auf verstärkte Eingliederung der Frauen in die Betriebe. Dafür kommen aber hauptsächlich nur noch diejenigen Ehefrauen in Betracht, die sich heute noch ganz ihrer Familie widmen; denn die Zahl der nichterwerbstätigen ledigen Frauen ist ohne größere Bedeutung» (WUERMELING 6, S. 23). Die Entwicklung der kapitalistischen Produktion kommt so den Bedürfnissen derjenigen Frauen entgegen, die sich durch Erwerbstätigkeit ihre wirtschaftliche

Eigenständigkeit sichern wollen. Sie kommt letztlich den objektiven Bedürfnissen aller Frauen entgegen, auch wenn sie sich bewußt oder unbewußt dagegen wehren. Sie stellt die bürgerliche Familienideologie in Frage. Darum ist es nicht verwunderlich, daß der Familienideologe WUERMELING diese Entwicklung zu bekämpfen versucht. Ideologisch durch Kritik des Strebens nach Lebensgenuß durch Konsum (vgl. S. 98–104), familienpolitisch durch Kindergelder und Steuervergünstigungen, die die kinderreiche Mutter von der Erwerbstätigkeit abhalten sollen, und durch die Verweigerung von sozialen Einrichtungen, die die Frau von den Lasten der Kinderversorgung teilweise befreien und ihr dadurch die Erwerbstätigkeit ermöglichen würden. In bezug auf Kindergärten, Kinderheime und ähnliche Einrichtungen schreibt er: «Dabei ist allerdings sehr sorgfältig zu erwägen, inwieweit die Familie durch Schaffung solcher Sozialeinrichtungen zwar von außen geschützt, aber von innen entkräftet wird. Oft dürfte es besser sein, die Familie und hier in erster Linie die Hausfrau und Mutter durch persönliche Unterstützung (Familienpflegerinnen usw.) zu entlasten. Für Mutterwirken gibt es nun einmal keinen vollwertigen Ersatz» (WUERMELING 18).

So findet die völlig unzureichende Ausstattung der Bundesrepublik mit Kindergärten und Kinderheimen ihre ideologische Erklärung.

Die einzige ins Gewicht fallende Maßnahme, die WUERMELING im Zusammenhang mit dem Problem der erwerbstätigen Mutter konzipiert, ist die finanzielle Unterstützung kinderreicher Familien. Er stellt fest: «Schon bei drei Kindern geraten die Mehrzahl der Arbeitnehmer und Selbständigen in den Bereich des Existenzminimums, wenn nicht auch die Mutter einer Erwerbstätigkeit nachgeht» (WUERMELING 6, S. 16). Diese Aussage bezieht sich nur auf Haushalte mit geringem Einkommen. Das erwähnte ‹Existenzminimum› ist ein fester Betrag, der etwa in der Höhe der Fürsorgesätze liegt. Es gibt kein schichtspezifisches Existenzminimum. Konkret handelt es sich um Familien unqualifizierter Arbeiter, kleiner Angestellter, Kleinbauern und kleiner Gewerbetreibender. Hier soll durch Kinderzuwendungen die materielle Not so weit gemildert werden, daß der unmittelbare ökonomische Zwang zur Erwerbstätigkeit der Mutter aufgehoben wird.

Ganz anders in den höheren Einkommensschichten. «Bei mittleren und höheren Einkommen hat das Großziehen mehrerer Kinder überwiegend den Abstieg in eine andere soziale Schicht zur Folge» (WUERMELING 6, S. 16). In diesen Familien der Mittelschichten besteht kein unmittelbarer ökonomischer Zwang zur Erwerbsarbeit der kinderreichen Mutter. Die Familien können wählen zwischen Frauenarbeit und einem gewissen Verlust an Sozialprestige durch Verzicht auf den für die Einkommenshöhe und soziale Stellung im Beruf gesellschaftlich üblichen Konsum und kostspielige schichtspezifische Ausbildung der Kinder. Sie geraten nicht in den Bereich des Existenzminimums.

Ein nach sozialen Gesichtspunkten konzipiertes System des Familienlastenausgleichs müßte einer kinderreichen Familie mit kleinem Einkommen hohe Zuschüsse, einer Familie mit hohem Einkommen geringere Zuschüsse zahlen, sofern man als ‹sozial› ein Prinzip definiert, das zunächst den unmittelbar notleidenden Werktätigen Vergünstigungen gewährt. WUERMELINGS Familienlastenausgleich ist umgekehrt gestaffelt: die Vergünstigungen wachsen mit dem Einkommen (vgl. S. 112–117).

Eine konsequente Politik zur Verhinderung der Erwerbstätigkeit der Mütter müßte ebenfalls den Familien der unteren Einkommensschichten hohe Zuwendungen zukommen lassen, weil die Frau hier praktisch keine Alternative zur Erwerbstätigkeit hat, wie das bei mittleren und hohen Einkommen der Fall ist. Die Tatsache, daß die Zuwendungen an Kinderreiche mit dem Einkommen steigen, läßt die Schlußfolgerung zu, daß WUERMELING die Erwerbstätigkeit der Mütter der Mittelschichten intensiver bekämpfen will als die der Arbeiter, Angestellten, Bauern und Gewerbetreibenden mit geringem Einkommen. Daraus ist weiter abzuleiten, daß WUERMELING an der Stabilität der Familienstruktur und an der Stringenz der Familienideologie (und damit der Sexualmoral) der proletarischen Familie der unteren Schichten weniger gelegen ist als an der der Mittelschichten.

Bezieht man die besonderen Merkmale der weiblichen Erwerbstätigkeit im Proletariat und in den Mittelschichten in die Überlegungen ein, kristallisiert sich WUERMELINGS familienideologische Motivation noch klarer heraus. Die proletarische Frau findet im allgemeinen auch ohne einen erlernten Beruf in jedem Lebensalter einen Arbeitsplatz. Hohe Zuwendungen an kinderreiche Familien mit kleinem Einkommen hätten überwiegend einen sozialen Effekt, den WUERMELING nicht primär anstrebt (vgl. S. 95–97), aber nur einen geringen familienpolitischen Effekt. Viele Frauen würden möglicherweise ihre Erwerbstätigkeit während der ersten Lebensjahre ihrer Kinder einschränken oder einstellen, danach können sie sie aber sofort wieder aufnehmen und sich so jederzeit aus der materiellen Abhängigkeit vom Ehemann lösen und ihren Unterhalt selbst erarbeiten. Familienpolitische Maßnahmen finanzieller Art bleiben hier wirkungslos.

Schließlich sei darauf hingewiesen, daß es im allgemeinen ohnehin keiner besonderen Maßnahmen bedarf, die proletarische Frau zum Verzicht auf Erwerbsarbeit zu veranlassen. Die Bedingungen der entfremdeten Arbeit des Proletariats allgemein und die besonders schlechten Arbeitsbedingungen für die proletarische Frau (niedrige Löhne, wenig Aufstiegschancen, schlechte Arbeitsplätze, schlechteres Betriebsklima als unter Männern, überwiegend mechanische Arbeiten wie Fließbandmontage) sind wenig attraktiv.

Ganz anders bei den Mittelschichten. Die Tätigkeitsmerkmale der Frauenarbeit üben hier eine größere Attraktion auf die Frau aus als im Proletariat. Geringere Entfremdung bei der Arbeit, mehr eigene Initiativ- und Dispositionsfreiheit, abwechslungsreichere Aufgaben und ein höheres Einkommen lassen diesen Frauen die Erwerbsarbeit als akzeptable, wenn nicht gar wünschenswerte Alternative zur Hausfrauenrolle erscheinen, und zwar um so mehr, je stärker sie unter der wirtschaftlichen Abhängigkeit vom Mann und der sexuellen Einschränkung in der Ehe leiden. Die Berufstätigkeit dieser Frauen gefährdet daher die Stabilität von Ehen und Familien ungleich mehr als die der Proletarierinnen. Die günstigeren Arbeitsbedingungen gelten allerdings nur unter zwei Voraussetzungen: die Frau der Mittelschicht findet nach längerer Hausfrauen- und Mutterrolle in der Regel eine ihrem sozialen Status entsprechende Arbeit mit einem ihrem gewohnten Lebensstandard angepaßtem Einkommen nur dann, wenn sie einen Beruf erstens gelernt und zweitens ununterbrochen ausgeübt hat. Jede längere Unterbrechung der Berufstätigkeit verringert ihre berufliche Qualifikation: sie vergißt und verlernt viel und verliert den Anschluß an die technische und organisatorische Weiterentwicklung ihrer Tätigkeitsstruktur am Arbeitsplatz. Sie verliert Aufstiegschancen, weil sie im Betrieb nicht präsent ist, weil sie sich nicht weiter qualifizieren kann und sie kommt nicht in den Genuß der automatischen Beförderungen mit wachsendem Dienstalter. Alle diese Umstände erschweren ihr die Reintegration ins Berufsleben nach längerer Abwesenheit, bedingen einen sozialen Rückstand bei der Wiedereinstellung und schließen in vielen Fällen eine Wiederaufnahme der früheren Berufstätigkeit überhaupt aus. Die Frau der Mittelschicht steht in der Regel nach längerer Hausfrauen- und Muttertätigkeit vor der Alternative, ihre wirtschaftliche Sicherung in der Abhängigkeit vom Ehemann unter Fortsetzung ihrer Ehe zu suchen oder unter ungünstigen Bedingungen erwerbstätig zu werden. Trennt sie sich von ihrem Mann, muß sie meistens erhebliche Einbußen an Einkommen, Lebensstandard und Sozialprestige hinnehmen und riskiert ein ökonomisch ungesichertes Alter. Mit wachsendem Lebensalter verschlechtern sich diese Verhältnisse noch, weil viele höhere Positionen in Betrieben wie in Behörden faktisch Männern vorbehalten sind.

Die Bekämpfung der weiblichen Erwerbstätigkeit durch die Familienpolitik verspricht hier mehr Erfolg als bei der proletarischen Frau, sofern es gelingt, die Frau wenigstens für einige Jahre an den Haushalt zu binden und ihre Berufstätigkeit zu unterbrechen. WUERMELING handelt also familienpolitisch durchaus konsequent, wenn er Mittelschichtsfamilien finanziell erheblich stärker unterstützt und es damit der erwerbstätigen Mittelschichtsfrau erschwert, ihren Anspruch auf Weiterarbeit trotz Ehe und Kindern gegenüber dem Ehemann durchzusetzen. Außerdem gibt er ihr selbst eine Motivation, vorübergehend auf Erwerbsarbeit zu verzichten, weil das Familieneinkommen auch ohne ihr Arbeitseinkommen wächst, sobald zwei oder mehr Kinder vorhanden sind. Erhebt sie dennoch den Anspruch auf eigene Erwerbstätigkeit, setzt sie sich leicht dem Vorwurf aus, das ‹Privatvergnügen› eigener Arbeit in der gesellschaftlichen Produktion zugunsten ihrer ‹Pflichten› als Hausfrau und Mutter in den Vordergrund zu stellen. Ihre Umwelt qualifiziert sie schnell als ‹Rabenmutter›, käme aber nie auf den Gedanken, einen Vater als ‹Rabenvater› zu bezeichnen, wenn er unter dem Druck der beruflichen Leistungsanforderungen eine Beteiligung an den häuslichen Arbeiten und an der Kindererziehung ablehnt.

Unter dem Gesichtspunkt der weiblichen Erwerbsarbeit finden wir REICHS Thesen von der besonderen Bedeutung der Mittelschicht als Zielgruppe von Familienpolitik und Sexualunterdrückung bestätigt (vgl. S. 34–37).

Dieses Kapitel bringt die statistischen und rechnerischen Belege für die Aussagen in den voraufgegangenen Kapiteln in bezug auf den Klassencharakter des Kindergeldsystems. WUERMELING will mit Hilfe der Familienpolitik die Aufteilung der Gesellschaft in Klassen stützen und für den ‹sozial geordneten› Fortbestand der Gesellschaft tätig werden (vgl. S. 76), er unterscheidet zwischen Arbeitern, Mittelständlern und höheren Beamten und Angestellten, zwischen kinderreichen Arbeitnehmern und Selbständigen, die im Bereich des Existenzminimums leben, und Beziehern höherer Einkommen, die bei Kinderreichtum sozial absteigen (vgl. S. 83, 109). Er will sich besonders der ‹weithin kulturtragenden Mittelstandsfamilie› annehmen (vgl. S. 78). Er versteht ‹soziale Gerechtigkeit› nicht gesamtgesellschaftlich im Sinne eines sozialen Ausgleichs zwischen den Einkommensklassen, sondern klassenspezifisch im Sinne des sozialen Ausgleichs zwischen den Kinderreichen und den übrigen Einkommensbeziehern jeweils der gleichen sozialen Schicht und Klasse (vgl. S. 84, 96). Er entwikkelt ein System staatlicher Zuwendungen und Vergünstigungen für Kinderreiche, nach dem die Armen wenig und die Reichen viel bekommen. Er liefert dazu eine ideologische Rechtfertigung: «Familienlastenausgleich ist nicht das Problem arm und reich» (vgl. S. 96). Er zahlt hohe Kinderzuwendungen an Kinderreiche der Mittelschicht, damit deren Frauen nicht erwerbstätig werden müssen, aber wenig an Proletarier mit niedrigem Einkommen (vgl. S. 109–111). Im Zentrum der WUERMELINGschen Familienpolitik steht die kinderreiche Mittelschichtsfamilie. Diese Tatsache bestätigt die Thesen von REICH (vgl. S. 34–37) über die besondere familienideologische Bedeutung der Familie der Mittelschicht. Den Klassencharakter seines Kindergeldsystems definiert WUERMELING selbst: «Kinder sind für Staat und Gesellschaft nicht nur dann von Interesse, wenn sie nicht satt zu essen haben. Sie sind in jeder sozialen Schicht gleich wichtig. Deshalb muß auch im *Mittelstand* und in *anderen sozial besser gestellten Schichten* verhindert werden, daß der Besitz von mehreren Kindern praktisch zur Ausstoßung dieser Familie aus ihrer sozialen Schicht führt. Familienpolitik gehört nicht in den Bereich der sozialen Fürsorge, sondern ist Staatspolitik» (WUERMELING 11, S. 5). Staatspolitik ist demnach eine Politik zur Aufrechterhaltung der bestehenden Schichten- und Klassenstruktur der Gesellschaft. Diese Struktur hat sich laut WUERMELING dadurch ergeben, daß sich die Angehörigen der mittleren und höheren Schichten zu diesem gehobenen Status «durch Fleiß und Leistung herausgearbeitet haben» (WUERMELING 7, S. 259).

Die Basis der WUERMELINGschen Kindergeldkonzeption ist der empirische Befund, daß in der Regel die Bezieher höherer Einkommen mehr Geld für die Versorgung, Erziehung und Ausbildung ihrer Kinder ausgeben als die Eltern mit kleinen Einkommen. «Eine Reihe von Ausgaben für die Kinder erhöhen sich zwangsläufig, wenn die Lebensstellung des Ernährers höher ist... Das gilt besonders von den Aufwendungen für Wohnung, Bekleidung und Ausbildung» (WUERMELING 6, S. 10). Bei den genannten Ausgaben handelt es sich um diejenigen, die den Charakter von Statussymbolen haben (Wohnung, Bekleidung) oder die die Grundlage der Bildungsprivilegien schaffen (Ausbildung). Diese Ausgaben sind für die Sicherung der herrschenden Klassenstruktur relevant. Das gilt nicht für jene Ausgaben, die den Lebensgenuß erhöhen, «es gilt nicht von der Ernährung; hier wäre die Anerkennung verschiedener Bedürfnisse aus Gründen sozialer Gerechtigkeit unhaltbar» (WUERMELING 6, S. 10). Denn luxuriöse Speisen für die Kinder haben keinen schichtspezifischen Demonstrationseffekt.

Hier manifestiert sich erneut WUERMELINGS Genußfeindlichkeit (vgl. S. 98 bis 104). Den empirischen Tatbestand einkommens- und schichtspezifischer Ausgaben erhebt WUERMELING zur gesellschaftlichen Norm. Er definiert das ‹sozialkulturelle Existenzminimum›: «Das elementare Existenzminimum kann nicht Norm für den Lebenszuschnitt einer Familie, auch nicht einer kinderreichen Familie sein. Maßgeblich ist vielmehr das sogenannte sozial-kulturelle Existenzminimum, das wir auch den ‹sozialen Lebensstandard› zu nennen pflegen». Da das ‹sozial-kulturelle Existenzminimum› das Indiz für die Zugehörigkeit zu einer bestimmten Schicht ist, liegt es auch je nach Schicht verschieden hoch: «Das sozial-kulturelle Existenzminimum ist keine feste Größe, sondern ... nach sozialen Schichten verschieden. Es hat seinen – weithin vom sozialen Geltungsstreben bestimmten – besonderen Zuschnitt bei Akademikern, Geschäftsleuten, Arbeitern, Angestellten usw.» (WUERMELING 6, S. 18). Diese gesellschaftliche Norm macht WUERMELING nun zur politischen Norm, zur Grundlage für die Errechnung der an Kinderreiche zu zahlenden Vergünstigungen. Er definiert die Familienpolitik in bezug auf diese Vergünstigungen: «Die Familien mit Kindern [sollen] sich auch wirtschaftlich wieder einigermaßen gleichberechtigt innerhalb der sozialen Schichten bewegen können, in die sich der Familienvater durch Fleiß und Leistung heraufgearbeitet hat», und: «Familienlastenausgleich bedeutet Kaufkraftausgleich innerhalb jeder sozialen Schicht zugunsten der Familienväter» (WUERMELING 23). Das Prinzip der sozialen Gerechtigkeit, wie WUERMELING es definiert, wird durch diese sehr unterschiedlichen staatlichen Leistungen nicht verletzt: «Die soziale Gerechtigkeit wird nicht schon dadurch verletzt, daß die Ausgleichsleistungen beispielsweise bei einem Einkommen von 2000 DM höher sind als bei einem Einkommen von 400 DM» (WUERMELING 6, S. 18 f).

Die ideologische Absicherung des gesamtgesellschaftlich gesehen ungerechten Kindergeldsystems dient unmittelbar der Erhaltung der Klassenstruktur. Hohe Kindergelder ermöglichen den Kindern der gehobenen Schichten, Lebensstandard und kostspielige Ausbildung in dem Umfang zu erhalten, der für die Schicht der Eltern üblich ist. Damit wird das Verbleiben der Kinder in der sozialen Schicht und Klasse der Eltern garantiert. Dagegen werden die ohnehin geringen Aufstiegschancen der Kinder unterer Schichten beibehalten. Damit verstößt WUERMELING gegen das Prinzip der Chancengleichheit.

WUERMELING liefert eine Statistik zu dem empirischen Befund, daß die Aufwendungen für Kinder mit dem Einkommen ansteigen. Als notwendig erkennt er an:

Tabelle 7: Sozial-kulturell notwendige Aufwendungen für Kinder, um 1955 (Wuermeling 6, S. 12)

Monatseinkommen	Aufwendungen für ... Kinder, DM				
	1	2	3	4	5
300	70	133	193	253	313
400	80	152	220	288	356
600	98	186	269	352	435
800	113	215	311	407	503
1000	126	239	346	453	560
1500	155	295	427	559	691
2000	178	338	489	640	791
3000	219	416	602	788	974
4000	253	481	696	911	1126
5000	283	538	779	1020	1261

Den Kindern einer Familie mit 5000 DM Einkommen billigt er folglich für schichtspezifische Kleidung, Wohnung und Ausbildung (vgl. S. 112) den folgenden Betrag monatlich mehr zu als den Kindern einer Familie mit 300 DM Einkommen:

	213	405	586	767	948

Insgesamt hält Wuermeling es für angemessen, wenn eine 5000 DM beziehende Familie den vierfachen Betrag für ihre Kinder aufwendet als eine Familie mit 300 DM Einkommen. Von diesen Relationen geht Wuermeling grundsätzlich aus, wenn er die Höhe der Kindervergünstigungen errechnet. Sie sollen etwa ein Drittel der schichtspezifischen Aufwendungen für die Kinder decken. Zwei Drittel der Aufwendungen sollen von den Eltern getragen werden bzw. durch andere Vergünstigungen als Kindergelder und Steuervergünstigungen (z. B. Mietzuschüsse, Ausbildungsbeihilfen usw.) gedeckt werden (Wuermeling 6, S. 22). Die ideologische Begründung für die Begrenzung der staatlichen direkten Zuwendungen auf ein Drittel findet sich in Wuermelings Forderung, die Eltern müßten für das «große Glück des Besitzes von Kindern Opfer – und fühlbare Opfer – bringen» (vgl. S. 97).

Wuermeling stellt in einer Tabelle diesen Drittelbetrag der Kinderaufwendungen jeweils dem Satz an Kindervergünstigung gegenüber, den er je nach Einkommen und Kinderzahl für erforderlich hält. Dabei rechnet er von vornherein das für alle Einkommensklassen *einheitliche* Kindergeld und die für jede Einkommensklasse *verschieden hohe* Steuervergünstigung zusammen. Wuermeling hat diese Forderungen seinerzeit nicht in voller Höhe durchgesetzt, insbesondere das in der folgenden Tabelle eingesetzte Kindergeld für das zweite Kind konnte er erst 1961, und auch dann nur bei Einkommen unter 550 DM, erreichen. Dafür sind vor allem finanzielle Gründe verantwortlich. Die tatsächlich gewährten Vergünstigungen sind jedoch für die Analyse der Familienideologie Wuermelings irrelevant, weil sich ihre Höhe nicht nur an familienpolitischen Zielen, sondern primär an der finanzpolitischen Prioritätenskala der

Bundesregierung und des Bundestages bemißt. Sie lagen 1955 durchweg unter den von WUERMELING geforderten Beträgen, sie stiegen aber mit dem Einkommen noch stärker an als in WUERMELINGS Konzeption (vgl. dazu WUERMELING 6, S. 12).

WUERMELINGS Kindervergünstigungstabelle weist zwei zentral wichtige Charakteristika auf: den schon erwähnten Anstieg der Zuwendung etwa proportional dem Einkommensanstieg und dazu noch eine besondere Bevorzugung der Bezieher mittlerer Einkommen (600 bis etwa 1500 DM / 1955). Der ohnehin eingeplante, sozial ungerechte Klassencharakter des Kindergeldsystems wird noch verschärft durch die besondere Bevorzugung der mittleren und höheren Einkommen, das Fürsorgeprinzip wird doppelt ignoriert.

Tabelle 8: Vergünstigungen für Kinder (Kindergeld und Steuerermäßigung gegenüber dem kinderlosen Ehepaar) im Vergleich mit einem Drittel der sozio-kulturell notwendigen Aufwendungen (Vorschlag WUERMELING, 1955; s. WUERMELING 6, S. 22)

Monatseinkommen	Vergünstigungen für ... Kinder im Vergleich mit (in Klammern:) 1/3 der Aufwendungen in DM				
	1	2	3	4	5
300	6 (23)	32 (46)	57 (70)	82 (93)	107 (116)
400	9 (26)	46 (53)	71 (80)	96 (106)	121 (133)
600	12 (32)	62 (65)	106 (98)	135 (134)	160 (166)
800	14 (34)	71 (75)	123 (113)	170 (150)	205 (188)
1000	15 (42)	75 (84)	133 (126)	187 (168)	237 (213)
1500	19 (51)	84 (103)	150 (155)	213 (206)	275 (268)
2000	21 (59)	92 (118)	163 (178)	233 (237)	301 (296)
3000	24 (73)	104 (146)	185 (219)	264 (292)	342 (365)

Für die höchsten Einkommensklassen (4000 und 5000 DM) will WUERMELING die Vergünstigungen nur noch unwesentlich erhöhen.

Die Tabelle, die – unverfälscht von Problemen des Staatshaushalts und der Einkommenssteuerarithmetik – die WUERMELINGsche Familienideologie spiegelt, zeigt, daß in den unteren Einkommensklassen minimale Beträge vorgesehen sind, die selbst das Drittel der errechneten Aufwendungen erheblich unterschreiten und daß die Vergünstigungen mit dem Einkommen rasch ansteigen und in den mittleren Einkommen den Drittelbetrag sogar überschreiten: es entsteht ein ‹Mittelstandsbauch›, der in der folgenden Abb. 2 deutlich sichtbar wird:

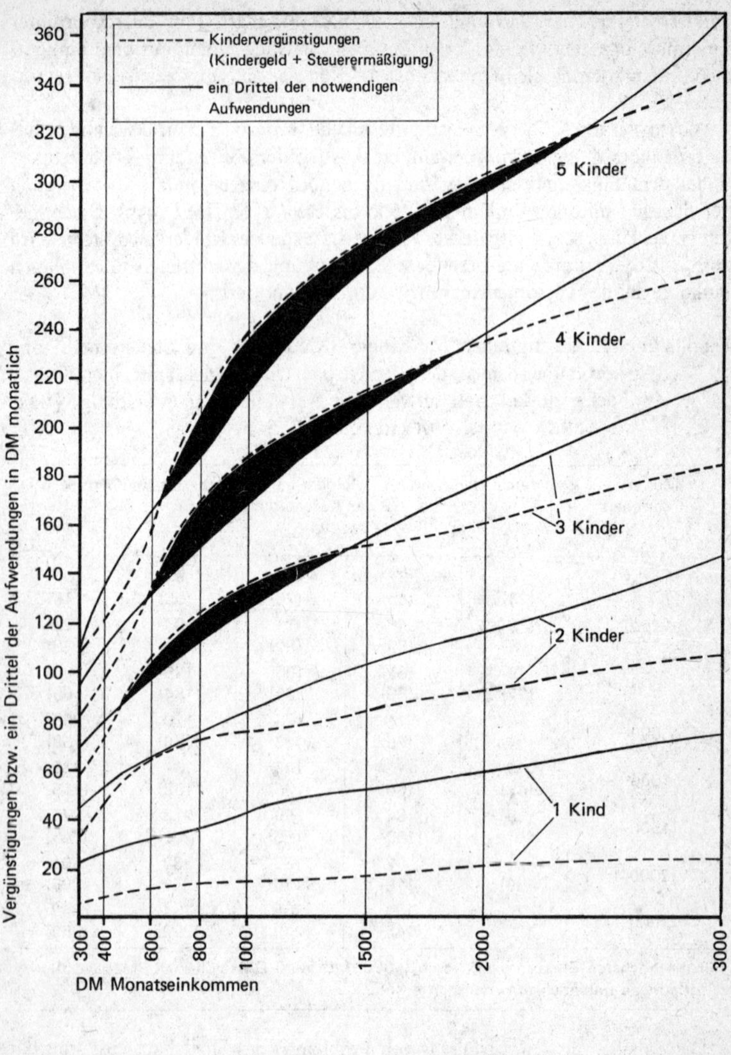

Abb. 2. Klassencharakter des Kindergeldsystems (graphische Darstellung der Tabelle 8 auf S. 115): Vergünstigungen für Kinder (gegenüber dem kinderlosen Ehepaar) im Vergleich der sozio-kulturell notwendigen Aufwendungen (Vorschlag Wuermeling, 1955).
(Die schwarzen Flächen markieren den ‹Mittelstandsbauch›. Hier schlägt Wuermeling Vergünstigungen vor, die über dem Betrag von einem Drittel der sozio-kulturell notwendigen Aufwendungen liegen.)

Der Verlauf dieser Kurven, deren Regelmäßigkeit überrascht, markiert präzise den Klassencharakter der Familienpolitik. Wenn man annimmt, daß WUERMELING diejenigen Familien besonders fördern will, die ihm familienideologisch am wichtigsten sind, ergibt sich folgende familienpolitische Strategie:

1. Die proletarischen Familien, die mit kleinen Einkommen am Rande des Existenzminimums leben, sind für ihn uninteressant. Er beläßt die Vergünstigungen weit unterhalb der ohnehin schon extrem niedrig angesetzten Aufwendungsbeträge. Dies gilt für Einkommen unter etwa 500 DM (1955) mit drei oder weniger Kindern und für Einkommen unter 600 DM mit vier oder fünf Kindern.
2. Als besonders unterstützungswürdig erachtet er die Familien mit drei bis fünf Kindern; das sind auch die Familien, die vom bedarfsunabhängigen Leistungslohn am meisten betroffen sind.
3. Bemerkenswert ist aber, daß die besondere Förderung der Drei-Kinder-Familie bei etwa 500 DM, der Vier- und Fünf-Kinder-Familie bei etwa 600 DM Einkommen einsetzen soll, also bei den Mittelschichten, und daß die besondere Unterstützung ihr Maximum bei der Drei-Kinder-Familie mit 800 DM, bei der Vier-Kinder-Familie mit 900 DM und bei der Fünf-Kinder-Familie mit 1000 DM Einkommen findet. Das kann hypothetisch damit erklärt werden, daß die von WUERMELING erstrebte schichtspezifische Sozialisierung bei größerer Kinderzahl ein höheres Einkommen für schichtspezifische Versorgung und Ausbildung erfordert.
4. Bei sehr hohen Einkommen bleibt die Vergünstigung weit unter den Aufwendungen. Bei diesen hohen Einkommen spielen die Vergünstigungen aber ohnehin keine bestimmende Rolle mehr für das familiäre Verhalten, vor allem für die Kinderzahl. Immerhin erfährt die Fünf-Kinder-Familie eine besondere Förderung bis zu einem Einkommen von etwa 2400 DM.
5. Unter dem Gesichtspunkt der Erwerbsarbeit der Frau sind es ebenfalls die unter 2. und 3. genannten Familien, die besondere ökonomische Hilfen erhalten, um die Frau von der Erwerbsarbeit abzuhalten.

Familienpolitik in der Strategie des Kampfes gegen Kollektivismus, Sozialismus und Kommunismus

Familienpolitik wurde in der Bundesrepublik während einer Phase besonders intensiver antikommunistischer Propaganda institutionalisiert (vgl. S. 74). Die Vermutung liegt nahe, daß das kein Zufall war. WUERMELING lieferte zahlreiche familienideologische Beiträge zur Mobilisierung der westdeutschen Bevölkerung gegen den in der DDR praktizierten Sozialismus und rief in Rundfunksendungen an die Bevölkerung der DDR zum Widerstand gegen die Familien- und Jugendpolitik der DDR-Regierung und der SED auf. Für die Kritik seiner Familienpolitik ist die Rückwirkung der allgemeinen antikommunistischen Propaganda auf die westdeutsche Bevölkerung wichtig: WUERMELING nutzt das antikommunistische Potential im Bewußtsein der westdeutschen Werktätigen zur Intensivierung seiner familienideologischen Indoktrination.

Er denunziert sozialistische Familienpolitik pauschal als ‹totalitär› und wendet sich gegen die Tendenz zum ‹Kollektivismus›.

WUERMELING stellt zu Recht die angestrebten und die bereits in sozialistischen Staaten realisierten Formen kollektiver Existenz und Daseinsfürsorge der von ihm vertretenen personalistischen und familiären Lebensformen gegenüber. Er erklärt, der Kampf für die Familie müsse immer auch ein Kampf gegen den Kollektivismus sein, und er führt diesen Kampf nicht nur auf der ideologischen Ebene, sondern nennt die konkreten Adressaten des anti-kollektivistischen Kampfes: die sozialistischen Staaten sowie die Sozialisten in den westlichen Ländern, also alle diejenigen, die kollektive Lebensformen programmatisch entwickeln und beginnen, diese Programme in gesellschaftliche Realität umzusetzen (WUERMELING 7, S. 258).

Wir gehen von den Thesen REICHS über den Zusammenhang von Sexualunterdrückung, familiärem Leben einerseits, Aggressivität, Kriegsbereitschaft, Nationalismus andererseits aus (vgl. S. 65–67) sowie von der These, daß der sexualmoralisch und familiär geprägte Mensch unfähig wird, den Rahmen von Sexualmoral und Familie in der bürgerlichen Form zu sprengen (vgl. S. 41 f). Der so geprägte Mensch wendet sich unbewußt gegen jedes Individuum, jede Gruppe und jeden Staat, der versucht, den Rahmen von Sexualmoral und bürgerlicher Familie zu sprengen. Er akzeptiert das Ich-verneinende Sittengesetz für sich selbst und wacht gesellschaftlich über dessen Beachtung (vgl. S. 41). Gehen wir von diesen Thesen aus, wird es verständlich, daß WUERMELING sich diese individuell verinnerlichte Familienideologie für den Kampf gegen Kollektivismus und für die Familie zunutze macht.

WUERMELING hält «Millionen innerlich gesunder Familien mit rechtschaffen erzogenen Kindern als Sicherung gegen die drohende Gefahr der kinderreichen Völker des Ostens [für] mindestens so wichtig wie alle militärischen Sicherungen» (WUERMELING 2). Der familienideologische Gehalt liegt in den Begriffen ‹innerlich gesunde Familien› (stabil, kinderreich, opferbereit, genußfeindlich) und ‹rechtschaffen erzogenen Kindern› (autoritär, gehorsam, ‹sittlich› = sexualfeindlich). Diese Interpretation erfährt ihre Bestätigung in folgender Aussage: «Besitzen wir noch die *sittliche Kraft,* uns neuen Vermassungstendenzen durch gelebte Solidarität unegoistisch zu widersetzen? [Gemeint ist die ‹Solidarität› der Kinderlosen und Kinderarmen mit den Kinderreichen im Sinne des Familienlastenausgleichs.] Das ließe wertvolle *Abwehrkräfte* gegenüber östlicher kollektiver Infiltration erkennen» (WUERMELING 10).

Unter ‹kollektiv› und ‹kollektivistisch› versteht WUERMELING gesellschaftliche Einrichtungen, die tendenziell die Familie auflösen, weil sie sie ihrer bisherigen Funktionen berauben (z. B. Kindergärten, Kinderheime, Verpflegungsstätten außerhalb des Haushalts) oder ihre autoritäre und arbeitsteilige Struktur schwächen (Erwerbstätigkeit der Frau und Mutter, ihre Eingliederung in das Arbeitskollektiv des Betriebs). Wir müssen, um die Tragweite der ‹Kollektivierung› der Frau zu erfassen, auf die These HORKHEIMERS zur gesellschaftlichen Kontrolle des Mannes durch die von ihm ökonomisch abhängige Frau (Hausfrau) zurückgreifen (vgl. S. 56 f). Der Mann steht als Werktätiger im Arbeitskollektiv des Betriebs. Die ökonomische Unterdrückung veranlaßt ihn tendenziell zum Zusammenschluß mit den Arbeitskollegen und zum Klassenkampf gegen die Ausbeutung. Die wirtschaftlich abhängige Hausfrau und die gesamte, vom Mann zu versorgende Familie, kein ‹Kollektiv›, sondern eine personale Gemeinschaft, wirkt objektiv bremsend auf die klassenkämpferische Aktivität des Mannes. Sobald die Frau selbst im Kollektiv des Betriebs arbeitet, tendiert sie objektiv auch zum Klassenkampf. Mann und Frau werden jedoch durch ihre Fürsorgepflicht gegenüber den Kindern an risikoreichen Aktionen gehindert. In dem Maße jedoch, wie auch die Versorgung der Kinder gesellschaftlich geregelt wird, kollektiv vorgenommen wird, verliert auch diese Hemmung ihre Wirkung. Das gleiche gilt für die Verringerung der Kinderzahl, weil damit das Ausmaß der Verantwortung sinkt. Auf diesem theoretischen Hintergrund wird es ohne weiteres verständlich, daß WUERMELING – völlig zu Recht – formuliert: «Die Familie ist der natürliche Gegenpol gegen das Kollektiv» (WUERMELING 3).

Den kollektiven Lebensformen setzt WUERMELING die personenhafte der Familie entgegen. Der Mensch soll wirtschaftlich und gesellschaftlich ‹auf eigenen Beinen stehen› und nicht auf einer kollektiven Basis. Allein zu diesem Zweck erhält ‹Wohlstand› eine familienpolitisch nützliche Funktion. Daß Wohlstand bei WUERMELING nicht den Lebensgenuß erhöhen soll, haben wir bereits nachgewiesen (vgl. S. 98, 101–104). «‹Wohlstand für alle› heißt: Freiheit und Selbstverantwortung eines jeden. Wohlstand hat einen inneren Sinn, eine personenhafte Bedeutung, die sich nicht darin erschöpft, den Menschen von Sorge um seine materielle Existenz zu befreien. Wohlstand will Freiheit des Werdens und Unabhängigkeit der personenhaften Entscheidung ermöglichen. Wohlstand zielt darauf, daß die Existenz des Bürgers nicht zuerst auf den Staat, auf das Kollektiv, sondern auf ihn selbst gegründet ist» (WUERMELING 20). Die Identifikation von Staat und Kollektiv, die hier zum Ausdruck kommt, zeigt die Begrenztheit des Denkens bürgerlicher Ideologen. Ihre Vorstellung von kollektiver Existenz ist nicht lösbar vom Trauma staatsabhängiger Existenz. Daß kollektive Lebensformen auch und gerade Formen des Widerstands gegen den Staat sein können, ist ihnen nicht vorstellbar. Folgerichtig wird die personenhaft-privatistische Lebensform als Garant der ‹Freiheit› und ‹Unabhängigkeit› propagiert.

WUERMELINGS Anti-Kollektivismus konkretisiert sich in seinem Eintreten für das «Eigenheim in allen Schichten des Volkes» und gegen die «kollektive Mietskaserne» (vgl. S. 81), in seiner Argumentation gegen die Eingliederung der Frau und Mutter in das Kollektiv des Betriebs (vgl. S. 107 f) und in seinen Bedenken gegen Sozialeinrichtungen zur kollektiven Kinderversorgung, durch die die Familie «zwar von außen geschützt, aber von innen entkräftet wird» (vgl. S. 109). Die Ablehnung der Kinderversorung durch staatliche Einrichtungen erfährt zusätzlich eine metaphysische Begründung: «Unsere Kinder sind nicht Kinder des Staates, sondern Kinder der Familie. Die Eltern schenkten ihnen mit Gottes Segen das natürliche Leben, und sie tragen deshalb auch die entscheidende Verantwortung für ihre Erziehung und Ausbildung» (WUERMELING 12).

Der Mangel an Einrichtungen zur kollektiven Kinderversorgung in der Bundesrepublik ist durch WUERMELING ideologisch begründet. Er bewirkt bei den Familien zwei Typen von Reaktionen. 1. Die Familien reduzieren unter dem Druck der durch den Leistungslohn verursachten, durch den Mangel an Kindergärten usw. verschärften ökonomischen Schwierigkeiten die Kinderzahl. 2. Die Familien beginnen sich für Gesellschaftsformen zu interessieren, in denen kollektive Versorgungseinrichtungen in größerem Umfang angeboten werden. (Es ist in der Bundesrepublik allgemein bekannt, daß es in der DDR prozentual wesentlich mehr Kindergartenplätze gibt als hier.) Beiden Reaktionen tritt WUERMELING entgegen. Der ersten, indem er an die Opferbereitschaft als ‹sittliche Stärke› appelliert und einen ganzen Katalog von Maßnahmen gegen Kinderlosigkeit und Kinderarmut einsetzt. Der zweiten Reaktion begegnet er mit einer konsequenten Kritik der Familienpolitik der DDR: «Wir wissen, daß es auch in der Sowjetzone Jugendförderung gibt, aber der Kommunismus präsentiert auch die Rechnung dafür. Er fordert Rückzahlung in Form bedingungsloser Unterordnung unter das Diktat von Partei und Staat. Bei uns hingegen leisten freie Kräfte der Gesellschaft die außerhalb von Familie und Schule notwendige Erziehungs- und Bildungsarbeit an der Jugend, und die Jugend nimmt daran ohne jeden Zwang und Druck in Übereinstimmung mit ihren Eltern freiwillig teil. Der Staat stellt lediglich die Mittel zur Verfügung... enthält sich aber jeglicher weltanschaulicher und politischer Einflußnahme» (WUERMELING 5), und: «Der Sozialismus wertet die Familie nicht genug, indem er fast nur den Staat und das Kind sieht und den Staat für das Kind sorgen läßt» (WUERMELING 10). WUERMELING sieht die Politik der DDR gegenüber Kindern und Jugendlichen als Strategie zur Aushöhlung des Familienlebens insgesamt: «Wir wissen, daß die Statthalter des Unrechts nichts unversucht lassen, innerhalb ihres Herrschaftsbereichs auch Eltern und Kinder einander zu entfremden und räumlich zu trennen. Wir, die wir im freien Teil Deutschlands leben dürfen, sehen mit banger Sorge das Leid und die innere Not, die jedem einzelnen von Ihnen [DDR-Bürgern], jeder Familie und zugleich uns allen durch diese unbarmherzige Aushöhlung sogar des Familienlebens bereitet wird. Unser vom Wissen um die Würde des Menschen geprägtes Gesellschaftsbild sagt uns, daß die Familie uns nach Gottes Ordnungsplan als erster ursprünglicher Freiheitsraum geschenkt ist» (WUERMELING 5).

Alle diese Aussagen WUERMELINGS über die Familienpolitik der DDR sind im Prinzip richtig. Die beschriebenen Verhältnisse müssen aber im gesellschaftlichen und historischen Kontext gesehen werden. Es ist richtig, daß die SED und die DDR-Regierung spätestens seit der Gründung der DDR bemüht sind, die Kinder und Jugendlichen dem elterlichen (und kirchlichen) Einfluß zu entziehen. Ihre Erfassung in den Jugendorganisationen Junge Pioniere und Freie Deutsche Jugend, der Ausbau der Kindergärten und die konsequente Eingliederung der Frauen in den Produktionsprozeß sind nur einige der Maßnahmen im Rahmen dieser Strategie. Es ist richtig, daß die SED die Kinder und Jugendlichen ideologisch beeinflußt und sie den Eltern entfremdet. Es ist schließlich richtig, daß sich der Staat in der Bundesrepublik einer ähnlichen direkten ideologischen Beeinflussung der heranwachsenden Jugend weitgehend enthält und diese Aufgabe den Eltern und Jugendverbänden überläßt. Die Unterschiede zwischen der Jugend- und Familienpolitik der beiden deutschen Staaten sind jedoch historisch bedingt: Ziel der Erziehung in der Bundesrepublik ist die Vermittlung der geltenden, von den Erwachsenen verinnerlichten Normen und Verhaltensmuster an die Kinder und Jugendlichen. Die Eltern, Jugendleiter und Erzieher funktionieren automatisch als Re-Produzenten der ideologischen Grundlagen der bürgerlichen Gesellschaft. Die Erziehung ist prinzipiell konservativ. Dagegen ist die Erziehung in der DDR revolutionär konzipiert: sie vermittelt Inhalte, die den von den Erwachsenen verinnerlichten teilweise diametral entgegengesetzt sind. Da die erwachsenen Eltern, die zu WUERMELINGS Amtszeit ihre Erziehung überwiegend noch während des Faschismus erhalten hatten, kurzfristig nicht umerzogen werden konnten, mußte die SED, wollte sie ihr Ziel des Aufbaus des Sozialismus nicht aufgeben, die Kinder weitgehend dem Einfluß der Eltern entziehen und sie der ideologischen Beeinflussung durch sozialistisch geschulte Erzieher aussetzen. Dadurch wurden zwar die Familien ‹ausgehöhlt›, weil sie ihrer zentralen Funktion, der Erziehung und ‹Sozialisierung› (im Sinne von Anpassung) der Kinder beraubt wurden. Die Strategie der SED richtete sich jedoch nicht gegen die Familie an sich. So revolutionär ist die SED gar nicht. Im Gegenteil: in der gegenwärtigen Periode, in der Jugendliche Familien gründen, die bereits während der Herrschaft der SED erzogen worden sind, erlebt die Familie in der DDR eine starke ideologische und materielle Förderung. Die Familienpolitik der DDR unterscheidet sich zwar in Einzelbereichen grundsätzlich von der Familienpolitik der Bundesrepublik, besonders hinsichtlich der ökonomischen Befreiung der Frau aus der Abhängigkeit vom Mann und hinsichtlich der frühzeitigen Lösung der Kinder von der elterlichen Abhängigkeit. In den Grundzügen jedoch decken sich die Auffassungen WUERMELINGS und der SED über die ‹staatspolitische Bedeutung der Familie›. Die Präambel des neuen Familiengesetzbuches der DDR lautet: «Die Familie ist die kleinste Zelle der Gesellschaft». Die DDR schafft die Familie nicht ab, sie benutzt sie wie die BRD zur Systemstabilisierung und Herrschaftssicherung. Lediglich der Inhalt der familiären Erziehung hat sich gewandelt: die Familie soll sozialistische Inhalte vermitteln. WUERMELING hat recht, wenn er sagt: «Im kommunistischen Mitteldeutschland wächst eine Jugend heran, die konsequent auf künftige politische Aufgaben gedrillt wird» (WUERMELING 20). Zu diesen ‹künftigen Aufgaben› gehört aber in der Realität der DDR nicht die ‹Aushöhlung der Familie›, sondern die Erziehung von Kindern in der Familie zum sozialistischen Bewußtsein, wie die Jugend in der Bundesrepublik in den Familien auf ihre ‹zukünftige politische Aufgabe› gedrillt wird, nämlich die Erziehung von Kindern in der Familie zum kapitalistisch-privatwirtschaftlichen Bewußtsein. Die Familie ist in der Bundesrepublik ebensowenig ‹frei› und ‹eigenständig› wie in der DDR. Wenn WUERMELING erklärt: «Der Kommunismus will nicht einmal die kleinste eigenständige Gemeinschaft dulden. Er will auch die Familie herabwürdigen zum willenlosen Funktionär eines anonymen Kollektivs» (WUERMELING 5), so beweist seine eigene Familienideologie und Familienpolitik, daß der Kapitalismus ebenso verfährt. WUERMELING formuliert selbst: «Daß sich unsere Familien und unsere Jugend in der Verantwortung vor Gott freiwillig an das Sittengesetz und die Grundordnung der Demokratie binden, daß sie sich bewähren in Selbstverantwortung und Brüderlichkeit, das ist das oberste Ziel unserer Arbeit» (WUERMELING 5). Die Freiheit, Freiwilligkeit und Selbstverantwortung der Familie im bürgerlichen Staat wird eingeschränkt durch das ‹Sittengesetz›, denn: «Das Sittengesetz [ist die] wichtigste Grundlage von Familie, Volk und Staat» (WUERMELING 11, S. 6).

Die These von der angeblichen Aushöhlung der Familie in der DDR dient WUERMELING (neben dem allgemeinpolitisch-antikommunistischen Effekt) zur Intensivierung der familienideologischen Indoktrination. In völliger Verkennung der DDR-Familienpolitik suggeriert er die Vorstellung, es sei die Familie als Lebensform gewesen, die dem Kommunismus in der DDR Widerstand geleistet hätte: «Wir freuen uns mit Ihnen [DDR-Bewohnern], daß dem grausamen Versuch [der Aushöhlung der Familie durch die SED] weithin der Erfolg versagt blieb, daß in Ihnen trotz härtester Bedrohung und Verfolgung eine starke Widerstandskraft gegenüber allen Knebelungsversuchen lebendig ist» (WUERMELING 5).

In einer sexualfeindlichen Gesellschaft reagieren die sexuell unterdrückten Menschen aggressiv auf jeden Versuch, die Familie, die sie nicht als Einengung, sondern als Freiheitsraum empfinden, aufzulösen. An diesen psychischen Tatbestand knüpft WUERMELING an, wenn er die Werktätigen der Bundesrepublik mit familienideologischen Argumenten gegen die DDR zu agitieren versucht, von der sich die Westdeutschen subjektiv militärisch bedroht fühlen. Die Mobilisierung der psychischen, aus der familiären Situation herrührenden Abwehrkräfte dient der umfassenderen politisch-militärischen Mobilisierung. Die Stabilisierung der Familie und die Intensivierung der familienideologischen Indoktrination dient dem politischen Kampf gegen Sozialismus und Kommunismus: «Millionen innerlich gesunder Familien mit rechtschaffen erzogenen Kindern sind als Sicherung gegen die kinderreichen Völker des Ostens [d. h. die sozialistischen Staaten] mindestens ebenso wichtig wie alle militärischen Sicherungen» (WUERMELING 2).

2. Familienpolitik 1962–1968: Bruno Heck

Kontinuität in der Grundkonzeption, Wandel im Instrumentarium

Über neun Jahre lang hatte FRANZ-JOSEF WUERMELING die Familienpolitik der Bundesrepublik bestimmt, als im Januar 1963 BRUNO HECK als sein Nachfolger bestellt wurde. HECK blieb Familienminister bis zu seiner Ablösung durch AENNE BRAUKSIEPE am 1. Oktober 1968.

Unter HECK änderte sich wenig an der ideologischen Grundkonzeption der Familienpolitik. Sie ist weiter als Staats- und Gesellschaftspolitik konzipiert: «Die Familie ist die fundamentale soziale Gemeinschaft, die durch nichts, weder durch den Staat noch durch andere soziale Institutionen ersetzt werden kann. Was in der Familie nicht begonnen wird, das kann in Gesellschaft und Staat nicht wirken. Wenn die sittlichen Kräfte, ohne die gerade die demokratische Gesellschaft und der demokratische Staat nicht leben können, in der Familie nicht wachsen, werden sie im Staat nicht vorhanden sein. Darum ist der Schutz der Familie die Existenzfrage des Menschen und des Staates überhaupt ... Unsere politische Arbeit für die Familie und die Jugend hat darum ein gemeinsames Ziel: die jungen Menschen über das Elternhaus und über die freie Jugendhilfe dahin zu führen, daß sie sich in unserer modernen und demokratischen Industriegesellschaft bewähren können» (HECK 2, S. 1). Die WUERMELINGsche Definition von der Familie als Grundzelle und Kraftquell des Staates wird von HECK, der sich in die akademische Familiensoziologie eingelesen hat (vgl. 139–143), differenzierter gesehen: analytisch arbeitet er schärfer die ideologisierende Wirkung der Familienerziehung heraus und ergänzt – als programmatische Konsequenz – die Familienpolitik durch eine Jugendpolitik, die die Familie in ihrer Erziehungsarbeit ergänzen und unterstützen soll.

Jugendpolitik versteht HECK als Erziehung zum Staatsbürger, zum vaterländisch denkenden Deutschen, zum Europäer und zum ‹Atlantiker›, kurz: zum Bürger der ‹freien Welt›. Er schreibt: «Wir müssen uns und der Öffentlichkeit konkret vorstellen, wie wir der Jugend eine Chance geben, mitzuhelfen, wo es gilt, einen freiheitlichen demokratischen Staat aufzubauen und zu festigen ... Unsere Jugend muß wieder zu einem ungebrochenen Verhältnis zu Deutschland, zu ganz Deutschland, unserem Vaterland kommen. Sie muß Europa und die atlantische Gemeinschaft als Aufgabe begreifen. Sie muß leisten, was Deutschland bisher nicht geleistet hat: sie muß ihre Freiheit in einem sozialen Rechtsstaat verwirklichen» (HECK 7). Das spezifische an HECKS Politik besteht darin, daß er keine isolierte Jugendpolitik betreibt, keine Staatsjugendorganisation intendiert. Jugendpolitik ist ein integrierender Bestandteil der Familienpolitik: «Familienpolitik und Jugendpolitik sind eng miteinander verbunden. Jugendpolitische Maßnahmen sind wirksamer, wenn sie zugleich die Familie stärken ... Jugendarbeit unterstützt und ergänzt, was in der Familie erzieherisch grundgelegt wird» (HECK 9, S. 3). Auf diesem Hintergrund wird ein Ausspruch HECKS verständlich, der auf einen Unterschied in der Jugendpolitik der BRD und der DDR hinweist: «Offensichtlich tut man in der Zone viel für die Jugend, damit sie werde, was der Staat von ihr will. Wir bemühen uns nur, unserer Jugend in jeder Weise zu helfen, daß sie werden kann, was sie will» (HECK 10). In der BRD ‹will› die Jugend in der Regel das, was sie in der Familie zu wollen gelernt hat. Die in der Familie vermittelten Denk- und Willensinhalte decken sich in der Regel wiederum mit denen, die HECK als staatspolitisch wünschenswert erklärt. Hier kann also die Jugenderziehung an die Familienerziehung anknüpfen und sie ergänzen. In der DDR richtet sich die Jugenderziehung in vielen Fällen gegen die in der Familie vermittelten Inhalte (vgl. S. 120–122). Den Gegensatz zwischen Familie und Staat nimmt HECK als Kriterium für den ‹totalitären› Staat: «Eine Jugendpolitik gegen die Familie ist das Erkennungszeichen des totalitären Staates. Familienpolitik und Jugendpolitik gehören zusammen und müssen ‹Politik aus einem Guß› sein. Die Tatsache, daß es in der Bundesrepublik ein eigenes Ministerium für Familie und Jugend gibt, ist der sinnfällige Ausdruck dafür, daß Familien- und Jugendpolitik zusammengehören. Die Koppelung von Familien- und Jugendpolitik ist die beste Gewähr dafür, daß sich keine heimlichen Versuche einschleichen, das Familienprinzip als ein Strukturelement unserer Gesellschaft aufzugeben zugunsten irgendwelcher kollektivierender Lösungen, vor allem im Bereich der Jugendpolitik» (HECK 6, S. 5). Die Funktion der Familie als Ideologiefabrik, wie REICH sie kritisiert hat, kommt bei HECK noch viel deutlicher zum Ausdruck als bei WUERMELING. Hatte WUERMELING lediglich auf die allgemein ‹sittigende› Wirkung der Familie hingewiesen, so definiert HECK die Familienerziehung direkt als Vorstufe der staatsbürgerlichen Erziehung sowie als Teil der Erziehung zum kapitalistischen Denken und zur entfremdeten Arbeit (vgl. S. 139–143). In Anknüpfung an ERHARDS Konzeption der «Formierten Gesellschaft» weist er auf die Formierungskraft der Familie hin: «Wir müssen alles verhindern, was unsere Jugend von unseren Familien trennen könnte; wir müssen den Familien und der Jugend in Staat und Gesellschaft solche Hilfen geben, die nicht gegeneinander gerichtet sind, sondern die gemeinsam – Familienhilfe und Jugendhilfe – an dem Ziel einer *wohlformierten Gesellschaft* orientiert sind, einer Gesellschaft, deren Fundament die Familie, die Lebensgemeinschaft der Eltern mit den Kindern ist» (HECK 6, S. 5).

Die Voraussetzung dafür, daß die Jugend unter dem Einfluß der Familie erzogen wird und nicht zu kollektiven Lebensformen findet, ist eine wirtschaftlich starke und autoritär strukturierte Familie. Die ökonomische Entwicklung hat die Familie durch das Prinzip des Leistungslohns ökonomisch geschwächt und ihre Autoritätsstruktur durch die weitgehende Erwerbstätigkeit der Frau und Mutter ausgehöhlt (vgl. S. 147–150). Die Familienpolitik soll dieser Entwicklung entgegenwirken: «Heute ist die Familienpolitik... bereits zu einem Kernstück moderner Gesellschaftspolitik geworden. Denn die Familie kann ihre ureigensten Aufgaben nur dann erfüllen, wenn Staat und Gesellschaft ihr entsprechend Schutz und Hilfe gewähren; sie kann nicht einfach darauf verwiesen werden, sich an die gesellschaftlichen und wirtschaftlichen Bedingungen anzupassen, die sich dauernd verändern... Will eine Gesellschaftspolitik dieser Wirklichkeit gerecht werden... dann muß sie, wo es notwendig ist, die Strukturen von Wirtschaft und Gesellschaft an die Familie und ihre Lebensgesetze anpassen» (HECK 4, S. 1). Die ‹ureigensten Aufgaben› der Familie, aus denen sich ihre ‹Lebensgesetze› ableiten, definiert HECK in Anlehnung an die bürgerliche Familiensoziologie (z. B. CLAESSENS, KÖNIG, SCHELSKY): «Die moderne Familiensoziologie hat inzwischen längst deutlich heraugearbeitet, daß die Familie eben nicht nur die biologische Gemeinschaft ist, über die der Mensch in die Welt kommt: nein, in der Familie vollzieht sich auch die zweite Geburt des Menschen, seine Ausformung zur religiösen und zur sozial-kulturellen Persönlichkeit... Die Familie ist... *die* fundamentale menschliche Gemeinschaft überhaupt; ihre Aufgaben können auch und gerade in der industriellen Gesellschaft für die Entfaltung der Person wie für Bestand und Entwicklung der größeren Gemeinschaften bis hin zum Staat nicht ersetzt werden» (HECK 4, S. 1 f). Familienpolitik ist damit für HECK wie für WUERMELING Staatspolitik und «strukturelle Gesellschaftspolitik» (HECK 4, S. 1). Auch für HECK hat sie nichts mit Sozialpolitik im Sinne von Fürsorgepolitik zu tun: «Familienpolitik hat nichts mit versorgungsstaatlichem Denken zu tun», sondern: «Die Familie soll funktionsfähig erhalten bleiben» (HECK 4, S. 4); ebensowenig mit Bevölkerungspolitik:

«Man meint, die familienpolitischen Maßnahmen würden geburtenfördernd wirken... also doch Bevölkerungspolitik? Nein! Aber eines ist notwendig: die natürliche Kinderfreudigkeit darf nicht in bedrängten und beengten Familienverhältnissen erstickt werden» (HECK 4, S. 8). HECKS Ziel ist identisch mit dem WUERMELINGS: Förderung der kinderreichen Familie, weil sie in besonderem Maße zur Stabilisierung und Absicherung des herrschenden Gesellschaftssystems beiträgt.

Die Gemeinsamkeit in der familienideologischen Grundkonzeption zwischen HECK und WUERMELING ist deutlich geworden. HECK unterscheidet sich jedoch in mehreren ideologischen Einzelpositionen, wenn auch nicht grundsätzlich, so doch graduell von WUERMELING und setzt deshalb etwas andere Schwerpunkte für seine familienpolitischen Maßnahmen. In einem verallgemeinernden Überblick kann man feststellen: die ideologische Bedeutung des Kinderreichtums, der speziellen Mittelstandsförderung und des ausgeprägten Klassencharakters des Kindergeldsystems wird von HECK geringer eingeschätzt als von WUERMELING. Die Differenz zwischen Vergünstigungen für einkommensschwache und einkommensstarke Familien hat sich verringert. HECK richtet sich kaum noch gegen das Streben nach Konsum materieller Güter. Die Erwerbstätigkeit der Frau, besonders der Mutter, wird weniger scharf verurteilt. Statt dessen tritt bei HECK an die Stelle des Mißtrauens, das WUERMELING gegenüber Kindergärten und ähnlichen Einrichtungen hegte, die Konzeption der Beeinflussung der Kinder auf dem Wege über derartige Sozialeinrichtungen. In allen diesen Punkten ist die familienideologische Stringenz der WUERMELINGschen Konzeption etwas zugunsten der Prinzipien sozialer Gerechtigkeit und Gleichheit korrigiert worden (vgl. S. 126–135).

Eine annähernde Kontinuität der Ideologie läßt sich bei der Forderung nach Opferbereitschaft der Familie, in der Ideologie des Familieneigentums, in der Scheidungsfeindlichkeit und schließlich in der ideologischen Opposition gegen Kommunismus, Sozialismus und Kollektivismus feststellen (vgl. S. 135–139).

In einigen Punkten weist die HECKsche Konzeption jedoch eine erhebliche Verschärfung familienideologischer Positionen auf, woraus eine Reihe neuer familien- und jugendpolitischer Maßnahmen resultiert, die einen ausgesprochen repressiven, sexualunterdrückenden Charakter haben. Anders als bei WUERMELING lassen sich bei HECK eine offene, nicht mehr verschleierte Sexualfeindlichkeit und mehrere direkt oder indirekt sexualunterdrückende Maßnahmen nachweisen, vor allem zur sexualmoralischen Indoktrination der Jugendlichen und zur Stärkung der elterlichen Autorität.

Schließlich sieht HECK deutlicher als WUERMELING, daß die familiäre Erziehung eine wichtige Voraussetzung dafür ist, daß der Werktätige unter den Bedingungen der entfremdeten kapitalistischen Produktion zu arbeiten fähig und bereit wird.

Unter HECK hat somit keine Ent-Ideologisierung der Familienpolitik stattgefunden, die ideologischen Schwerpunkte haben sich jedoch verschoben. Wie weit das auf ökonomische und politische Veränderungen zurückzuführen ist oder darauf, daß einige der Ziele WUERMELINGS bis zu einem gewissen Grade erreicht worden sind, ist in jedem Einzelfall zu prüfen. Zweifellos spielt bei diesen Veränderungen der Übergang vom Konsumverzicht der investitionsstarken fünfziger Jahre zum Massenkonsum der sechziger Jahre und von der Arbeitslosigkeit zur Überbeschäftigung eine große Rolle. Die Verstärkung der offenen, repressiven Sexualmoral kann ihre Ursache in der allgemeinen Ent-Tabuisierung der vergangenen Jahre haben: sie ermöglichte einerseits das früher peinlich vermiedene direkte Ansprechen sexueller Themen in familienpolitischen Schriften, die Ausbreitung einer gewissen sexuellen Freiheit in der Jugend machte andererseits jedoch die Intensivierung der Sexualunterdrückung familienideologisch notwendig.

Abbau ideologischer Positionen

Einige für WUERMELING noch zentrale familienideologische Positionen und daraus abgeleitete familienpolitische Maßnahmen lassen sich bei HECK nur noch in abgeschwächter oder veränderter Form nachweisen.

Kinderreichtum

Bei WUERMELING verband sich die Propaganda für Kinderreichtum mit einer entschiedenen Verurteilung der Kinderlosen und der kinderarmen Familien (vgl. S. 101 f). Die Förderung der kinderreichen Familie erhielt dadurch einen spezifisch familienideologischen Charakter und wurde nicht nur mit der finanziellen Not der Mehr-Kinder-Familie begründet. Diese Diskriminierung der Kinderlosen und Kinderarmen läßt sich bei HECK nicht mehr nachweisen. HECK tritt dafür ein, daß «zunächst alle Mittel, die vom Staat für die Familie freigemacht werden, weiterhin den Familien mit mindestens zwei oder mehr Kindern zugewendet werden», jedoch ausschließlich aus sozialen Erwägungen, weil nämlich diese Familien wirtschaftlich erheblich schlechter gestellt sind als die Kleinfamilien (HECK 12). Zur Begründung dieser Veränderung können zwei Hypothesen angeführt werden. Erstens: in den Jahren 1947 bis 1963, also vor HECKS Amtsantritt, hat sich die Kinderzahl pro Familie erheblich erhöht (vgl. S. 88) und zwischen 1950 und 1958 hat sich im Bewußtsein der Erwachsenen die Vorstellung von der ‹idealen› Kinderzahl zugunsten der kinderreichen Familie verschoben (vgl. S. 88). Eine direkte ideologische Propagierung des Kinderreichtums erübrigte sich bis zu einem gewissen Grade, zumal die Maßnahmen zu seiner Förderung fortwirkten und noch intensiviert wurden: wurden bis Ende 1963 für das dritte und jedes weitere Kind einheitlich je 40 DM Kindergeld bezahlt, so wurden ab 1. Januar 1964 für das dritte Kind 50 DM, für das vierte 60 DM und für jedes weitere 70 DM monatlich gewährt (*‹Familienbericht›* 1968, S. 121).

Die zweite Hypothese ist ideologischer Natur: HECK scheint die indirekt ideologiebildende Wirkung der Mehr-Kinder-Familie geringer einzuschätzen als WUERMELING und sich mehr auf die direkte ideologische Beeinflussung der Kinder durch Erziehung und Indoktrination zu konzentrieren.

Der ausgeprägte Klassencharakter des WUERMELINGschen Kindergeldsystems hat sich bei HECK etwas vermindert. WUERMELING ließ das Kindergeld nahezu linear mit dem Einkommen ansteigen und hatte dafür eine ideologische Absicherung mit Hilfe des ‹sozial-kulturellen Lebensstandards› entwickelt. Überdies hatte er der ‹kulturell besonders wichtigen› Mittelschichtsfamilie überproportionale Zuwendungen zugesprochen. Soziale Gerechtigkeit verstand er nur als innerhalb einer jeden sozialen Schicht anzuwendendes Prinzip. HECK reduziert diese Einseitigkeit und führt bis zu einem gewissen Grade auch das Prinzip der vertikalen sozialen Gerechtigkeit zwischen den Schichten ein. Dennoch wird Familienpolitik noch nicht zur Sozialpolitik. Über Familienferienstätten schreibt er: «Das Angebot ist grundsätzlich nicht auf sozial schwache Familien begrenzt; der Aufenthalt wird ihnen jedoch wirtschaftlich sehr erleichtert» (HECK 12). Die Förderung der Familienferien ist für ihn ein ideologisches Ziel, das er durch Einsatz finanzieller Mittel anstrebt. HECK definiert die ideologischen Wirkungen materieller Hilfen: «Zwischen wirtschaftlicher und geistiger Kultur besteht in der Familie ein unmittelbarer Zusammenhang: eine gesicherte Lebensgrundlage ist die erste und die beste Voraussetzung für die Pflege und Erziehung der heranwachsenden jungen Generation. Eine gesunde wirtschaftliche Basis ermöglicht der Familie außerdem eine gesellschaftliche Stellung, die ihrer Bedeutung für die Erhaltung und Bewahrung des Menschlichen entspricht. Wirtschaftliche Hilfen für die Familie mit Kindern wirken daher weit über das materielle hinaus» (HECK 2, S. 2). Zur ‹geistigen Kultur› und ‹Erhaltung und Bewahrung des Menschlichen› gehört in erster Linie die ‹Ordnung› der zwischenmenschlichen Beziehungen durch Bindung der Menschen in der Familie: «Materielle Maßnahmen wie Familienzulagen und Steuerermäßigungen für Kinder wirken weit über das Materielle hinaus. Familienpolitik ... [ist] ein wesentliches Stück sozialer Strukturpolitik; ihr muß es in erster Linie auf die Ordnung der zwischenmenschlichen Beziehungen ankommen» (HECK 4, S. 4). Die Frage ist nun, ob HECK wie WUERMELING davon ausgeht, daß die Kosten für die ‹geistige Kultur› mit dem Einkommen wachsen und ob deshalb die Kindervergünstigungen mit dem Einkommen steigen sollen.

HECK rekurriert nicht auf den ‹sozial-kulturellen Lebensstandard›. Im Gegenteil: er legt großen Wert auf die Feststellung, daß (in einem vielleicht nicht typischen Einzelfall) Angehörige verschiedener Einkommenklassen gleich hohe Kindervergünstigungen erhalten: «Heute ist im öffentlichen Dienst das monatliche Nettogehalt eines 40jährigen Schaffners mit 4 Kindern in Ortsklasse S um 362,87 DM höher als das seines kinderlos verheirateten Kollegen. Beim Sekretär beträgt diese Differenz 363,86 DM, beim Oberinspektor 362,98 DM, beim Oberregierungsrat 367,05 DM» (HECK 3). Der ‹*Familienbericht*› 1968 kam zwar in einer allgemeinen Untersuchung zu anderen Ergebnissen: auch unter HECK steigen die Vergünstigungen mit dem Einkommen an. Wichtig erscheint jedoch, daß HECK die Gleichstellung aller Einkommensschichten öffentlich propagiert, während WUERMELING sie noch als sozial ungerecht abgelehnt hatte.

Ähnliches gilt für die besondere Förderung der Familie der Mittelschicht.

Heck erklärt zwar allgemein, daß der «Mittelstand bei uns eine ganz besondere Bedeutung hat» (Heck 12), aber er zieht daraus keine familienpolitischen Konsequenzen. M. Wingen, Referent im Familienministerium unter Heck, vertritt sogar die Wuermelings Thesen entgegengesetzte Auffassung, daß eine materielle Förderung der Mittelschicht familienpolitisch wenig wirksam ist: «Wenn die Familienpolitik einen Beitrag zum Abbau von Behinderungen der Erziehungs- und Bildungsfunktion der Familie leisten will, muß sie gerade schichtenspezifische Unterschiede berücksichtigen ... Mit allem Vorbehalt wird man sagen können, daß gerade in mittleren Einkommens- und Sozialschichten das Einkommen wohl nicht den entscheidenden Faktor darstellt, sondern Mängel in der Erziehungs- und Bildungsfunktion hier im wesentlichen außerökonomisch bedingt sind» (Wingen 1967, S. 92 f).

Die einkommensspezifische Struktur der Kindervergünstigungen hat sich bei Heck in der Realität im Vergleich zu Wuermelings Konzeption nicht grundsätzlich geändert, ist aber ihres extrem ungerechten Charakters etwas entkleidet worden. Tabelle 9 zeigt zwar noch erhebliche Differenzen in den Beträgen für Bezieher niedriger und hoher Einkommen; vor allem die sehr niedrigen Einkommen sind erheblich benachteiligt. Bei einem Einkommen von 2000 DM sind die Vergünstigungen etwa doppelt so hoch wie bei einem Einkommen von 300 DM. Abb. 3 weist jedoch einschneidende Korrekturen der Wuermelingschen Konzeption auf: die Progression der Vergünstigungen bricht bei den mittleren Einkommen plötzlich ab, die Beträge bleiben konstant und erhöhen sich erst bei sehr hohen Einkommen wieder, wenngleich nur geringfügig. Bedauerlicherweise reicht die Berechnung im Familienbericht nur bis zu Einkommen von 2000 DM. Möglicherweise nimmt die Progression bei höheren Einkommen wieder zu. M. Wingen schreibt: «In der Progressionszone [der Einkommen] steigen die Steuerermäßigungen in Abhängigkeit vom Progressionsverlauf bis auf das Dreifache ... an» (Wingen 1968, S. 22).

Hypothetisch können diese Veränderungen des Kindervergünstigungssystems damit erklärt werden, daß sich heute gegenüber der Zeit um 1955 eine Nivellierung der Konsumstruktur bemerkbar gemacht hat, die die Bedeutung des schichtspezifischen Konsums für die Zugehörigkeit zu einer sozialen Schicht verringert hat. Außerdem hat die allgemeine Steigerung des Lebensstandards dazu geführt, daß Mehr-Kinder-Familien heute nicht mehr so unmittelbar wie seinerzeit von materieller Not oder sozialer Deklassierung bedroht sind. Die Veränderung der Familienideologie kann auch mit Reichs These erklärt werden, daß die proletarische Familie beim sozialen Aufstieg in die Kultur des Kleinbürgertums einer verstärkten sexualunterdrückenden Beeinflussung unterworfen wird (vgl. S. 35–37). Damit entfällt die (bei Heck auch nicht mehr feststellbare) unterschiedliche Behandlung von Proletariat und Mittelstand durch die Familienpolitik.

Tabelle 9: Vergünstigungen für Kinder (gegenüber dem kinderlosen Ehepaar) 1967 (Kindergeld plus Steuervergünstigungen). – Quelle: ‹*Familienbericht*› 1968, S. 126 f

Monatsbruttoeinkommen, DM	Vergünstigungen für ... Kinder, monatlich, in DM 1	2	3	4	5
300	–	25,00	75,00	135,00	205,00
600	19,00	58,10	108,10	168,10	238,10
800	19,00	45,60	146,10	206,10	276,10
1000	19,00	45,60	149,10	237,60	314,10
1200	19,00	45,60	149,10	237,60	336,10
1600	19,70	46,30	149,80	238,30	336,80
2000	23,40	54,40	160,70	250,00	348,50

Die Tabelle weist eine Besonderheit auf: bei der Zwei-Kinder-Familie ist die Vergünstigung bei einem Einkommen von 600 DM höher als bei den übrigen Einkommenshöhen. Hier kann es sich jedoch nicht um Mittelstandsförderung handeln, weil ein Einkommen von 600 DM im Jahre 1967 zu den unteren Einkommen gehörte.

Tabelle 10: Anteil der Familienvergünstigungen an den Aufwendungen für Kinder. – Quelle: ‹*Familienbericht*› 1968, S. 126 f
Der Familienbericht geht davon aus, daß pro Kind monatlich Aufwendungen in Höhe von 135 DM entstehen, unabhängig von Kinderzahl und Einkommenshöhe. Unter Zugrundelegung dieses Betrages decken die oben genannten Vergünstigungen maximal 51,6 % der Aufwendungen. Vgl. dazu S. 135 f.

Monatsbruttoeinkommen	Kindervergünstigungen in % der Kinderaufwendungen (pro Kind monatl. 135 DM) bei ... Kindern (abgerundet) 1	2	3	4	5
300	–	9 %	19 %	25 %	30 %
600	14 %	22 %	27 %	31 %	35 %
800	14 %	17 %	36 %	38 %	41 %
1000	14 %	17 %	37 %	44 %	47 %
1200	14 %	17 %	37 %	44 %	50 %
1600	15 %	17 %	37 %	44 %	50 %
2000	17 %	20 %	40 %	46 %	52 %

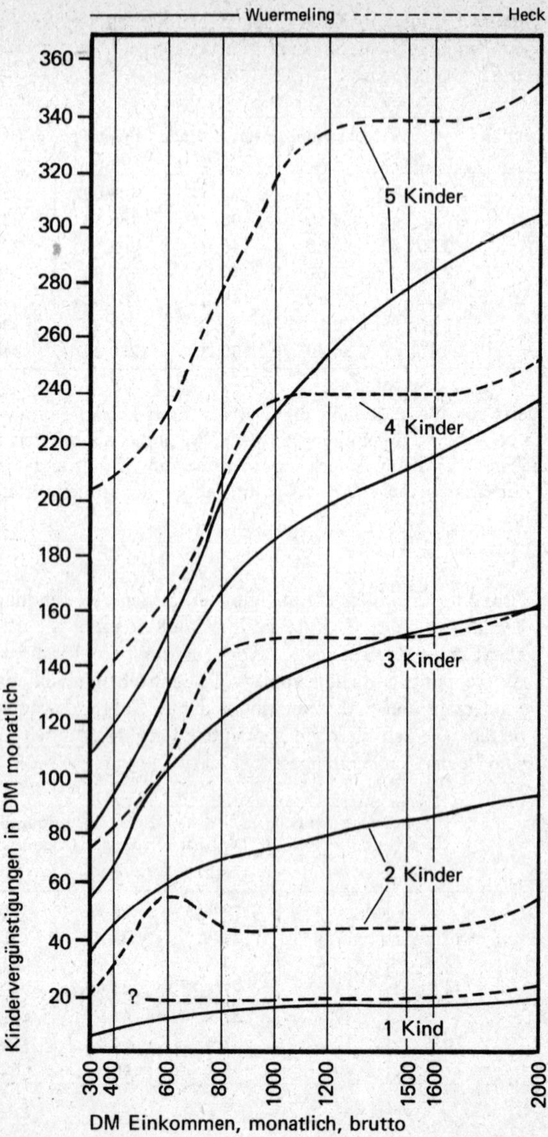

Abb. 3. Klassencharakter des Kindergeldsystems: Veränderung der ursprünglichen Konzeption Wuermelings in der Realität der Kindervergünstigungen unter Heck um 1967. Kindergeld und Steuerermäßigung (Quellen: Vgl. Tabelle 8 [S. 115] und 9 [S. 129]).

Konsumfeindlichkeit

Heck sieht wie Wuermeling die Ideologiebildung in der Familie durch den Massenkonsum der modernen Industriegesellschaft bedroht. Er spricht von einem «übermächtigen Druck», der von der «gesellschaftlichen Konsumnorm» ausgeht (Heck 4, S. 5), und kritisiert die Überbetonung des Konsumstrebens wegen seiner familienzersetzenden Wirkung. «Wenn im Buche der Eltern nur der Erwerb und der Konsum geschrieben steht, nur das Ich und seine Launen und nicht auch der Nächste und der Nachbar, die Kirche und das Vaterland, dann werden die Kinder eben nur den Erwerb und nur den Konsum, nur das Ich und seine Launen lesen können. Die Familie reduziert sich auf diesem Wege häufig selbst zu einer Geschlechts-, Erwerbs- und Konsumgemeinschaft, in der für die Kinder kaum mehr Platz ist; denn sie hat den Kindern eigentlich nichts mehr zu sagen» (Heck 6, S. 7 f). Im Gegensatz zu Wuermeling finden sich derartige Aussagen, die sich inhaltlich von dessen Konsumfeindlichkeit nicht unterscheiden, nur vereinzelt. Der Grund dafür ist wohl in den veränderten Bedingungen im Zeitalter des Massenkonsums zu suchen, in dem familienideologische Postulate zugunsten der Absatzförderung einer expansiven Konsumgüterindustrie in den Hintergrund zu treten haben (gvl. S. 102 f).

Wuermeling wie Heck sehen einen Zusammenhang zwischen sexuellem (‹Geschlechtsgemeinschaft›) und materiellem (‹Konsumgemeinschaft›) Lebensgenuß. Beide verringern Stabilität und Erziehungskraft der Familie, wenn sie ‹überbetont› werden.

Erwerbstätigkeit der Frau und Mutter

An den familienideologisch begründeten Bedenken gegen die Erwerbstätigkeit der Frau, insbesondere der Mutter, hat sich bei Heck nichts geändert. Ähnlich wie Wuermeling erklärt er: «Die Strukturen der modernen Industriewirtschaft bringen die Familie, insbesondere die kinderreiche Familie ... in eine oft arge Bedrängnis; ich weise hier lediglich auf die zusätzliche außerhäusliche Erwerbstätigkeit von Müttern heranwachsender Kinder hin ... Das sind Formen der Selbsthilfe, die häufig weit über das tragbare Ausmaß hinausgehen; sie behindern auf längere Sicht die Entfaltung der Familie zum Schaden der Väter und Mütter, vor allem aber zum Schaden unserer Kinder; und das trifft die ganze Gesellschaft – wenn auch, für alle erkennbar, erst in der nächsten Generation» (Heck 4, S. 2). Im Unterschied zu Wuermeling äußert sich Heck jedoch nur selten zu diesem Thema. Und bei seinem Referenten Max Wingen sind Überlegungen festzustellen, die darauf hinweisen, daß aus gleichgebliebenen Tatbeständen und Einschätzungen grundsätzlich andere politische Schlußfolgerungen gezogen werden: «Die negativen Auswirkungen einer vollen außerhäuslichen Erwerbstätigkeit der Mutter gerade in den ersten Lebensjahren des Kindes – sei es direkt, sei es indirekt über die physisch überforderte und damit in ihrer Gesundheit gefährdete Mutter – auf die Erziehung im weitesten Sinne, also auf die Anbahnung der sozial-kulturellen Persönlichkeit des Menschen, sind immer wieder herausgestellt worden» (Wingen 1967, S. 75). M. Wingen weist dann auf die schon von WUERMELING erwähnte Gefahr hin, daß Kindergärten eine familienzersetzende Wirkung haben können, kritisiert aber dessen Vernachlässigung dieser Einrichtungen: «Man kann sich fragen, ob hier nicht in den vergangenen Jahren mancherorts etwas falsch gelaufen ist. Gelegentlich war deutlich eine Tendenz zu spüren, möglichst nicht neue Kindergärten zu fördern, weil davon eine zusätzliche außerhäusliche Erwerbstätigkeit der Mütter zu befürchten sei. Hier verleitet eine grundsätzlich berechtigte Sorge zu seiner schiefen Sicht der Zusammenhänge. Die Erwerbstätigkeit der Mütter hat übrigens dennoch zugenommen. Heute ist das Ergebnis ein erheblicher Fehlbedarf an Kindergärten» (WINGEN 1967, S. 85). Die Familienpolitik soll nun das Versäumte aufholen. Denn wenn viele Mütter ohnehin erwerbstätig sind, können Kindergärten in zweifacher Weise familienfördernd wirken: sie nehmen der physisch überlasteten erwerbstätigen Mutter einen Teil der Arbeit ab und setzen so Energien für die Erziehung frei, und sie ermöglichen eine Indoktrination der Kinder durch die Kindergärtnerinnen (S. 133–135).

Die von WINGEN erwähnte Zunahme der weiblichen Erwerbstätigkeit, vor allem der Mütter mit Kindern unter vierzehn Jahren, seit 1950 ist beachtlich. Bis 1965 stieg die Zahl der erwerbstätigen Frauen *ohne* Kinder unter vierzehn Jahren um nur 10 % an – dieses Arbeitskräftepotential war schon um 1950 weitgehend ausgeschöpft. Die Zahl der Frauen *mit* Kindern unter vierzehn Jahren stieg um 57 % an; aus dieser Gruppe war der Anstieg am größten bei den *verheirateten* Müttern, er betrug 77 % (vgl. Tabelle 11). Dabei handelte es sich in zwei Drittel der Fälle um Ganztagsbeschäftigungen mit über 40 Stunden wöchentlicher Arbeitszeit, in je einem Sechstel der Fälle um Teilzeitbeschäftigungen von 25 bis 40 bzw. unter 25 Stunden. Von der Zunahme der weiblichen Erwerbstätigkeit waren also gerade diejenigen Frauen am stärksten betroffen, denen die Familienpolitiker die zentral wichtige, familienstabilisierende Mutter- und Hausfrauenrolle zuschreiben.

Tabelle 11: Entwicklung der weiblichen Erwerbstätigkeit in der BRD, 1950 bis 1965 (abgerundete Werte). – Quelle: ‹*Familienbericht*› 1968, S. 58–60

	Erwerbstätig waren			1965 in % von 1950
	1950	1957	1965	
	Mio.	Mio.	Mio.	%
Frauen *ohne* Kinder unter 14 Jahren	6,5	7,3	7,1	110
Frauen *mit* Kindern unter 14 Jahren	1,5	2,0	2,3	157
Verheiratete Frauen *mit* Kindern unter 14 Jahren	1,2	1,7	2,1	177

Die Veränderung der familienpolitischen Ideologie in bezug auf die Mütterarbeit erklärt sich aus der faktischen Erfolglosigkeit der Versuche WUERMELINGS, die Einbeziehung der Mütter in die Produktion zu hemmen. Die expandierende Industrie und das besonders stark ausgeweitete Dienstleistungsgewerbe verlangen unter den Bedingungen der Voll- und Überbeschäftigung so stark nach der weiblichen Arbeitskraft, daß die Familienpolitik sich diesen Bedürfnissen nicht mehr entgegenstellen kann.

Kindergärten

Die stillschweigende Hinnahme der Erwerbstätigkeit zahlreicher Mütter entgegen dem strengen familienideologischen Konzept machte eine Revision der Einstellung der Familienpolitik zu Kindergärten und ähnlichen, die Familie und die Frau entlastenden sozialen Einrichtungen notwendig. Hatte WUERMELING noch vor Kindergärten gewarnt, weil sie die Familie zwar «von außen schützen, aber von innen entkräften» (vgl. S. 109, 119), so geht HECK davon aus, daß der Kindergarten die Erziehungskraft der Familie unterstützt und deshalb gefördert werden sollte. «Der Kindergarten ist eine Einrichtung und Aufgabe der Jugendhilfe, dennoch wird jeder sofort einsehen, daß in ihm auch eine Einrichtung der Eltern- und Familienhilfe, und zwar im besten Sinne des Wortes, gesehen werden muß» (HECK 12). Sein Referent WINGEN führt dazu aus: «Nicht allein die Familie besitzt eine Erziehungs- und Bildungsfunktion gegenüber dem jungen Menschen. Tatsächlich treffen wir auf ein Zusammenwirken und verschiedentlich auch Konkurrieren von familialen und außerfamilialen Erziehungsträgern, wie insbesondere Kindergärten, Schulen, außerschulische Erziehungseinrichtungen» (WINGEN 1967, S. 83). Die Vorstellung von einer Konkurrenz zwischen Familie und außerfamiliären Einrichtungen um den erzieherischen Einfluß auf die Kinder manifestiert deutlich den Wandel der Familienpolitik. Hatte WUERMELING noch ausschließlich auf die ideologiebildende Wirkung der Familie gebaut und jeder anderen Einrichtung gegenüber Mißtrauen gehegt, so erscheint jetzt eine direkte ideologische Beeinflussung der Kinder durch außerfamiliäre Erziehungsinstitutionen in den Vordergrund zu treten. M. WINGEN geht davon aus, daß bei der Familie ein Funktionsverlust zu verzeichnen ist und es jetzt darum geht, «neue, aus den veränderten gesellschaftlichen Verhältnissen heraus notwendige Voraussetzungen für eine optimale Funktionserfüllung durch die Familie zu schaffen» (WINGEN 1967, S. 84). Auf diesem Hintergrund wird verständlich, daß WINGEN die Kindergärten primär nicht als Versorgungseinrichtungen versteht: «Ganz typisch ist der Kindergarten seiner Intention nach keine Kinderbewahranstalt (oder sollte es jedenfalls nicht sein), sondern eine Erziehungshilfe; und zwar zielt er auf Unterstützung und nicht auf Ersatz der mütterlichen Erziehung ... Wo immer daher die Familienpolitik der Beeinträchtigung der Erziehungsfunktion der Familie begegnet, leistet sie einen Beitrag zur Stärkung der Erziehungskraft der Familie» (WINGEN 1967, S. 84 f). HECK und WINGEN kritisieren verschiedentlich, daß die Eltern heute aus einem Gefühl der Unsicherheit heraus den Kindern gegenüber zu wenig Autorität zeigen und zu wenig Strenge walten lassen (vgl. S.

147–150). Deshalb könne man die Erziehung der Kinder nicht allein den Eltern überlassen. M. WINGEN formuliert das unmißverständlich: «Die Erziehungskraft der Familie würde dort nicht gestärkt, sondern im Grunde geschwächt, wo versucht würde, die Familie erzieherisch autark zu machen» (WINGEN 1967, S. 84).

Die familienpolitische Konsequenz dieser Überlegungen ist eine Kritik an der Vernachlässigung der Kindergärten durch WUERMELING (vgl. S. 132) und die Forderung nach Einrichtung neuer Kindergärten. M. WINGEN konstatiert einen «Fehlbedarf in Höhe von etwa 1/3 der vorhandenen Einrichtungen» (WINGEN 1967, S. 85), und die *‹Frauenenquête›* kommt zu dem Schluß: «Viele Kindertagesstätten sind bei weitem nicht in der Lage (insbesondere in den Groß- und Mittelstädten), alle angemeldeten Kinder aufzunehmen. Die Zahl der Abweisungen ist manchmal größer als die Zahl der Aufnahmen» (*‹Frauenenquête›* 1966, S. 30); ähnliches stellt der *‹Familienbericht›* 1968 fest.

«Der Bericht kommt zu der Feststellung, daß alle hier genannten Einrichtungen (Kindergärten, Horte, Krippen, Schulkindergärten, Erziehungsberatungsstellen, Eheberatungsstellen usw.) dem Bedarf bei weitem nicht gerecht werden, so daß eine stärkere Förderung vor allem für die Ausbildung von Fachkräften auf diesen Gebieten unerläßlich ist» (HECK 9, S. 5). Im Jahre 1964 gab es im Bundesgebiet insgesamt 13 663 Kindergärten in insgesamt 24 476 Gemeinden. Im Durchschnitt entfällt damit nur auf etwa jede zweite Gemeinde ein Kindergarten. In diesen Kindergärten gab es 920 178 Plätze, das entspricht einem Kindergartenplatz für jeweils vier Kinder zwischen drei und sechs Jahren.

Die Bedeutung, die man der ideologischen Beeinflussung der Kinder in Kindergärten beimißt, wird offensichtlich, wenn man erfährt, daß die weit überwiegende Anzahl der Kindertagesstätten in kirchlicher Hand sind: 75 % der Kindergärten mit 77 % der Kindergartenplätze stehen unter Kontrolle von «Trägern der freien Jugendhilfe, in erster Linie von den Kirchen». Von etwa 10 200 derartigen ‹freien› Kindergärten unterstanden 8800 oder 86 % den beiden christlichen Kirchen, und zwar 5200 (51 %) der katholischen und 3600 (35 %) der evangelischen Kirche. Nur rund 20 % der Kindergärten befanden sich in öffentlicher Hand. Entsprechend dem Subsidiaritätsprinzip werden die ‹freien› Kindergärten vom Staat finanziell unterstützt, der Staat beschränkt sich «auf eine Sicherung der finanziellen Voraussetzungen für derartige Einrichtungen in der Regie freier gesellschaftlicher Träger» (WINGEN 1967, S. 85). Die kirchliche Kontrolle garantiert dabei die sexualmoralische Unterdrückung der Kinder, der Massenbetrieb in den überlaufenen Kindergärten (Kindergruppen von mindestens fünfzehn Kindern mit einer Kindergärtnerin) eine streng autoritäre Erziehung (Zahlen aus: *‹Frauenenquête›* 1966, S. 28; *‹Stat. Jb. BRD›* 1964, S. 43; *‹Familienbericht›* 1968, S. 62).

Die Wandlung der familienpolitischen Ideologie im Hinblick auf die Kindergärten ergab sich einerseits als notwendige Folge der verstärkten Erwerbstätigkeit der Mütter, andererseits aber aus der Beobachtung, daß die ideologische Beeinflussung der Kinder in der Familie an Intensität verloren hat. Die teilweise Unterbringung der Kinder in den Kindergärten soll (nach HECK) für die

Kinder keine Befreiung von autoritären und sexualfeindlichen Zwängen bringen, im Gegenteil: die Unterdrückung soll intensiviert werden. Der Kindergarten wird nicht als Kinderversorgungsstätte verstanden, sondern als Einrichtung zur «Stärkung der Erziehungskraft der Familie» (WINGEN 1967, S. 85). Zur repressiven Erziehung in der Familie tritt die repressive Erziehung in den Kindergärten hinzu.

Ideologische Kontinuität

Der beschriebene Abbau familienideologischer Positionen konnte durchweg mit der Veränderung der ökonomischen Bedingungen beim Übergang von der Investitionsphase nach dem Zweiten Weltkrieg zur Phase des Massenkonsums etwa ab 1960, von der Zeit der Arbeitslosigkeit zur Überbeschäftigung erklärt werden. In den sechziger Jahren fehlt die ökonomische Basis für ideologische Positionen wie Konsumfeindschaft und Bekämpfung der weiblichen Erwerbstätigkeit.

Andere Ideologien, die sich nach wie vor in Übereinstimmung mit den ökonomischen Gegebenheiten befinden, haben sich unverändert erhalten: die Erziehung zur Opferbereitschaft, zum Eigentumsstreben und die Propaganda gegen kollektivistische und sozialistische Gesellschaftsformen.

Erziehung zur Opferbereitschaft

Produktionsverhältnisse, die auf der Ausbeutung menschlicher Arbeitskraft und auf der psychischen, teilweise auch physischen Verelendung der werktätigen Massen beruhen (hier ist nicht an die Lohnverelendung gedacht, vgl. Begriffsdefinition im Anhang), machen eine Erziehung der Werktätigen zur Opferbereitschaft erforderlich. WUERMELING sah in der Mehr-Kinder-Familie ein wirksames Instrument dazu, die Familienmitglieder durch materielle Enge an Opfer und Entbehrung zu gewöhnen. Aus diesem Grunde trat er mit aller Entschiedenheit gegen einen vollen Ausgleich der Kinderkosten durch staatliche Kindervergünstigungen ein (vgl. S. 96 f). Diese Politik hat sich unter HECK nicht verändert.

Die Familienvergünstigungen decken nur einen Teil der Kosten: bei mittleren Einkommen (800 DM) sind es 17 % bei zwei Kindern, 36 % bei drei Kindern, 38 % bei vier Kindern und 41 % bei fünf Kindern (vgl. Tabelle 10 [S. 129]). Den größeren Teil der Kinderkosten müssen die Familien durch Verzicht auf Güter und Leistungen aufbringen, die sich kinderlose Ehepaare leisten können. Diesen Tatbestand bezeichnet HECK als familienpolitisch erstrebenswert: «Die Familie mit mehreren Kindern wird auch heute noch trotz der bisherigen familienpolitischen Einkommenskorrekturen, die ja bewußt nur auf einen *teilweisen* Ausgleich der Familienlasten abzielen, einer empfindlichen Bedrängnis ausgesetzt ... sie haben nicht im gleichen Ausmaß an dem wachsenden Wohlstand teilgenommen wie etwa die Familien mit einem Kind und die kinderlosen Ehen» (HECK 4, S. 6). Er bezeichnet eine «*maßvolle* Korrektur der Einkommenverhältnisse» als Ziel der Familienpolitik (HECK 2, S. 2). Er begründet diese Beschränkung des Ausgleichs ausdrücklich nicht ökonomisch, sondern familienideologisch: «Auch und gerade in der wirtschaftlichen Familienpolitik müssen Grenzen beachtet werden, Grenzen, die weniger aus wirtschaftlichen, die vielmehr aus überwirtschaftlichen Gründen nicht überschritten werden dürfen, aus Gründen, die sich aus dem hohen Wert der Familie selbst herleiten» (HECK 4, S. 6). Was unter dem ‹hohen Wert der Familie› zu verstehen ist, definiert HECKS Referent WINGEN: «Nicht als ob ein hohes Einkommen die beste erzieherische Leistung der Familie gewährleiste. Es gibt sogar Gründe, die dafür sprechen, daß eine gewisse notwendige ‹Sparsamkeit› besonders gute Vorbedingungen für die Erziehungsarbeit der Familie mit einem hin und wieder heilsamen Zwang zum Verzicht mit sich bringt» (WINGEN 1967, S. 69), und er formuliert als familienpolitische Norm, «daß durch das Aufziehen von Kindern auch eine gewisse materielle Einbuße im Lebensniveau für die Familie bzw. die Eltern – erst recht im Vergleich zu dem noch kinderlosen, beiderseitig berufstätigen Ehepaar – eintreten dürfe und der Familienlastenausgleich demgemäß ... immer nur einen teilweisen Ausgleich darstellen sollte» (WINGEN 1964, S. 72).

Diese Auffassungen stehen nicht im Widerspruch zur Eliminierung der Konsumfeindlichkeit aus der Familienideologie. Eine allgemeine Konsumfeindlichkeit kann durchaus zur Begrenzung des Arbeitskräfteangebots führen und würde dann den Profitinteressen des Kapitals doppelt zuwiderlaufen. Sie ist daher bei Überproduktion und Überbeschäftigung ökonomisch unerwünscht. Die materielle Enge der kinderreichen Familien indes bewirkt das Gegenteil: sie zwingt zu zusätzlichem Arbeitseinsatz (Überstunden, Erwerbstätigkeit der Frau und der heranwachsenden Kinder), damit der notwendige, auch der schichtspezifisch als notwendig erachtete Konsum finanziert werden kann. Außerdem garantiert Kinderreichtum ohnehin wegen der absolut größeren Bedürfnisse gute Absatzchancen für die Konsumgüterindustrie.

Eigentumsideologie

Familieneigentum bindet die Kinder an die Familie und sichert damit einen langandauernden Erziehungseinfluß der Eltern auf die Kinder. Kinder, die in einem geräumigen Eigenheim wohnen, haben in der Regel große Schwierigkeiten, sich von der Familie zu lösen und in einem teureren Zimmer außerhalb des Eigenheims zu wohnen, bevor sie wirtschaftlich selbständig sind. Bei größerem Familienvermögen wirkt die Aussicht auf den Erbanteil disziplinierend auf die Kinder. Familieneigentum verankert zusätzlich die Eigentumsideologie in der Psyche der Kinder und stärkt ihre Bereitschaft, eine auf das Privateigentum gegründete Gesellschaft gegen politische Richtungen zu verteidigen, die das Privateigentum zugunsten des Kollektiveigentums abschaffen wollen. HECK erklärt dazu: «Über den Familienlastenausgleich muß es der Familie mit Kindern ermöglicht werden, Eigentum zu bilden, zu mehren und weiterzugeben. Die Schaffung von Eigentum in breiten Schichten der Bevölkerung ist ohnehin eines der wichtigsten Ziele moderner Gesellschaftspolitik. Daß die Familie hier besonders berücksichtigt wird, liegt nicht nur in ihrem eigenen Interesse, sondern auch in dem der Gemeinschaft» (HECK 2, S. 3). Die Förderung des Haus- und Wohnungseigentums geschieht durch Bausparprämien, die des Sparkapitaleigentums durch Sparprämien, die mit der Kinderzahl steigen (Sparprämie für Kinderlose 20 %, bei ein und zwei Kindern 22 %, bei drei bis fünf Kindern 25 %, bei sechs und mehr Kindern 30 % der im Laufe eines Jahres eingezahlten Sparbeträge [HECK 2, S. 3]).

Scheidungsfeindlichkeit

Die Erschwerung der Ehescheidung ist ein wichtiges Instrument der sexuellen Unterdrückung. Sie soll die Aufrechterhaltung einer Ehe auch dann erzwingen, wenn die Eheleute miteinander keine sexuelle Befriedigung mehr finden, und sie soll die kontinuierliche ideologische Beeinflussung der Kinder sichern. WUERMELING sprach davon, daß «jede Erleichterung der Scheidung ... die in den Familien gegebenen Grundfesten für den Fortbestand von Staat und Gesellschaft bedroht» (vgl. S. 106).

HECK konstatiert eine zunehmende «Scheidungsanfälligkeit» der heutigen Ehen (HECK 8, S. 6, 13), insbesondere der Frühehen, und sieht die Ursache dafür in zu frühen sexuellen Beziehungen zwischen Jugendlichen (vgl. S. 143–145). Sie veranlassen die Jugendlichen, was unter den sexualfeindlichen Bedingungen ihrer Umwelt verständlich ist, zu einem «frühen Drang in Ehe und Familie», obwohl für sie das «Unvermögen, Ehe und Familie zu verwirklichen», charakteristisch ist. Hohe Scheidungsziffern sind die Folge (HECK 8, S. 6). Als Ursachen nennt er das «asoziale Verhalten der jungen Männer – sie haben sich schon vor der Ehe entsprechend betätigt», «Untreue» und das «Versagen der unsauberen und unordentlichen Frau in der Führung des Haushaltes» (HECK 8, S. 11). Die angeführten Scheidungsursachen lassen erkennen, daß HECK die familiäre Sexualunterdrückung sowie die Reinlichkeitserziehung des Mädchens zur sauberen und ordentlichen Hausfrau als nicht mehr ausreichend erachtet. Aus diesem Grunde unterscheidet sich seine familienpolitische Konsequenz aus dem Ansteigen der Scheidungsziffern grundlegend von der WUERMELINGS. Hatte WUERMELING eine Erschwerung der Ehescheidung durch die Einführung des Widerspruchsrechts des ‹schuldlosen› Teils gegen Scheidung wegen Zerrüttung durchgesetzt, agiert HECK mit einer Intensivierung der sexuellen und autoritären Repression gegenüber den Jugendlichen: Erziehung zur Ehe, Mädchenbildung und Elternberatung werden die zentralen Instrumente zur Vorbeugung gegen Ehescheidungen (vgl. S. 143–145).

Die Veränderung des familienpolitischen Instrumentariums läßt sich dadurch erklären, daß trotz der Verschärfung des Scheidungsrechts die Ehescheidungen zugenommen haben (1957: 32,7; 1961: 35,9; 1965: 39,2 auf 10 000 bestehende Ehen [*‹Familienbericht›* 1968, S. 52]) und daß die relative sexuelle Freiheit der Jugendlichen in den vergangenen Jahren infolge der Liberalisierung der elterlichen Erziehung, der Ausbreitung einer speziellen Jugendkultur und im Zuge einer allgemeinen Ent-Tabuisierung der Sexualität in der Öffentlichkeit zugenommen hat. HECK hat erkannt, daß eine in der Jugend ausgelebte Sexualität die Bereitschaft, eine Ehe einzugehen und sie auch dann aufrechtzuerhalten, wenn sie sexuell unbefriedigend ist, erheblich vermindert.

Antikommunismus, Antikollektivismus

Eine antikommunistische Grundhaltung läßt sich bei HECK ebenso wie bei WUERMELING nachweisen. Auch HECK versucht, die westdeutschen Werktätigen gegen den Kommunismus zu mobilisieren, indem er an ihr familiäres Bewußtsein anknüpft. Er spart dabei allerdings einige Argumente aus und ersetzt sie durch andere, entsprechend dem Wandel der familienpolitischen Ideologie. Insbesondere fehlt bei HECK der Hinweis auf die familienzersetzende Erwerbstätigkeit der Frau, die WUERMELING stark herausgearbeitet hatte (vgl. S. 118). Das entspricht seinem Verzicht auf eine Propaganda gegen die Erwerbstätigkeit der Mütter in der Bundesrepublik.

Im Zentrum der Anklage gegen den Kommunismus steht der Versuch sozialistischer Regierungen und Parteien, die heranwachsende Jugend partiell dem Einfluß der Eltern zu entziehen. Auf einige Argumente wurde schon hingewiesen (vgl. S. 123). Er erklärt: «Wo der Staat nach den Kindern und der Jugend greift, ist immer die Freiheit in Gefahr» (HECK 6, S. 4). Diese ‹Freiheit› sieht HECK durch kommunistische und kollektivistische Einflüsse gefährdet. Als Gegenstrategie fordert er die Stärkung der Familie, insbesondere der Abhängigkeit der Jugendlichen von den Eltern: «Nur eine Gesellschaftspolitik, welche die fundamentale Gemeinschaft der Familie in den Mittelpunkt ihrer Überlegungen stellt, wird den ... kollektivistischen Verführungen unserer Zeit entgegenwirken können» (HECK 4, S. 9). «Solange es eine kommunistische Bedrohung in der Welt gibt, solange müssen wir besonders wachsam sein gegenüber jedem Versuch, Kinder und Jugendliche von ihren Eltern zu trennen. Die kommunistische Gefahr, oder allgemeiner gesagt, die kollektivistische Gefahr droht nicht nur von Rußland und China; die kollektivistische Gefahr droht überall dort, wo die personalen Pflichten und Geborgenheiten ausgehöhlt werden – und dort zuerst, wo man mit der Familie nichts rechtes mehr im Sinn hat» (HECK 6, S. 4). Als Beispiel für kollektivistische Gefahren nennt HECK die Aktivität der Studenten; 1965 kritisiert er die Forderung des Studententages des VDS nach einem Studienhonorar, die damit begründet wurde, daß der Student von seiner Familie unabhängig werden müsse (HECK 6, S. 5; vgl. S. 147–150). Denn durch die Lösung der Jugendlichen aus der Familie werden die «personalen Pflichten und Geborgenheiten», wird die Familie ausgehöhlt.

Besser als WUERMELING versteht HECK die Strategie der kommunistischen Parteien im Hinblick auf die Familie. Glaubte WUERMELING an eine generelle Familienfeindlichkeit des gegenwärtigen Kommunismus, so erkennt HECK, daß man auch dort die Familie für staatspolitische Zwecke einsetzt. Er weist auf die Tendenzen zur Auflösung von Ehe und Familie im nachrevolutionären sowjetischen Staat und deren Umkehrung zu Beginn der dreißiger Jahre hin: «1936 sind Ehe und Familie in der Sowjetunion wieder eingeführt worden, und zwar strenger als je zuvor, allerdings eingefügt, ja eingepreßt in die pädagogische Theorie des Kommunismus, in die Praxis der Erziehung und Ausbildung für den Kommunismus» (HECK 6, S. 3). HECK sieht, daß in den kommunistischen Ländern die Familie genauso zur Vermittlung gesellschaftlicher Wertsysteme eingesetzt wird, wie er selbst es in der Bundesrepublik tut. Die Methoden gleichen sich, lediglich die Inhalte sind verschieden.

Intensivierung der direkten Repression

HECK unterscheidet sich von WUERMELING in erster Linie dadurch, daß ihm die gesellschaftliche Funktion der traditionellen Moral sowie die Bedeutung der Familie als Vermittler dieser Moral bewußter ist als jenem und er daher auch konsequentere familienpolitische Schlußfolgerungen ziehen kann. HECK hat die Erkenntnisse der akademischen Familiensoziologie über die fundamentale Rolle der Familie im Sozialisationsprozeß des Menschen verarbeitet und daraus ein familienpolitisches Programm entwickelt, dessen Kernpunkt die Erziehung der Jugendlichen im Sinne der traditionellen Sexualmoral durch außerfamiliäre Instanzen darstellt sowie die Beeinflussung der Eltern mit dem Ziel, die autoritäre Familienstruktur zu stärken und die nachlassende sexualunterdrücker[illegible] Repression der Eltern gegen die Kinder zu re-intensivie[illegible] seine Politik damit, daß der Mensch unter den Bedingungen [illegible] arbeit ökonomisch nur dann funktions- und leistungsfähig ist, w[illegible] Familie eine Reihe von Verhaltensmustern und Normen verinnerlicht hat, [illegible] die er weder zur Einordnung in autoritäre Betriebshierarchien noch zur Leistung entfremdeter Arbeit fähig und bereit wäre.

Unterdrückung im Betrieb

HECK betrachtet die Familie im Anschluß an die akademische Familiensoziologie als diejenige Institution, die die Formierung des Menschen für die autoritäre, sexualfeindliche und kapitalistische Gesellschaft vornimmt: «In der Familie vollzieht sich die zweite Geburt des Menschen, seine Ausformung zur religiösen und sozialkulturellen Persönlichkeit» (HECK 6, S. 8; vgl. S. 31–34). «In der Familie fallen in der Regel fast alle wesentlichen Entscheidungen für den Menschen vorweg. Zu was die heute heranwachsende Generation befähigt sein wird, im *Religiösen,* im *Sittlichen,* im *Politischen* und *Sozialen,* im *Wissenschaftlichen,* im *Kulturellen* und im *Wirtschaftlichen,* das wird heute mitentschieden – sicher auch in unseren Schulen und an unseren Universitäten – aber doch zuerst in unseren Familien» (HECK 6, S. 8). Denn in den Familien werden die heranwachsenden Menschen mit den Normen, Forderungen und Verhaltensmustern vertraut gemacht, deren Befolgung später unverzichtbare Voraussetzung für ihre Eingliederung in den Produktionsprozeß ist. «In der Familie begegnet der junge Mensch zuerst der Kultur, der Wirklichkeit und der Notwendigkeit von Ordnung und Rechtlichkeit, den Möglichkeiten der Zivilisation, den Grundformen von Technik und Wirtschaft. Über die Familie begegnet der Mensch auch zuerst der Gesellschaft und dem Staat, und über die Eltern wird ihm schließlich auch zuerst bewußt, daß das menschliche Leben über sich hinausweist und auf Antwort von der überirdischen Welt her angelegt ist» (HECK 6, S. 4). In der Familie lernt der Mensch also seine Möglichkeiten wie seine Grenzen kennen. Teilweise ist dies eine objektiv notwendige Funktion, nämlich insoweit es Erziehung zum Realitätssinn ist. Die Realität stellt jedoch der menschlichen Existenz zwei Typen von Bedingungen: erstens unverzichtbare – etwa die Fähigkeit zu erlernen, sich zu ernähren – und zweitens solche, die historisch einmalig sind und sich aus den jeweiligen Produktionsverhältnissen ergeben; Bedingungen, die spezifisch sind für die Vorherrschaft der ökonomischen Interessen bestimmter gesellschaftlicher Gruppen zuungunsten anderer Gruppen und sich aus den Herrschaftsansprüchen einer privilegierten Klasse ableiten. Diese besonderen gesellschaftlichen Verhältnisse dem Kind vertraut zu machen, seine Auflehnung dagegen schon im Keim zu ersticken, es funktionabel zu machen für eine autoritäre und nicht-egalitäre Gesellschaft ist eine Aufgabe, deren Erfüllung erhebliche Energien erfordert. Hier erscheint HECK die Familie wegen ihrer ausgeprägten emotionalen Bindungen zwischen den Eltern, als Erziehungs-Agenten der Gesellschaft, und ihren Kindern besonders geeignet, die Funktion der geschilderten ‹irrationalen› Sozialisierung auszuüben. Sie kann dabei die durch sexuelle Unterdrückung geförderte Religio- [illegible] en und bei der Unerfüllbarkeit irdischer Ansprüche das [illegible] Leben im Jenseits verweisen. ‹Liebe› (in der Erscheinungs- [illegible] motionalen Fixierung der Kinder auf die Eltern) und Religiosität [illegible] deswegen zentrale, für die Funktionserfüllung der Familie besonders wichtige Kräfte: «Der Mensch wird aus Liebe geboren; der Mensch existiert in der Familie durch die Liebe, die beständiger ist als alle anderen Lebensformen. Der Mensch vermöchte ohne diese Liebe nicht zu existieren» (HECK 5). «Was die Lebensgemeinschaft aber allein zu tragen vermag, das ist die personale Gemeinschaft in der Liebe. Der Mensch in der Familie ist berufen, Abbild und Partner Gottes zu sein ... Deswegen ist die Familie die größte, schönste und göttlichste Aufgabe für Mann und Frau, für Vater und Mutter, für Söhne und Töchter» (HECK 6, S. 8).

Die besondere Heraushebung der ‹Liebe› einerseits, der Projektion des menschlichen Daseins auf das Jenseits andererseits erklärt sich bei HECK aus seiner Einsicht in die unmenschlichen Lebensverhältnisse, die sich für die Werktätigen unter den Bedingungen entfremdeter Arbeit in kapitalistischen Produktionsstrukturen ergeben. Zunächst konstatiert HECK eine zerstörerische, zur Schizophrenie führende Wirkung der gegenwärtigen gesellschaftlichen Verhältnisse: «Es ist unsere Pflicht, darauf zu achten, welche spezifischen Gefahren sich für unser Menschsein aus den Strukturen der Industriegesellschaft ergeben. Es ist auch unsere Pflicht, bei der Ordnung in Staat und Gesellschaft möglichst alles zu vermeiden, was den Tendenzen, die Persönlichkeit des Menschen aufzuheben, die Schizophrenie zu fördern, Vorschub leisten könnte; denn damit sind wir schon weiter fortgeschritten, als wir wahrhaben wollen: der sittliche Mensch, der religiöse Mensch, der ästhetische Mensch, der ökonomische, der soziale Mensch, der Mensch in Vaterland und Nation – sind sie noch wirklich aufeinander zugeordnet, oder existieren sie nicht vielfach nebeneinander her und aneinander vorbei, ja häufig auch gegeneinander?» (HECK 6, S. 8 f). HECK stellt also aus der Gesellschaft kommende Tendenzen fest, die die Persönlichkeitsstruktur des Menschen zerstören. Als wichtigste Ursache dafür nennt er, im Anschluß an Marx, die entfremdete Arbeit: «In dem modernen System maschineller Arbeit ist der Mensch als Funktion in die mechanistische Disziplin miteinbezogen: das Schicksal des Menschen in unserer modernen Industriegesellschaft ist es, *gegen Entgelt eine von anderen geplante, von anderen organisierte, eine von anderen bis in die letzte Einzelheit hinein vorweg festgelegte Funktion auszuüben.* Das ist es, was zuerst Humboldt und dann Marx mit dem Begriff der *Entfremdung* angesprochen haben: die Arbeit ist zur anonymen Leistung geworden» (Heck 5). Und er kritisiert den unmenschlichen Charakter dieser Produktionsverhältnisse unmißverständlich: «Wir dürfen uns nicht täuschen: als Mensch ist der Mensch dabei nicht gefragt» (Heck 5).

Die Konsequenz, die Heck aus dieser Beobachtung zieht, ist jedoch nicht eine Politik zur Veränderung der Produktionsverhältnisse. Er nimmt sie vielmehr als unveränderlich hin, wie schon sein Zitat gezeigt hatte: Heck verbindet eine historisch bedingte Erscheinung, nämlich die Mechanisierung der Produktion, unter Berufung auf ein überirdisches Prinzip, nämlich das Schicksal, mit einer objektiv nicht notwendigen, durch die Klassenstruktur der Gesellschaft entstandenen Erscheinung, nämlich dem Ausschluß der Werktätigen von den Entscheidungen über die Produktion. Diese Verschleierung kapitalistischer Herrschaftsverhältnisse findet ihre Ergänzung in der Behauptung der Unveränderlichkeit des auf dem Leistungslohn beruhenden Systems entfremdeter Arbeit: «Nun, in unserer Wirtschaft, das muß man ganz nüchtern sehen, ist zu Recht der Leistungslohn gefordert. Das geht, wie ich meine nicht anders» (Heck 10).

Heck zieht aus diesen Erkenntnissen zwei Schlußfolgerungen: einerseits verlangt er die Anpassung des Werktätigen an die unmenschlichen Produktionsverhältnisse, da er ja diese nicht verändern will. Die Einübung der dafür erforderlichen menschlichen Qualitäten soll in der Familie erfolgen; die Familie soll durch Familienpolitik in ihrer Funktionsfähigkeit gestärkt werden. Andererseits verlangt er die Korrektur der ungerechten Auswirkungen des Leistungslohnes auf die kinderreichen Familien. Hier interessiert hauptsächlich der erste Aspekt.

Heck stellt eine Enthumanisierung der zwischenmenschlichen Beziehungen unter gesellschaftlichen Bedingungen fest, bei denen die Arbeit den Charakter der Ware hat und bei denen nur ihr Tauschwert zählt. Menschliche Kontakte vollziehen sich unter der Herrschaft unpersönlicher Spielregeln: «Die Verhältnisse der Menschen untereinander drohen sich zu erschöpfen in Leistung und Gegenleistung; ihre Verhaltensweisen werden auf jenes unpersönliche Minimum von Spielregeln reduziert, die eingehalten werden müssen, wenn die Apparatur der gemachten Welt überhaupt funktionieren soll. Das gilt für die Produktion und die Dienstleistungen, das gilt auch für die sozialen Großorganisationen ... Das alles ist anders gar nicht möglich, weil anders jenes Minimum an Ordnung nicht garantiert werden kann, ohne das es nun einmal nicht geht» (Heck 5).

Hier manifestiert sich die immanente Widersprüchlichkeit konservativer Kulturkritik und Kulturpolitik. Gesellschaftliche Verhältnisse werden als unmenschlich wie auch als tendenziell systemzerstörend erkannt. Die Politik hingegen intendiert nicht eine Veränderung der gesellschaftlichen Verhältnisse, sondern deren Stabilisierung durch die Stärkung der menschlichen Persönlichkeit gegen zerstörerische Einflüsse. Die Politik orientiert sich an den Bedürfnissen der als untragbar erkannten Verhältnisse in der Gesellschaft und nicht an den Bedürfnissen der physisch und psychisch ausgebeuteten Werktätigen. Die Kapitalismuskritik, die bei den Konservativen, vor allem auch in der katholischen Soziallehre immer wieder feststellbar ist, dient der Entwicklung von Strategien zur Stützung des Kapitalismus. Der Beitrag der Familienpolitik besteht dabei in der Formierung des Menschen für die Funktionsfähigkeit in der kapitalistischen Produktion. In der Familie wird die gesellschaftliche ‹Verkehrsmoral› eingeübt: «Es wäre ein großer Irrtum, zu glauben, die Verkehrsmoral der modernen Industriegesellschaft könne auf die Dauer aus sich selbst heraus bestehen. Die fortlaufende Sozialisation des menschlichen Lebens [Sozialisation soll hier die Herauslösung des Menschen aus personalen Gemeinschaften bezeichnen] erzeugt eben nicht aus sich selbst heraus die sozialen Tugenden, die letztlich das permanente Zusammenwirken aller auf die Dauer möglich machen und tragen. Liebe und Wahrhaftigkeit, Gerechtigkeit und Maß, Treue und Zuverlässigkeit, das sind Tugenden, die für alles menschliche Zusammenleben entscheidend sind und bleiben» (Heck 5). Die wohlklingenden Bezeichnungen und die subjektive Überzeugung von der Nützlichkeit und Notwendigkeit derartiger ‹Tugenden› können nicht darüber hinwegtäuschen, daß sie objektiv als Ideologien der verschleierten Ausbeutung und Unterdrückung dienen. Eingeübt werden sie primär in der Familie: «Diese Tugenden aber wachsen und werden gepflegt überall dort, wo Menschen sich persönlich in Gemeinschaften verbunden sind, sicher auch in Nachbarschaft und Freundschaft, auch in den Kirchen, den spirituellen Personengemeinschaften; in erster Linie aber in Ehe und Familie. Deswegen ist die Familie die fundamentale Lebensgemeinschaft ... Soziale Empfindung und Gesinnung, soziale Verantwortung und soziale Pflicht wachsen dem werdenden Menschen entweder in seiner Familie zu oder sie sind in der Gesellschaft nicht vorhanden» (Heck 5). W. Reichs These von der Familie als ‹Ideologiefabrik› der bürgerlichen Gesellschaft findet sich hier bestätigt. Die Familie liefert die Ideologien, in Hecks Terminologie «Tugenden», die die Menschen für autoritäre Strukturen, für untergeordnete Rollen und für entfremdete Arbeit funktionsfähig machen. Weiterhin heilt die Familie – nach Heck – die Wunden, die der unmenschliche Produktionsapparat den Werktätigen schlägt: «Noch nie sind die heilenden Kräfte der Familie notwendiger gewesen als heute. Der humane Bestand unserer ganzen modernen Existenz hängt in Gedeih und Verderb von der Vitalität und Gesundheit unserer Familien ab» (Heck 5).

Heck erkennt so erheblich klarer als Wuermeling die politisch-ökonomische Bedeutung der Familie: «Die Kraft und die Leistungsfähigkeit der zweckbestimmten Strukturen hängt letztlich entscheidend von der Vitalität und Gesundheit der personalgemeinschaftlichen Strukturen und hier vor allem der Familien ab» (Heck 6, S. 9).

Die Erkenntnis der Zusammenhänge von Familienfunktion und Unterdrükkung des Werktätigen im Betrieb unter die Bedingungen entfremdeter Lohnarbeit bedeutet isoliert gesehen noch keine Intensivierung der Repression. In dem Maße aber, in dem Familienpolitik dazu beiträgt, den Menschen für die Unterdrückung im Betrieb gefügig und funktional zu machen, wird die Familienpolitik selbst zum Helfer der Unterdrückung im Betrieb. Diesen Beitrag zu leisten, erklärt HECK zu einem wichtigen Ziel der Familienpolitik. Sein Wissen um die Abhängigkeit der betrieblichen Repression von der familiären Sozialisation erhält so den Charakter von Gewalt.

HECKS Familienpolitik trägt aber nicht nur in diesem indirekten Sinne zur Verschärfung der Repression bei. Die drei für HECK typischen Elemente der Familienpolitik, nämlich Unterdrückung der jugendlichen Sexualität (S. 143 bis 145), Erziehung zu Ehe und Familie (S. 146 f) und Einwirkung auf die Eltern mit dem Ziel, deren autoritäre Erzieherposition zu verstärken (S. 147–150), haben selbst einen ausgeprägt repressiven Charakter.

Sexualunterdrückung

WUERMELING hatte – meist in verschleierter Form – ganz allgemein den Lebensgenuß angeprangert. Man kann schließen, daß er darunter primär den sexuellen Genuß verstand. Er entwickelte jedoch kaum Maßnahmen, die direkt den Charakter sexueller Unterdrückung hatten. HECK unterscheidet sich in diesem Punkt grundlegend von WUERMELING.

HECK stellt zunächst ein Nachlassen der Strenge der elterlichen Erziehung fest und beschreibt die Folgen: «Kinder und Jugendliche sind in vieler Hinsicht freier geworden; sie können vielerlei treiben und auch viel mehr tun, was sie wollen, als früher» (HECK 8, S. 9). In erster Linie wirkt sich diese Freiheit im sexuellen Bereich aus. Der ‹*Familienbericht*› stellt fest: «Der vorherrschende Trend ist eine Liberalisierung der Geschlechterbeziehungen und des Geschlechtlichen, die – im Unterschied zu früheren starken Tabus, mit denen alles Geschlechtliche belegt war – auch in der gegenwärtigen Gesellschaft stattgefunden hat» (‹*Familienbericht*› 1968, S. 21).

HECK konstatiert einen grundlegenden Wandel der sexuellen Beziehungen zwischen Jugendlichen, einen Wandel, der seiner Auffassung nach die Bereitschaft und Fähigkeit, sich später in auf die Dauer stabilen Ehen zu binden, mindert. Auch früher gab es sexuelle Beziehungen zwischen Jugendlichen. Aber: «Gegenüber oberflächlichen und zufälligen Bekanntschaften und dem flüchtigen Austausch sexueller Zärtlichkeiten bevorzugen die Jugendlichen heute ein ständiges Verhältnis zu einem festen Partner. Manches spricht dafür, daß diese Freundschaften zwischen Jungen und Mädchen tiefer in der Persönlichkeit verankert sind als die flüchtigen Spielereien vergangener Jahrzehnte; und auch, daß sie stärker auf den Partner bezogen sind» (HECK 8, S. 7). Diese zunächst nicht bewertete Beobachtung erklärt HECK damit, daß die Jugendlichen unter dem Druck der Lebensbedingungen der ‹modernen Industriegesellschaft› nach personaler Geborgenheit suchen, diese in der Familie nicht mehr finden, weil die Erwachsenen selbst unsicher geworden sind, und daher in das Zweierverhältnis flüchten: «Das nichtbefriedigte Bedürfnis nach personaler Geborgenheit und Gemeinschaft flüchtet sich zum anderen Geschlecht; auf diese Weise kommt es zu den frühen, häufig allzu frühen Paarverhältnissen» (HECK 8, S. 10). Dieses Drängen in Paarverhältnisse sieht HECK bei den Mädchen besonders ausgeprägt, während die Jungen zunächst noch die Gesellungsform der Gruppe wählen. «Die langfristigen, festen jugendlichen Freundschaftsverhältnisse sind also besonders von den Mädchen gefragt; sie versuchen auf diese Weise, das Alleinsein und die Unsicherheit zu überwinden» (HECK 8, S. 7).

HECK ist nun weit davon entfernt, diese eheähnlichen Paarverhältnisse zu begrüßen, und zwar deswegen, weil sie mit sexuellen Beziehungen verknüpft sind. Wir finden die Thesen von REICH bestätigt, daß eine in der Jugend ausgelebte Sexualität die Bereitschaft und Fähigkeit zur Schließung einer lebenslang monogamen Ehe mindert (vgl. S. 40) und deshalb von der traditionellen Sexualmoral besonders nachdrücklich bekämpft wird, insbesondere durch die Erziehung zur Ehefähigkeit. HECK schreibt: «Diese Paarbildung ist allerdings sehr häufig mit geschlechtlichen Beziehungen verknüpft» (HECK 8, S. 7). Diese frühe Sexualität wird von ihm als eine familiengefährdende Erscheinung erachtet, weil sie die Bereitschaft zur Ehe mindert: «Eine solche Sexualisierung dieser Freundschaften mindert die Fähigkeit sich zu binden» (HECK 8, S. 8); sie führt zwar oft zu Frühehen, weil die Ehe unter den Bedingungen einer sexualfeindlichen Gesellschaft einen Schutzraum für ungestörtes Sexualleben darstellt; diese Frühehen sind jedoch extrem scheidungsanfällig und erfüllen damit nicht die Anforderungen, die die Familienpolitik an die Ehe stellt (vgl. S. 146 f). Von der Frühsexualität schreibt HECK: «Zu frühe und einseitige Sexualisierung bedroht in besonderer Weise die Persönlichkeit des Mädchens. Durch geschlechtliche Beziehungen, die der Ehe vorweggenommen werden und als Gewohnheit allein das Verhältnis ausmachen, kommt es leicht zu einer Haltung, die den Genuß in jeder Form überbetont, so daß dann die sexuellen Beziehungen mehr und mehr zu Zeitvertreib und Unterhaltung absinken» (HECK 8, S. 8). HECK schreibt nicht, welchen Charakter sexuelle Beziehungen eigentlich haben sollten. Die Polemik gegen die ‹Überbetonung des Genusses› zeigt jedoch eine ausgeprägte genuß- und sexual-feindliche Grundeinstellung. Von der Sexualisierung geht nun nicht nur eine Gefahr für die Ehen aus, sondern auch für die Gesamtgesellschaft: sie mindert «auch das Engagement der Jugend gegenüber größeren, sachlich oder sozial ausgerichteten Gruppen» (HECK 8, S. 8). Anstatt in gesellschaftlichen Organisationen (z. B. Jugendorganisationen) suchen die Jugendlichen Geborgenheit zu zweit: «Die frühere biophysische Reife der Jugend drängt zu früherer Begegnung der Geschlechter, hinter der sich die Sehnsucht nach persönlicher Geborgenheit und Sicherheit verbirgt» (HECK 8, S. 12). Daß die Jugendlichen die Jugendorganisationen meiden, ist für HECK besonders bedeutsam, weil er in den Jugendorganisationen wichtige Kräfte der politischen und sexualmoralischen Beeinflussung sieht.

Frühe sexuelle Beziehungen führen in vielen Fällen zu Frühehen, die meist ‹Mußehen› sind, also Ehen, die wegen einer unerwünschten Schwangerschaft geschlossen werden. HECK ist grundsätzlich gegen Frühehen eingestellt, wobei deutlich wird, daß er die Ehe primär nicht als eine Institution zur Befriedigung sexueller Bedürfnisse betrachtet. Er stellt fest, daß die Geschlechtsreife der

Mädchen heute durchschnittlich im Alter zwischen zehneinhalb und fünfzehneinhalb Jahren eintritt, bei Jungen zwischen elf und sechzehn Jahren. Geschlechtsreife befähigt aber durchaus nicht zur Eheschließung: «Die Ehemündigkeit setzt voraus, daß Mann und Frau zur Ehe erwachsen sind; daß sie reif sind für das gemeinsame Leben, reif für die Aufgaben, die dieses gemeinsame Leben stellt und letztlich auch reif für das Kind. Die Geschlechtsreife allein genügt nicht, auch nicht die wirtschaftliche Sicherheit allein. Der Mensch ist zur Ehe erst dann reif, wenn er einigermaßen zu sich selbst gefunden hat in der Ausprägung seines Charakters und wenn Bedürfnis wie Verständnis und Reife für das Sein in der Familie offen werden» (HECK 8, S. 4).

HECK steht vor der Aufgabe, eine Lösung für das Problem zu finden, angesichts einer gewissen Ausweitung der sexuellen Beziehungen unter der Jugend die Entstehung von Frühehen wegen ihrer Scheidungsanfälligkeit und die Schließung von Mußehen wegen der negativen Auswirkungen auf das spätere Eheleben zu verhindern. Er greift zum traditionellen Mittel der sexualunterdrückenden Erziehung. Zunächst stellt er fest, daß die Jugendlichen heute den Jugendlichen der zwanziger Jahre zwar sexuell um zwei Jahre voraus sind, ebenso in ihrem Verhältnis zu den Eltern. Aber: «Gleichzeitig ... steht der junge Mensch um durchschnittlich zwei Jahre zurück; dies gilt für das kulturelle Niveau und vor allem für die Bindung an gültige Normen der Gesellschaft» (HECK 8, S. 8). Die logische Konsequenz aus dieser Beobachtung ist die verschärfte Erziehung des Jugendlichen zu den ‹gültigen Normen› der Gesellschaft: «Wir müssen die Erziehungs- und Bildungskraft der Familie mit allen Mitteln stärken ... Dazu gehört zentral eine unbefangene Geschlechtserziehung erst in der Familie, dann aber auch in Kirche, Schule und Gesellschaft» (HECK 8, S. 13). Die hier angestrebte ‹unbefangene› Erziehung ist die Erziehung zu Ehe und Familie, und damit die Erziehung gegen die auch von HECK als gefährlich erachteten frühen sexuellen Beziehungen, gegen die Überbetonung des sexuellen Genusses, für voreheliche Enthaltsamkeit und sexuelle Beschränkung. Der *‹Familienbericht›* empfiehlt dazu: «Der vorherrschende Trend [der] Liberalisierung der Geschlechterbeziehungen und des Geschlechtlichen ... wie auch die zunehmende Personalisierung der Partnersuche, Partnerwahl und schließlich auch der Ehegestaltung machen eine moderne Geschlechtserziehung notwendig, die sich nicht allein auf geschlechtliche Aufklärung beschränken kann, sondern darüber hinaus *Werthaltungen und Umgangsformen der Geschlechter vermitteln muß, die den Jugendlichen vor einer Überbetonung des Geschlechtlichen, vor Distanzlosigkeit* und zu früher Aufgabe seiner persönlichen Weiterbildung in der überbetonten Bindung an einen andersgeschlechtlichen Partner bewahren» (*‹Familienbericht›* 1968, S. 22). Das Ziel der Familienpolitik HECKS ist die Unterdrückung sexueller Bedürfnisse von Jugendlichen zugunsten ihrer Fähigkeit zur Gründung langdauernder Ehen und zugunsten ihrer ökonomischen und politischen Integration in die Gesellschaft. Er zitiert eine «schon über hundert Jahre alte Wahrheit» von KOLPING: «Der Wohlstand des Menschengeschlechtes kann nur auf gute Familien gegründet Dauer haben» (HECK 8, S. 13).

Als ‹Ehefähigkeit› hatten wir im theoretischen Teil die Bereitschaft des Menschen definiert, entgegen seinen sexuellen Bedürfnissen bereit zu sein, eine lebenslang monogame Ehe einzugehen (vgl. S. 39). HECK formuliert als Ziel einer ‹unbefangenen Geschlechtserziehung›: «Daß der Mensch sein Menschsein nicht als einzelner, sondern in der Familie, in der Regel der Mann mit Frau und Kindern als Vater und die Frau mit Mann und Kindern als Mutter verwirklicht» (HECK 8, S. 13).

HECK trennt scharf zwischen dem Leben vor der Ehe und dem Leben der Verheirateten. Wer heiratet will nach HECK «aus eigenem Entschluß die Jugend beenden» (HECK 8, S. 4). HECK meint aber feststellen zu können, daß den Jugendlichen heute allzuoft die dazu erforderliche ‹Ehemündigkeit› fehlt. Er konstatiert, daß heute die «Frühehe durch die allgemeinen Wohlstandsverhältnisse ökonomisch möglich geworden ist» (HECK 8, S. 12), daneben aber auch ein «Unvermögen, Ehe und Familie zu verwirklichen» (HECK 8, S. 6). Die Ursache dafür sieht er in einer «früher unbekannten Unsicherheit im ‹Sich-richtig-Verhalten›. Mit dem Verlust von Einheitlichkeit und Geschlossenheit der sozialen und kulturellen Formen geht auch ihre tragende Kraft und ihre Funktion, die heranwachsende Generation zu führen und zu leiten, weithin verloren. Die jungen Menschen wachsen in die sozialen, rechtlichen und ethischen Ordnungen ihrer Völker schwerer als früher, langsamer und unvollkommener hinein» (HECK 8, S. 8). Aus diesem Grunde macht er die Erziehung zu Ehe und Familie zur zentralen, ‹alles entscheidenden Aufgabe›: «Die Familienpolitik ... hat sich in der Vergangenheit stark auf die materielle Förderung der Familie konzentriert. Das war gut so und notwendig. Wir werden damit in der kommenden Legislaturperiode im großen und ganzen ans Ziel kommen, wenigstens in dem Sinne, daß wir uns dann ... der alles entscheidenden Aufgabe mit aller Energie zuwenden [können]: 1. der Erziehung und Bildung auf die Familie hin und 2. der die Familie begleitenden Bildung und Beratung» (HECK 6, S. 16). Er spricht dabei von Ehevorbereitung, Kursen für Brautleute, familienpädagogischen Kursen, Ehe- und Elternberatung (HECK 2, S. 4 f). Im Zentrum steht dabei die sittlich-moralische Erziehung zur Ehefähigkeit. Das geht sowohl aus den Erziehungszielen hervor wie aus dem Charakter der Träger, die diese Erziehung mit finanzieller Unterstützung des Familienministeriums durchführen sollen: «An erster Stelle steht die Vorbereitung der Jugend auf Ehe und Familie durch sogenannte ‹Rüsttage› und Wochenendkurse sowie längerdauernde Eheseminare ... Träger solcher Maßnahmen sind zur Hauptsache die Kirchen, die Wohlfahrtsverbände, die Fachorganisationen der Jugendhilfe, Träger der Ehe- und Elternberatung, Volkshochschulen und vor allem Mütterschulen» (HECK 6, S. 14). «Gegenwärtig sind auf dem Gebiet der Familienbildung unter anderem 158 Mütterschulen tätig. Sie werden ebenso wie die über 120 Eheberatungsstellen überwiegend von konfessionellen Vereinigungen getragen» (*‹Familienbericht›* 1968, S. 234). Die Erziehungsarbeit soll sich vor allem mit sexuellen Problemen befassen: «Eine Erziehung der Jugend zur Ehe leistet auch die Jugend- und Eheberatung. Dabei geht es vor allem um

Rat und Hilfe in konkreten persönlichen Konflikten, die durch die Begegnung der Geschlechter vor der Ehe und in der Ehe ausgelöst worden sind» (HECK 6, S. 14). HECKS Bedenken gegen ein frühes sexuelles Leben der Jugendlichen läßt unschwer erraten, in welcher Richtung hier beraten und erzogen wird. Zusätzliche Aufschlüsse bringen seine Angaben über Scheidungsursachen: «Die meisten Ehen zerbrachen an persönlichen Mängeln der Ehepartner ... in erster Linie am asozialen Verhalten der jungen Männer – sie haben sich oft schon vor der Ehe entsprechend [sexuell] betätigt; dann an Untreue, Unausgeglichenheit und Haltlosigkeit, manchmal auch am Versagen der unsauberen und unordentlichen Frau in der Führung des Haushalts» (HECK 8, S. 11). Bei Mann und Frau sind es nach HECK also in erster Linie sexuelle Gründe, Ehebrüche, die zur Scheidung geführt haben. Eine konsequente Eheerziehung muß folglich an diesem Punkt ansetzen, und zwar vorbeugend; HECK weist ausdrücklich darauf hin, daß untreue Männer sich schon vor der Ehe ‹entsprechend betätigt› hatten. Über die Eheerziehung schreibt er: «[Sie] ist aber nicht in erster Linie als Maßnahme zur Überwindung bereits akuter Ehe- und Familienprobleme gedacht, sondern hauptsächlich vorbeugend auf Hilfen zur Gestaltung eines gesunden Zusammenlebens der Eltern und Kinder angelegt» (HECK 6, S. 15). HECK scheint zu wissen, daß bei Menschen, die sich in der Jugend über die traditionelle Sexualmoral hinweggesetzt haben, eine sexualmoralische Beeinflussung im Erwachsenenalter zwecklos ist. Die Teilnahme an derartigen Veranstaltungen ist vorläufig noch freiwillig. Es scheint jedoch nicht ausgeschlossen, daß sie – wenigstens bei Frühehen (Ehepartner unter 21 Jahre alt) – in Zukunft obligatorisch wird: «Neulich war zu lesen, daß man sich in England mit dem Gedanken trägt, Unmündigen erst dann die Ehemündigkeit zuzusprechen, wenn sie zuvor an Eheseminaren teilgenommen haben. Diese Überlegung ist recht vernünftig» (HECK 8, S. 14).

Stärkung der elterlichen Autorität

HECK stellt fest, daß «die industrielle Entwicklung einen unerhörten Funktionsverlust der Familie mit sich brachte» (HECK 6, S. 6). Dabei wurde die autoritär-patriarchalische Struktur der Familie, die für ihre gesellschaftliche Funktion von entscheidender Bedeutung ist (vgl. die Thesen von REICH und HORKHEIMER, S. 42–46), geschwächt: «Alles, was mit der Struktur der Gesellschaft zusammenhing, wurde nun in der Familie mehr und mehr in den Hintergrund gedrängt: patriarchalische Ordnung, autoritäre Herrschaft und überlieferte Sitte» (HECK 6, S. 6). Dieser Verlust führte dazu, daß die Sexualunterdrückung in der Familie nachließ, weil die ‹überlieferte Sitte› nicht mehr ausreichend gepflegt wurde und weil den Eltern mangels Autorität die Kraft fehlt, die Sexualunterdrückung gegenüber den Kindern durchzuführen. HECK weist darauf hin, daß sich unter den Jugendlichen die Paarbildung, verbunden mit sexuellen Beziehungen, ausbreitet und macht die mangelnde Kontrolle von Eltern und Lehrern dafür verantwortlich: «Die Freundschaften entstehen fast ausnahmslos dort, wo Jugendliche unter sich sind. Wollen die Eltern oder andere Erwachsene dabei dreinreden, so wird dies weitgehend als Eingriff in den privaten Raum empfunden und zurückgewiesen. Eltern und Lehrer geben diesem Anspruch zunehmend nach – wenn auch oft nur resignierend» (HECK 8, S. 7). Die Lockerung der traditionellen Sexualmoral und die Aushöhlung des autoritären Prinzips machen die Eltern unsicher: «Die eigene Unsicherheit der Erwachsenen läßt viele Fragen, ausgesprochen und unausgesprochen, offen und ohne Antwort» (HECK 8, S. 10). HECK erwähnt die Ergebnisse einer Befragung Jugendlicher und berichtet: «Von einer bedeutsamen Einmischung der Eltern und von lästigen autoritären Zügen der elterlichen Erziehung spürt die Jugend heute anscheinend nur wenig» (HECK 6, S. 11). Nur in einem, allerdings entscheidenden Punkt hat sich ein Rest autoritärer Sexualunterdrückung erhalten: «Lediglich die Jugendlichen der Altersgruppen zwischen 18 und 21 Jahren beklagten sich etwas mehr über eine zu starke Intervention der Väter und Mütter; sie fühlen sich bevormundet, in der Freizeit zu stark überwacht und an der freien Wahl ihrer Freundschaften gehindert» (HECK 6, S. 11). Gerade in dieser Altersgruppe wird es sich in den meisten Fällen um die freie Wahl von Freund oder Freundin des anderen Geschlechts handeln, bei der Freizeitgestaltung um Geselligkeiten, die Ausgangspunkt für sexuelle Beziehungen sein können, und um sexuelle Beziehungen selbst.

Die Hauptursache für den Verfall der autoritär-patriarchalischen Familienstruktur sieht HECK in der Emanzipation der Frauen und Mütter: «Die überlieferte, mehr patriarchalische Familienstruktur ist durch eine sich ergänzende und gleichrangige Zusammenarbeit der Ehegatten abgelöst; die Stellung der Mütter ist stärker geworden» (HECK 8, S. 9), und HECKS Referent WINGEN bemerkt: «Einen der Faktoren für die Ausbreitung von partnerschaftlichen Ehe- und Familienformen bildet die zunehmende Erwerbstätigkeit der Frau» (WINGEN 1968, S. 13). Die Gleichrangigkeit von Mann und Frau hat, nach HECK, die Autorität der Väter erschüttert, ohne daß eine kollektive Autorität der Eltern an ihre Stelle getreten wäre: «Die Autorität tritt allgemein zurück, nicht nur, weil ... die Väter unsichtbar – Freizeitgäste – zu werden drohen; und auch nicht nur, weil das, was der junge Mensch braucht, in der Regel nicht mehr vom Vater, aber auch immer weniger vor der Mutter gelernt wird. Die Autorität tritt auch zurück, weil die Väter vielfach keine Väter mehr sein *wollen*, sondern nur noch Kameraden. Sie sind selbst unsicher geworden, im schnellen Wandel der Zeit, und wissen nicht so recht, was sie von ihren Kindern fordern müssen, wo doch alles Überlieferte fragwürdig geworden zu sein scheint ...» (HECK 8, S. 9). HECK zieht daraus die Schlußfolgerung, daß den Eltern durch Eltern- und Familien-‹beratung› und -erziehung wieder deutlich gemacht werden soll, daß das Überlieferte keineswegs völlig fragwürdig ist und daß ihnen dort gesagt werden soll, was sie von ihren Kindern fordern müssen. HECK schreibt: «So brauchen heute und in Zukunft viele Eltern Rat und Hilfe für ihre erzieherischen Aufgaben» (HECK 6, S. 14). Diesem ‹Bedarf› der Eltern sollen familienpolitische Maßnahmen gerecht werden. «Eben sind wir dabei, die Erziehungs- und Bildungsarbeit auf die Familie hin und für die Familie systematisch auszubauen. Mit einem Satz gesagt: Wir müssen die Erziehungs- und Bildungskraft der Familie mit allen Mitteln stärken» (HECK 8, S. 13).

HECK nennt eine ganze Reihe von Einrichtungen, die, überwiegend von den Kirchen oder kirchlich orientierten Organisationen getragen, die Erziehungskraft der Familie stärken sollen:

«Rüsttage, Wochenendseminare und längerdauernde Eheseminare zur Vorbereitung der Jugend auf Ehe und Familie
Jugend- und Eheberatungsstellen
Mütter- und Elternschulen
Familienferienstätten
Eltern- und Erziehungsberatungsstellen
Erziehungsbeistandschaft» (HECK 6, S. 14–16).

Über die Familienferienstätten schreibt HECK: «Ferien, die von Eltern und Kindern gemeinsam verlebt werden, sind in besonderer Weise geeignet, den Zusammenhalt der Familie zu festigen ... In besonderen Stätten von öffentlichen und freien Trägern durchgeführt, bieten sog. Familienferien überdies eine vorzügliche Gelegenheit, den Eltern in *unaufdringlicher* und anregender Weise Rat und Anregungen für die Erziehung der Kinder zu geben; auch die Kinder können erzieherisch im Sinne eines besseren Verständnisses für die Sorgen der Eltern angesprochen und zur Rücksichtnahme und Selbständigkeit angehalten werden» (HECK 6, S. 15).

Die Inhalte der ‹unaufdringlichen› Ratschläge werden dabei primär von den ‹freien›, meist religiös orientierten Trägern bestimmt. HECK formuliert jedoch einige Orientierungshilfen für diese Organisationen: «Der Staat kann diese Aufgaben nur ideell und materiell fördern. Darüber hinaus ist die Gesellschaft, sind die Väter und Mütter gefordert, und nicht zuletzt, ja zu allererst die Kirchen, die in ihrer Seelsorge nicht nur nicht vergessen, sondern immer wieder davon ausgehen sollten, daß der Mensch nicht als einzelner, nicht als Mann oder Frau für sich allein, auch nicht als Sohn und Tochter, sondern wesentlich in der Familie existiert» (HECK 6, S. 16). Diese allgemeine, familienfördernde Doktrin ergänzt HECK durch spezielle Einzelanregungen: «In der Familie erwirbt der Mensch den Grundbestand der Gesinnungen, die sein ganzes Leben tragen müssen. Die Eltern, die Väter und Mütter sind das lebendige Buch der Erziehung, in dem die Kinder Tag für Tag lesen. Nur was in diesem Buch geschrieben steht – im Guten wie im Bösen –, kann von Vater und Mutter an die Kinder weitergegeben werden. Wenn die Eltern nicht beten, wo sollen die Kinder dann das Beten lernen? ... Wenn den Vätern das Gemeinwesen gleichgültig ist, wenn sie sich um nichts kümmern in der Gemeinde und im Staat, wenn sie der Verantwortung ausweichen, wenn die Väter kein Vaterland mehr haben wollen, wie soll da die Jugend politisch mündig, zur Verantwortung bereit und dem Vaterland verpflichtet werden?» (HECK 6, S. 7; vgl. a. S. 131).

Die Re-Ideologisierung der Erziehung in der Familie durch Einwirken außerfamiliärer Erziehungs- und Beratungsinstitutionen verspricht aber nur dann Erfolg, wenn die Abhängigkeit der Kinder, vor allem der älteren Jugendlichen, von den Eltern aufrechterhalten und verstärkt wird. HECK fordert die Stärkung der «Lebensgemeinschaft der Eltern mit den Kindern» und erklärt dazu: «Immer wieder melden sich auch bei uns andere Stimmen zu Wort – erst [kürzlich] in Bonn auf dem Studententag: da war von dem ‹für das Studium schädlichen

Einfluß der Eltern› die Rede; ‹eine über das 18. Lebensjahr hinausgehende Unterhaltspflicht der Eltern müsse als unzumutbar abgelehnt werden›. Der Student müsse unabhängig sein von seiner Familie. Und dann wurde die Frage gestellt, was denn die Eltern leisten sollen? Die Antwort lautete kurzweg: ‹Nichts›; und die Frage, was die Eltern leisten könnten, wurde genauso kurz abgetan mit einem ‹abermals nichts› und die Begründung dafür lautete: ‹Es könne den Eltern nicht zugemutet werden, daß sie um der Ausbildung der Kinder willen den eigenen Lebensstandard senken›. In der Öffentlichkeit ist auf dieses Die-Familie-in-Frage-Stellen bisher keine Antwort erfolgt. Und das muß uns vielleicht noch nachdenklicher machen als das unreife Gerede auf dem Bonner Studententag» (HECK 6, S. 5). Und WINGEN präzisiert: «Ziel der Förderungsmaßnahmen [auf dem Bildungssektor] kann es nicht sein, die Eltern aus der Verantwortung für die schulische Ausbildung ihrer Kinder zu entlassen und damit die Kinder von der Entscheidung der Eltern restlos unabhängig werden zu lassen» (WINGEN 1967, S. 73).

HECK ist jedoch zuversichtlich im Hinblick auf die weitere Stabilität der Familie und Abhängigkeit der Kinder und Jugendlichen, er vertraut auf die menschliche Natur: «Alle Versuche, Kinder und Jugendliche von ihren Eltern zu trennen, also die Lebensgemeinschaft der Eltern mit ihren Kindern und damit die Familien zu zerstören, sind letztlich zum Scheitern verurteilt. Die menschliche Natur läßt sich nicht vergewaltigen» (HECK 6, S. 3).

Schlußbemerkung

Zum Widerspruch zwischen Kapitalinteresse und Staatspolitik

Verschiedentlich ist auf Widersprüche zwischen wirtschaftlichen Interessen und staatlicher Familienpolitik hingewiesen worden. Man kann nicht ohne weiteres davon ausgehen, daß Staat und Wirtschaft im Kapitalismus ein geschlossenes System darstellen und daß Familienpolitik nichts anderes wäre als Beeinflussung der Individuen, Ehen und Familien im Sinne der Kapitalinteressen. Die These bedarf zumindest der Differenzierung.

Die familienpolitisch unmittelbar handlungsrelevante Ideologie eines WUERMELING erwies sich als statisch. Sie paßte sich veränderten wirtschaftlichen Verhältnissen nicht an. WUERMELING propagierte den Konsumverzicht der Massen nicht nur Mitte der fünfziger Jahre, als er ökonomisch notwendig war (vgl. S. 102), sondern noch 1960 (vgl. WUERMELING 20), also zu einem Zeitpunkt, als sich der Trend zum Massenkonsum bereits durchgesetzt hatte und die Forderung nach Konsumverzicht den Kapitalinteressen widersprach. Er propagierte die Mutterschaftsideologie und machte ideologische Bedenken gegen Kindergärten nicht nur Mitte der fünfziger Jahre geltend, als sich infolge der Arbeitslosigkeit von Männern die Integration der Mütter in die Produktion noch erübrigte (vgl. S. 108), sondern auch Ende 1960 (vgl. WUERMELING 18), als die Industrie unter dem Druck von Voll- und Überbeschäftigung auf die Eingliederung auch der Ehefrauen und Mütter in die Industrie drängte.

Ähnliches läßt sich bei HECK aufzeigen. Er bedauert den Abbau patriarchalischer Familienstrukturen und damit das Nachlassen des autoritären Drucks auf die Kinder in einer Periode, in der in den Betrieben Tendenzen zum Ersatz der alten irrationalen Befehlsstrukturen durch technisch-rational ausgewiesene Leistungshierarchien erkennbar werden. Dadurch wird vom Werktätigen an Stelle des bisherigen bedingungslosen Gehorchens eher ein Kooperationsverhalten aus Einsicht in den höheren Sachverstand des Weisungsberechtigten gefordert. Die familiär-patriarchalisch erzeugte autoritäre Psychostruktur verliert an ökonomischer Bedeutung. Ferner tritt HECK zu einem Zeitpunkt für eine Verschärfung der sexualmoralischen Repression ein, da sich gesellschaftlich und gewiß nicht im Gegensatz zu den Kapitalinteressen eine Lockerung der alten sexualmoralischen Standards durchsetzt. Die Industrie trägt durch eigene, sexorientierte Werbung und durch die Finanzierung der großen Illustrierten als Werbeträger, die zugleich die Verbreitung begrenzt sexualbejahender Thesen vornehmen, zumindest zur Ent-Tabuisierung der Sexualität bei (vgl. REICHE 1968).

Die kurzfristige Betrachtungsweise macht die erwähnten Widersprüche sichtbar. Aber schon eine Ausweitung des Beobachtungszeitraums ergibt ein anderes Bild: die unter WUERMELING manifest gewordenen Widersprüche sind mit dessen Ablösung im Jahre 1962 tendenziell aufgehoben. HECK argumentiert kaum mehr gegen Mütterarbeit, Konsum, Kindergärten (vgl. S. 131–135). Es bleibt abzuwarten, inwieweit HECKS Nachfolgerin AENNE BRAUKSIEPE in ähnlicher Weise die unter HECK erkennbar gewordenen Widersprüche abbauen wird.

Die ökonomischen Folgen des statischen Charakters einer jeden Moral und Ideologie lassen sich demzufolge durch einen Austausch der für die familienpolitische Programmatik verantwortlichen Personen insoweit beeinflussen, als dadurch die Ideologie – wenn auch mit zeitlicher Verzögerung – der wirtschaftlichen Dynamik angepaßt werden kann.

Die entscheidende Frage lautet jedoch: sind es wirklich nur Anpassungsprobleme, die die Widersprüche entstehen lassen? Kann man von einer völligen Identität der Interessen von Staat und Kapital ausgehen?

Wenn man annimmt, daß die relative Lockerung der Sexualmoral, der Abbau pariarchalischer Familienstrukturen, die zunehmende Erwerbstätigkeit der Frauen und das Anwachsen außerfamiliärer Kinderversorgung die Sexualunterdrückung mindert, dann, so folgt aus den Thesen von REICH, müßte sich auch die Bildung autoritärer Psychostrukturen beim Menschen verringern. Möglicherweise wird unter den Bedingungen der modernen technisierten und automatisierten Produktion dadurch die Ausbeutung der menschlichen Arbeitskraft nicht nur nicht behindert, sondern sogar erleichtert. Die Frage ist, ob die staatliche Organisation den Rückgang autoritären Verhaltens ebenfalls verkraften kann, ohne tendenziell zu zerfallen. Bei WUERMELING (vgl. S. 77) und HECK (vgl. S. 140–143) gibt es einige Hinweise dafür, daß sie ihre familienpolitische Tätigkeit als Versuch verstehen, den aus der modernen kapitalistischen Produktion herrührenden familienzerstörenden Tendenzen (Leistungslohn, Frauenarbeit, Kindergärten, Persönlichkeitsspaltung, Massenkonsum) entgegenzuwirken. Dahinter mag sich die Einsicht verbergen, daß die Aushöhlung der traditionellen Familie und Sexualmoral zwar den kurzfristigen Profitinteressen des Kapitals nützt, langfristig aber die politische Absicherung des kapitalistischen Systems gefährdet, weil die Lockerung der autoritären Verhältnisse letztlich zur Aushöhlung der staatlichen Autorität führt.

Diese Überlegungen lassen zwei Schlußfolgerungen zu, die einander weitgehend ausschließen:

Entweder entwickelt die kapitalistische Wirtschaftsweise aus sich selbst heraus Tendenzen, die den Charakter immanenter Widersprüche haben und selbstzerstörerisch wirken. Unter dieser Voraussetzung kann der Widerspruch zwischen Kapitalinteresse und Familienpolitik damit erklärt werden, daß die Familienpolitik als Staatspolitik den selbstzerstörerischen Tendenzen des Kapitalismus entgegenwirken soll, und zwar auch dann, wenn dies kurzfristig den Profitinteressen des Kapitals schadet. Oder es bestätigt sich die Annahme von der Verselbständigung der Kultur, speziell der Moral, und der Kapitalismus entwickelt aus sich selbst heraus unter partiellem Verzicht auf traditionelle Formen der Herrschaftssicherung (Sexualunterdrückung, autoritäre Familie) neue Methoden der Systemstabilisierung. R. REICHE vertritt diese Auffassung: «Auch die realen und scheinbaren sexuellen Freiheiten müssen größer werden, so daß die Individuen von sich sagen können: Seht, vor zehn Jahren hätten wir uns noch nicht träumen lassen, daß die Jugendlichen einmal ohne Angst vor Schwangerschaft miteinander schlafen würden. Vor dreißig Jahren hätte noch niemand daran gedacht, daß die Jugend so sexuell, die Ehen so partnerschaftlich, die Frau so frei, die Moral so liberal würde. Mit einem Wort: Die Sexualität wird ein Stück ‹freigelassen› und in den Dienst der Herrschaftssicherung genommen» (REICHE 1968, S. 41). Aufgabe der staatlichen Familienpolitik wäre es dann, sich jeweils den veränderten wirtschaftlichen Verhältnissen anzupassen; auftretende Widersprüche wären nichts anderes als Anpassungsschwierigkeiten.

Diese Andeutungen zeigen, daß es notwendig ist, die Kritik an der Familienpolitik im größeren Rahmen einer allgemeinen Kritik der Funktion des Staates im Spätkapitalismus weiterzuentwickeln. Die Frage der Verselbständigung der Sexualmoral und Familienideologie ist letztlich die Frage nach der Verselbständigung des Staatsapparates.

Anhang

Verinnerlichte Familienideologie. Empirische Untersuchungen zum Bewußtsein Dreiundzwanzigjähriger in bezug auf Sexualität, Ehe und Familie

Die ideologiekritische Analyse der familienpolitischen Programmatik der Familienminister kann keine Aussagen über das tatsächliche Bewußtsein und reale Verhalten der Menschen hinsichtlich Sexualität, Ehe und Familie hervorbringen. Dies zu erforschen ist Aufgabe der empirischen Soziologie. Aus der Fülle der hierzu vorliegenden empirischen Untersuchungen wird eine Arbeit herausgegriffen, die sich ausschließlich mit den Einstellungen dreiundzwanzigjähriger Westdeutscher befaßt, weil diese Altersgruppe am stärksten mit der Notwendigkeit konfrontiert ist, sich in bezug auf Ehe und Familie zu entscheiden. Die altersspezifische Auswahl der Befragten macht den Nachteil, daß es sich ausschließlich um Befragte handelt, die in Hamburg wohnen, wett. Die Forschungsstelle der Akademie für Wirtschaft und Politik befragte 1964 einen repräsentativen Querschnitt der 1941 geborenen Bewohner Hamburgs (Pfeil u. a. 1968).

Ehe und Familienbindungen

Die Untersuchung hat ergeben, daß ein sehr hoher Anteil der Dreiundzwanzigjährigen entweder noch in der Familie der Eltern lebt oder schon verheiratet ist. Nur in Ausnahmefällen lebt man allein: 48 % der Frauen und 26 % der Männer waren verheiratet (Pfeil u. a. 1968, S. 37), von den verbleibenden Ledigen wohnten 64 % der Frauen und 76 % der Männer noch bei den Eltern (Pfeil u. a. 1968, S. 49). Folglich lebten nur 19 % der Frauen und 20 % der Männer außerhalb der bürgerlichen Ehe- und Familieninstitution. Diese Beobachtung läßt auf dem theoretischen Hintergrund einige Rückschlüsse auf das Sexualverhalten zu. Hierüber geben Elisabeth Pfeil und Mitarbeiter keine Auskunft, wohl aber über die Einstellung zum vorehelichen Geschlechtsverkehr.

Einstellung zum vorehelichen Geschlechtsverkehr

Geschlechtsverkehr und Ehe werden bewußtseinsmäßig stark miteinander verknüpft. 34 % der Frauen und 27 % der Männer halten ihn erst in der Ehe für gerechtfertigt, weitere 51 % der Frauen und 45 % der Männer nur dann, wenn man später heiraten will. Geschlechtsverkehr ohne die Perspektive einer späteren Heirat wollen sich nur 7 % der Frauen und 24 % der Männer zubilligen (Pfeil u. a. 1968, S. 162). Der geschlechtsspezifische Unterschied manifestiert, daß die bürgerliche Doppelmoral, die der Frau weniger sexuelle Freiheiten zubilligt als dem Mann, noch immer von Bedeutung ist.

Bereitschaft zur Eheschließung

Auf die Frage, wie sie sich ihr Leben im Alter von 30 Jahren vorstellen, antworteten spontan 70 % der noch Unverheirateten, daß sie hofften, dann verheiratet zu sein. Der Entschluß zur Heirat ist im Alter von 23 Jahren bereits von 64 % der Frauen und 45 % der Männer vollzogen: sie sind entweder schon verheiratet oder doch verlobt bzw. «so gut wie verlobt». Ehescheu trafen die Befrager nur vereinzelt an (Pfeil u. a. 1968, S. 62 f).

Kirchliche Trauung

Die hohe Quote der Ehewilligen könnte unter anderem ihre Ursache darin haben, daß viele Jugendliche aus recht pragmatischen Gründen heiraten wollen. Gegen diese Annahme spricht der hohe Prozentsatz derer, die die Eheschließung mit kirchlichen Ritualien verbinden wollen. Elisabeth Pfeil schreibt: «Jede Gesellschaft pflegt den Eintritt in ... den Ehestand mit Ritualien zu umgeben, einprägsam für die jungen Eheleute selbst und demonstrativ vor der Mitwelt. Unter diesem Gesichtspunkt ist es zu sehen, wenn unsere jungen Leute an der kirchlichen Trauung festhalten, auch wo sie sich nicht als christlich, schon gar nicht als Kirchenanhänger fühlen. Auch dann bedeutet sie ihnen viel: Bekräftigung von Vorsätzen, Weihe und gesellschaftliche Darbietung» (Pfeil u. a. 1968, S. 67). Nur 27 % der Frauen und 23 % der Männer lehnen die kirchliche Trauung ab. Einige Aufschlüsse über die klassenspezifische Verankerung der Ehe- und Familienideologie ergibt die Beobachtung, daß die Ablehnung der kirchlichen Trauung von etwa 15 % der Studierenden und gehobenen Angestellten, 22 % der einfachen Angestellten, 30 % der Facharbeiter und 45 % der an- und ungelernten Arbeiter vertreten wird (Pfeil u. a. 1968, S. 68).

Sexualität und Stabilität der Ehe

Im Bewußtsein der Dreiundzwanzigjährigen spielt ‹sexuelles Zusammenstimmen› für die Haltbarkeit einer Ehe fast überhaupt keine Rolle. Die These, daß sich Ehe und sexuelle Befriedigung unter den gegenwärtigen Verhältnissen tendenziell gegenseitig ausschließen, erfährt hier eine gewisse empirische Unterstützung. Auf die Fragen, was sie für die Haltbarkeit einer Ehe für wichtig erachten, nannten nur 2 % der Frauen und 3 % der Männer «sexuelles Zusammenstimmen», aber 67 % der Frauen und 88 % der Männer «Liebe, Vertrauen, Verständnis, Sichaussprechen» (Pfeil u. a. 1968, S. 78).

Familiengröße

Die Dreiundzwanzigjährigen bejahen nicht nur die Ehe, sondern auch die Familie. Am häufigsten wurde der Wunsch nach zwei Kindern genannt, es folgte der Wunsch nach drei Kindern. Im Durchschnitt wünschten sich die Frauen 2,3 und die Männer 2,1 Kinder (Pfeil u. a. 1968, S. 70 f).

Die patriarchalische Familie ist noch lange nicht überwunden. Zwar ist der Trend zur partnerschaftlichen Ehe auf der Grundlage einer Gleichstellung der Ehepartner nicht zu verkennen. Zumindest im Konfliktfall aber setzen sich die alten Strukturen weiterhin durch.

Heiratsalter: Schon die Vorstellung vom ‹richtigen› Heiratsalter zeigt eine Tendenz, von der Vorherrschaft des Mannes in der Ehe auszugehen. 92 % der Dreiundzwanzigjährigen meinen, die Frau sollte unter 25 Jahre alt sein, aber nur 14 % finden es gut, wenn der Mann weniger als 25 Jahre alt ist (PFEIL u. a. 1968, S. 63). Dabei argumentieren viele ‹biologisch›: 37 % derjenigen, die die Altersüberlegenheit des Mannes wünschen, tun dies mit der Begründung, «die Mädchen würden früher reif als der Mann». 49 % jedoch erklären: «Der Mann soll der Überlegene sein» oder «er soll Autorität haben und führend sein». Dabei werden geschlechtsspezifische Unterschiede nur bedingt deutlich. ELISABETH PFEIL schreibt: «Der Hauptgrund für die geforderte Altersüberlegenheit liegt also in der vorgestellten hierarchischen Struktur der Ehe: Männer und Frauen sind sich darin einig, wenn auch eigentliche Autoritätsvorstellungen zwar bei jedem 4. Mann, aber nur bei jeder 6. Frau auftreten» (PFEIL u. a. 1968, S. 66). Die Motivation ist dabei überwiegend familien-ideologisch bestimmt: «Daß die Altersüberlegenheit des männlichen Ehepartners von neun Zehnteln der Befragten ausdrücklich gewünscht wird, beruht nicht nur auf der vorgegebenen Situation (etwa der längeren Ausbildungszeit, der ökonomischen Sicherung der Ehe), sondern es soll auch so sein, es wird zur Norm erhoben und vorwiegend außerökonomisch motiviert. Daß Mann und Frau gleichaltrig in die Ehe treten, wird von beiden Geschlechtern in allen Sozialschichten abgelehnt». Nur 5 % halten Gleichaltrigkeit für die beste Lösung (PFEIL u. a. 1968, S. 64).

Machtverhältnisse in der Ehe: Die Frage «Wer soll in der Familie bestimmen?» ergab noch eine überwiegend partnerschaftliche Einstellung der Dreiundzwanzigjährigen. 54 % antworteten «beide», 32 % «der Mann», 2 % «die Frau». Im Konfliktfall setzt sich aber die schon hier feststellbare Vorherrschaft des Mannes durch. Auf die Ergänzungsfrage «Aber wenn man sich nicht einigen kann, wer soll dann den Ausschlag geben?» beharrten nur 32 % auf «beide», 54 % sagten «der Mann», 2 % «die Frau». Nach Gebieten wollen jeweils 10 % der Befragten die Entscheidungsbefugnis aufteilen (PFEIL u. a. 1968, S. 78 f).

Arbeits- und Rollenteilung zwischen Mann und Frau: Die Dreiundzwanzigjährigen gehen überwiegend von der Vorstellung der ‹horizontalen Arbeitsteilung› in der Familie aus, das heißt, daß der Mann erwerbstätig ist, die Frau die Rolle der Hausfrau und Mutter ausübt. Das schlägt sich schon in den erwünschten ‹Charaktereigenschaften› gegenüber dem Ehepartner wieder: 38 % der Frauen erwarten vom künftigen Ehepartner (es wurden hier nur Unverheiratete und Unverlobte befragt) «berufliche Tüchtigkeit», keine Frau erwartete

«Häuslichkeit, Hausvatereigenschaften»; hingegen erwarteten 55 % der Männer von der zukünftigen Ehefrau «Häuslichkeit, Mütterlichkeit», kein Mann nannte «berufliche Tüchtigkeit» (Pfeil u. a. 1968, S. 76). Ähnliche Ergebnisse, jetzt aber bezogen auf die Vorstellung vom eigenen Leben, erbrachte die Frage: «Was ist es, das Ihnen das Leben lebenswert macht?», die an alle Befragten gerichtet wurde. 45 % der Frauen, aber nur 24 % der Männer nannten «Familie, Ehe, Partner, Kinder, harmonisches Familienleben». Hingegen nannten 36 % der Männer, aber nur 24 % der Frauen «Beruf» (Pfeil u. a. 1968, S. 95).

Auf diesem Hintergrund erstaunt nicht, daß erhebliche Vorbehalte gegen die Erwerbs- und Berufstätigkeit der Frau bestehen. Elisabeth Pfeil faßt ihre Beobachtungen zusammen: «Noch immer gilt für die meisten Frauen die Alternative: Beruf *oder* Ehe, und im Konfliktsfall ist die Ehe stärker als der Beruf» (Pfeil u. a. 1968, S. 63). Nur 10 % der Männer und 16 % der Frauen sprachen sich für eine generelle Berufstätigkeit der Frauen aus. 68 % der Männer und 60 % der Frauen halten sie nur dann für tragbar, wenn sie befristet ist auf die erste Zeit in der Ehe, auf die kinderlose Anschaffungsphase. Beide Geschlechter bekennen sich zur Ausnahmenatur mütterlicher Berufsarbeit (Pfeil u. a. 1968, S. 87). «Das Bild der Hausmutter, die sich ganz den Kindern und dem Manne widmet, behauptet sich nach wie vor» (Pfeil u. a. 1968, S. 99). Die Untersuchung der Motivationen der Frauen für Berufsarbeit ergab, daß diese fast ausschließlich als «vorübergehendes, notgedrungenes, von außen auferlegtes Miterwerben empfunden wird» (Pfeil u. a. 1968, S. 99). Folgerichtig übernimmt die Frau im Haushalt den weit überwiegenden Teil der anfallenden Arbeit. Die Befragung verheirateter Dreiundzwanzigjähriger ergab, daß 93 % der Frauen mindestens achtzehn von zwanzig abgefragten Haushaltsfunktionen (einschließlich z. B. Miete bezahlen, Behördengänge) alleine übernehmen (Pfeil u. a. 1968, S. 83).

Der empirische Befund zeigt, daß die staatlich verkündete Familienideologie mit dem realen Bewußtsein derjenigen, die sich gegenwärtig in Ehen und Familien begeben, weitgehend identisch ist und daß die Zahl derjenigen, die sich der Ehe und Familie verweigern, minimal ist. Die von Wuermeling und Heck vertretene Familienpolitik kann sich also auf den ‹Willen der Mehrheit› stützen. Damit ist die ‹demokratische› Legitimation der Politik im Sinne des bürgerlichen Repräsentativsystems gesichert.

Anliegen dieser Arbeit war, diese Legitimation in Frage zu stellen, indem statt nach dem ‹Willen der Mehrheit› nach den (vielfach verschütteten) Bedürfnissen der Massen gefragt wurde. Diese Bedürfnisse sind jedoch mit den Befragungsmethoden der empirischen Soziologie nicht zu ermitteln.

Quellenverzeichnis

‹Aufgaben und Aufbau› = Aufgaben und Aufbau des Bundesministeriums für Familie und Jugend. Hg. Bundesministerium für Familie und Jugend. 1968 [Hektograph.]

‹Familienbericht› 1968 = Bericht der Bundesregierung über die Lage der Familien in der Bundesrepublik Deutschland (Familienbericht). Hg. Bundesministerium für Familie und Jugend. Bundestags-Drucksache V/2532 vom 25. Januar 1968

‹Frauenenquête› = Bericht der Bundesregierung über die Situation der Frauen in Beruf, Familie und Gesellschaft (Frauenenquête). Hg. Bundesministerium für Arbeit und Sozialordnung. Bundestags-Drucksache V/909 vom 14. September 1966

HECK 1 = HECK, BRUNO: Der Bundesfamilienminister zu Fragen der Familienpolitik. In: Bulletin des Presse- und Informationsamtes der Bundesregierung vom 22. Dezember 1962

HECK 2 = Bundesministerium für Familie und Jugend. Sonderdruck aus dem Tätigkeitsbericht der Bundesregierung «Deutsche Politik 1963» (Mit einem Vorwort von Bruno Heck.)

HECK 3 = HECK, BRUNO: Was hat der Vierte Deutsche Bundestag für die Familie getan? In: Bulletin ... vom 14. Juli 1965

HECK 4 = HECK, BRUNO: Werden die Familien wirklich immer hilfsbedürftiger? Familienpolitik ist soziale Strukturpolitik. In: Zeitschrift für Sozialreform 12 (1963) [Sonderdruck.]

HECK 5 = HECK, BRUNO: Familie – Herberge der Menschlichkeit. Der Bundesminister für Familie und Jugend vor der 15. Internationalen Familienkonferenz München. In: Bulletin ... vom 21. Juli 1964

HECK 6 = HECK, BRUNO: Familie und Jugend heute. Rede vor der Diözesanversammlung des Familienbundes der deutschen Katholiken, Erzdiözese Bamberg. Hg. Bundesminister für Familie und Jugend. 1965 [Sonderdruck.]

HECK 7 = HECK, BRUNO: Fragen der Jugendpolitik. In: Bulletin ... vom 20. Juni 1963

HECK 8 = HECK, BRUNO: Frühehe – ja oder nein? Hg. Bundesministerium für Familie und Jugend. Bad Godesberg 1966

HECK 9 = Jahresbericht 1966 des Bundesministeriums für Familie und Jugend. Sonderdruck aus dem Tätigkeitsbericht der Bundesregierung «Deutsche Politik 1966» (Mit einem Vorwort von Bruno Heck.)

HECK 10 = HECK, BRUNO: Jugendpolitik in der Freiheit. In: Bulletin ... vom 16. Juni 1963

HECK 11 = HECK, BRUNO: Die Lage der deutschen Jugend. In: Bulletin ... vom 7. Juli 1965

HECK 12 = HECK, BRUNO: Sinn und Aufgaben der Familienpolitik. In: Bulletin ... vom 6. Januar 1963

HECK 13 = HECK, BRUNO: Verantwortungsbewußte Umweltgestaltung. In: Bulletin ... vom 29. Mai 1965

HECK 14 = HECK, BRUNO: Um die Zukunft unseres Volkes. Der Standort der

Familienpolitik in unserer künftigen Gesellschaftspolitik. In: Bulletin ... 194 (1963)
WINGEN 1967 = WINGEN, MAX: Der Beitrag der Familienpolitik für die Erziehungskraft der Familie. In: Die Erziehungskraft der Familie. Berichte und Dokumentationen. Hg. vom Kulturbeirat beim Zentralkomitee der deutschen Katholiken. Köln 1967. S. 62–100
WINGEN 1968 = WINGEN, MAX: Die Familie heute. Erster Bericht der Bundesregierung über die Lage der Familien. Sonderdruck aus Bulletin ... 27 (1968)
WINGEN 1964 = WINGEN, MAX: Schwerpunkte der wirtschaftlichen Familienpolitik in den Ländern der EWG. In: Familienpolitik in der Industriegesellschaft. Hg. Politische Akademie Eichholz. Bonn 1964
WUERMELING 1 = WUERMELING, FRANZ-JOSEF: Erfolge der Familienpolitik. Was in acht Jahren erreicht wurde. In: Bulletin ... vom 27. Mai 1961
WUERMELING 2 = WUERMELING, FRANZ-JOSEF: Das muß geschehen! Die Familie fordert vom Bundestag. In: Kirchen-Zeitung, Köln, vom 6. Dezember 1953
WUERMELING 3 = WUERMELING, FRANZ-JOSEF: Was will das Familienministerium? In: Deutschland-Union-Dienst vom 30. Dezember 1953
WUERMELING 4 = WUERMELING, FRANZ-JOSEF: Die Familienpolitik soll sicherstellen ... In: Sendung im Westdeutschen Rundfunk vom 15. April 1962 [Hektograph.]
WUERMELING 5 = WUERMELING, FRANZ-JOSEF: Familien- und Jugendpolitik im Dienste der Wiedervereinigung. Freiwillige Bindung an das Sittengesetz. In: Bulletin ... vom 10. Januar 1962
WUERMELING 6 = [WUERMELING, FRANZ-JOSEF:] Der Familienlastenausgleich. Eine Denkschrift des Bundesministers für Familienfragen. Bonn 1955
WUERMELING 7 = WUERMELING, FRANZ-JOSEF: Um den Familienlastenausgleich. In: Die Neue Ordnung (Paderborn) 5 (1956), S. 257–267
WUERMELING 8 = WUERMELING, FRANZ-JOSEF: Fundierte Familienpolitik. In: Deutschland-Union-Dienst vom 29. Oktober 1954
WUERMELING 9 = WUERMELING, FRANZ-JOSEF: Ein Jahr Familienpolitik. In: Deutschland-Union-Dienst vom 29. Dezember 1954
WUERMELING 10 = WUERMELING, FRANZ-JOSEF: Familienpolitik oder staatliche Kinderfürsorge? In: Deutschland-Union-Dienst vom 29. Dezember 1955
WUERMELING 11 = WUERMELING, FRANZ-JOSEF: Staatliche Familienpolitik. In: Bonner Hefte 8 (1953), S. 1–6
WUERMELING 12 = WUERMELING, FRANZ-JOSEF: Grundfragen des Familienlastenausgleichs. Der Mensch in seinem wichtigsten Lebensraum Familie muß wieder im Mittelpunkt gesellschaftspolitischen Handelns stehen. In: Bulletin ... vom 3. Dezember 1962
WUERMELING 13 = WUERMELING, FRANZ-JOSEF: Grußtelegramm an Tagung führender CSU-Politiker in München. In: Deutschland-Union-Dienst vom 22. Dezember 1953
WUERMELING 14 = WUERMELING, FRANZ-JOSEF: Umfassende Hilfe für den jungen Menschen. In: Bulletin ... vom 20. Oktober 1960
WUERMELING 15 = [WUERMELING, FRANZ-JOSEF:] Ein Interview mit Familien-

minister Wuermeling. In: Deutschland-Union-Dienst vom 21. September 1954

WUERMELING 16 = WUERMELING, FRANZ-JOSEF: Ein Jahr jugendpolitischer Entscheidung. In: Bulletin ... vom 14. Januar 1961

WUERMELING 17 = WUERMELING, FRANZ-JOSEF: Jugend, Buch und Bücherei. Es geht um die Vermittlung von Wahrheiten und Werten. In: Bulletin ... vom 12. Oktober 1960

WUERMELING 18 = WUERMELING, FRANZ-JOSEF: Jugend in der Großstadt. In: Bulletin ... vom 25. November 1960

WUERMELING 19 = WUERMELING, FRANZ-JOSEF: Jugend und Literatur in einer verwalteten Welt. In: Bulletin ... vom 26. November 1960

WUERMELING 20 = WUERMELING, FRANZ-JOSEF: Lebensstandard – Lebensziel. Wohlstand als Hilfe zur Freiheit und Selbstverantwortung der Jugend durch Selbstzucht und Opfer für Familie und Gesellschaft. In: Bulletin ... vom 4. November 1960

WUERMELING 21 = WUERMELING, FRANZ-JOSEF: Materialismus gefährdet Demokratie. In: Deutschland-Union-Dienst vom 3. Januar 1955

WUERMELING 22 = WUERMELING, FRANZ-JOSEF: Die wirtschaftliche Sicherung der Familie in der modernen Gesellschaft. Kleine Schriften zur Sozialpolitik und zum Arbeitsrecht, Folge 4, H. 3. München 1960

WUERMELING 23 = WUERMELING, FRANZ-JOSEF: Gegen den Vorsprung der Kinderlosen. In: Das Parlament vom 13. Mai 1959

Literatur

BARAN, P. A.: Politische Ökonomie des wirtschaftlichen Wachstums. Neuwied 1966

BARAN, P. A., und P. M. SWEEZY: Monopolkapital. Frankfurt a. M. 1967

BEBEL, A.: Die Frau und der Sozialismus. Stuttgart 1903 (Erstauflage 1879)

CLAESSENS, D.: Familie und Wertsystem. Eine Studie zur «zweiten, sozio-kulturellen Geburt des Menschen». Berlin 1962

CLAESSENS, D., A. KLÖNNE und A. TSCHOEPE: Sozialkunde für die Bundesrepublik Deutschland. Düsseldorf 1965

ENGELS, F.: Der Ursprung der Familie, des Privateigenthums und des Staats. Stuttgart 1918 (Erstauflage 1884)

GIESE, H., und G. SCHMIDT: Studenten-Sexualität. Verhalten und Einstellung. Reinbek 1968

GOODE, W. J.: Die Struktur der Familie. Köln–Opladen 1966

GRUBER, M. VON: Hygiene des Geschlechtlebens. München 1927

HERRMANN, H.: Die außerhäusliche Erwerbstätigkeit verheirateter Frauen. Stuttgart 1957

HORKHEIMER, M.: Familie. In: M. HORKHEIMER (Hg.), Studien über Autorität und Familie. Forschungsberichte aus dem Institut für Sozialforschung. Schriftenreihe des Instituts für Sozialforschung. Paris 1936. S. 49–76

KINSEY, A. C., W. B. POMEROY und C. E. MARTIN: Das sexuelle Verhalten des Mannes. Berlin–Frankfurt a. M. 1965

KÖNIG, R.: Soziologie der Frau. In: A. GEHLEN und H. SCHELSKY (Hg.), Soziologie. Ein Lehr- und Handbuch der modernen Gesellschaftskunde. Düsseldorf 1955. S. 121–158

MANDEL, E.: Marxistische Wirtschaftstheorie. Frankfurt a. M. 1968

MAYNTZ, R.: Die moderne Familie. Geschlechtsleben und Gesellschaft H. 1, 1955

PFEIL, E. [u. a.]: Die 23jährigen. Eine Generationsuntersuchung am Geburtenjahrgang 1941. Tübingen 1968

REICH, W.: Der triebhafte Charakter. Wien 1925

REICH, W.: Charakteranalyse. Technik und Grundlagen. o. O. 1933

REICH, W.: Der Einbruch der Sexualmoral. Zur Geschichte der sexuellen Ökonomie. Kopenhagen 1935 (Erstauflage 1931)

REICH, W.: Die Funktion des Orgasmus. Zur Psychopathologie und zur Soziologie des Geschlechtslebens. Neue Arbeiten zur ärztlichen Psychoanalyse, Nr. 6. Leipzig–Wien–Zürich 1927

REICH, W.: Geschlechtsreife, Enthaltsamkeit, Ehemoral. Eine Kritik der bürgerlichen Sexualmoral. Wien 1930

REICH, W.: Der sexuelle Kampf der Jugend. Kopenhagen–Prag–Zürich 1932

REICH, W.: Was ist Klassenbewußtsein? o. O. 1934 [Erschienen unter dem Pseudonym ‹Ernst Parell›.]

REICH, W.: Massenpsychologie des Faschismus. Zur Sexualökonomie der politischen Reaktion und zur proletarischen Sexualpolitik. Kopenhagen–Prag–Zürich 1934 a (Erstauflage 1933)

REICH, W.: Dialektischer Materialismus und Psychoanalyse. Kopenhagen–Prag–Zürich 1934 b [Erstmals veröffentlicht in der Zeitschrift «Unter dem Banner des Marxismus» 1929.]

REICH, W.: Die sexuelle Revolution. Zur charakterlichen Selbststeuerung des Menschen. Frankfurt a. M. 1966 [Erstauflage unter den Titel «Die Sexualität im Kulturkampf» 1930.]

REICHE, R.: Sexualität und Klassenkampf. Zur Abwehr repressiver Entsublimierung. Probleme sozialistischer Politik, Nr. 9. Frankfurt a. M. 1968

SCHAETZING, E.: Die unverstandene Frau. In: Krise der Ehe? München 1966. S. 65–78

SCHELSKY, H.: Soziologie der Sexualität. Über die Beziehungen zwischen Geschlecht, Moral und Gesellschaft. Hamburg 1955 (= rowohlts deutsche enzyklopädie. 2)

SCHELSKY, H.: Wandlungen der deutschen Familie in der Gegenwart. Darstellung und Deutung einer empirisch-soziologischen Tatbestandsaufnahme. Stuttgart 1955

Statistisches Jahrbuch für die Bundesrepublik Deutschland 1964. Stuttgart 1964

STORBECK, D.: Familienpolitik und Familienrecht in der DDR. In: P. CH. LUDZ (Hg.), Studien und Materialien zur Soziologie der DDR. Köln 1964. S. 86–113

WESCHE, E.: Politologie als Emanzipationswissenschaft. Berliner Zeitschrift für Politologie 2, 21–23, 1968

Macht unsre Bücher billiger! ...

Über den Verfasser

DIETRICH HAENSCH, 1937 in Berlin geboren. Studium der Politologie mit Schwerpunkt Politische Ökonomie in Berlin und Paris. Wissenschaftliche Mitarbeit seit 1963 zunächst am Institut für politische Wissenschaft, seit 1965 am Otto-Suhr-Institut der Freien Universität Berlin. Lehr- und Forschungstätigkeit über Politik von Wirtschaftsverbänden und Gesellschaftspolitik (Formierte Gesellschaft usw.) Lebt als Diplom-Politologe in Berlin.

Veröffentlichung:

Zerschlagt die Kleinfamilie? *‹Frage an eine sozialistische Alternative zur bürgerlichen Familienpolitik›*. In: *‹Sozialistische Politik›* 4 (1969), S. 81–88.

Erklärendes Wörterverzeichnis

Arbeitsteilung in der Ehe. Wer erwerbstätig ist, verfügt über ein Geldeinkommen. Er verfügt grundsätzlich auch über die Verwendung des erworbenen Geldes. Diese Verfügungsmacht des Geldverdieners macht ihn zum Herrscher über diejenigen Personen, die von seinem Geld leben: in der Familie die Frau, soweit sie nicht selbst erwerbstätig ist, und die Kinder. Die Hausfrau arbeitet ebenfalls, verfügt aber über kein Geldeinkommen. Diese Überlegung führt zu der Unterscheidung zwischen *horizontaler* und *vertikaler* Arbeitsteilung in der Ehe: bei der horizontalen Arbeitsteilung gibt es ein ‹oben›, den erwerbstätigen Ehemann, und ein ‹unten›, die finanziell von ihm abhängige Hausfrau und die Kinder. Bei der vertikalen Arbeitsteilung sind Mann und Frau sowohl erwerbstätig als auch in etwa gleichem Umfang mit Hausarbeit und Erziehungsaufgaben befaßt. Sie stehen gleich nebeneinander, es entsteht grundsätzlich kein materiell abgeleitetes Abhängigkeitsverhältnis.

Ausbeutung. Der Werktätige erzeugt durch seine Arbeit einen Wert. Einen Teil dieses Wertes erhält er als Lohn und lohnähnliche Leistungen ausgezahlt. Einen anderen Teil (Mehrwert) erhält nicht er, sondern der Kapitalgeber. Dieses Verfahren bezeichnet die marxistische Wirtschaftstheorie als Ausbeutung. Darüber hinaus umfaßt der Begriff Ausbeutung die Tatsache, daß der Werktätige nicht frei über die Verwendung seiner Arbeitskraft verfügen kann, sondern dazu gezwungen ist, seine Arbeitskraft zu Bedingungen zu verkaufen, die sich seiner Einflußnahme weitgehend entziehen. Er wird, obgleich Subjekt der Produktion, zum Objekt der Kapitalverwertungsinteressen (vgl. Warenproduktion).

Soweit von der *Ausbeutung der Frau* die Rede ist, umfaßt dieser Begriff den Tatbestand, daß die Frau im Regelfall keine andere Wahl hat, als ihre Arbeitskraft unentgeltlich als Hausfrau und Kindererzieherin dem Mann und der Familie zur Verfügung zu stellen. Sie gerät durch diese *horizontale Arbeitsteilung* (s. d.) in die Abhängigkeit des Mannes. Das ist auch dann der Fall, wenn der Mann sie das Abhängigkeitsverhältnis aus Wohlwollen nicht spüren läßt, weil dieses Wohlwollen durch Wohlverhalten (z. B. sexuelle ‹Treue›) erkauft werden muß.

Bedürfnisse. Verschiedentlich wird der Begriff ‹wahre Bedürfnisse› (oder ‹wahres Interesse›) verwendet. Der Unterschied zwischen ‹wahren› und ‹manipulierten› Bedürfnissen läßt sich am Beispiel der Sexualität eindrucksvoll demonstrieren: unter dem Druck der sexualfeindlichen Moral entwickelt der Mensch zum Beispiel das ‹Bedürfnis› nach Monogamie und lebenslanger Ehe, das er auf Kosten seines Bedürfnisses nach Sexualbefriedigung stillt. Der Tatbestand der Bedürfnismanipulation läßt sich auch am Beispiel von Konsumgütern und Eigentum nachweisen, wenngleich der Beweis schwieriger zu erbringen ist.

Bewußtsein. Der Begriff ‹Bewußtsein› umfaßt hier die Gesamtheit der Vorstellungen, die der Mensch von seinen Möglichkeiten und Grenzen, seinen Bedürfnissen, Wünschen und Abneigungen, seinen Rechten und Pflichten hat und an denen er sein gesellschaftliches Verhalten orientiert.

Falsches Bewußtsein bezeichnet die Tatsache, daß durch Erziehung, Sozialisation, Indoktrination, Ideologisierung beim Menschen subjektive Vorstellungen vorhanden sind, die seiner objektiven Lage widersprechen, jedoch seiner Unterdrückung und Ausbeutung dienen. So kann sexuelle Enthaltsamkeit die Folge eines sexualmoralisch geprägten Bewußtseins sein, das ein falsches Bewußtsein ist, weil es das objektive Bedürfnis nach sexueller Befriedigung übergeht und zum Nutzen der Herrschenden die eigene Unterdrückung und Ausbeutung ermöglicht.

Als *Klassenbewußtsein* gilt hier das Wissen des Werktätigen von seiner Unterdrückung und Ausbeutung. Falsches Bewußtsein ist demnach die Vorstellung, es gebe keine Klassen mehr und jeder sei ein gleichberechtigter Partner jedes anderen. Die Ideologie der Sozialpartnerschaft dient der Erzeugung des falschen Bewußtseins bei den Werktätigen.

Bürgerliche Gesellschaft. Als ‹bürgerlich› wird hier eine Gesellschaft bezeichnet, in der eine bürgerliche Mittelschicht, das Kleinbürgertum (s. d.), zum Nutzen einer herrschenden Oberschicht die Unterdrückung der werktätigen Massen ausübt. Das Kleinbürgertum ist mit Besitz-, Bildungs- und Berufsprivilegien ausgestattet. Die bürgerliche Gesellschaft ist eine verschleierte Form der Klassengesellschaft (s. d.).

Bürgerliche (‹akademische›) Wissenschaft. Wissenschaft, die überwiegend im Interesse und zum Nutzen der herrschenden Klasse (s. d.) Lehre und Forschung am Ziel der Systemstabilisierung und Staatserhaltung, nicht aber am Ziel einer fundamentalen Demokratisierung und Humanisierung der Gesellschaft orientiert. Subjektives Wahrheitsstreben des bürgerlichen Wissenschaftlers ändert wenig an diesem objektiven Tatbestand.

Dauerbeziehung. Als sexuelle Dauerbeziehung wird (im Anschluß an Wilhelm Reich) eine sexuelle Beziehung definiert, die frei ist von den Geboten der Lebenslänglichkeit und Monogamie der bürgerlichen Ehe.

Entfremdung. Entfremdete Arbeit liegt vor, wenn der Mensch zum Verkauf seiner Arbeitskraft gezwungen ist, ohne über den Umfang der Arbeitsleistung, den Inhalt der Produktion, die Organisation des Produktionsprozesses und die Verwendung der Produkte entscheiden zu können. Sie ist eine Folge der Monopolisierung des Eigentums an den Produktionsmitteln bei der herrschenden Klasse (s. d.), der privaten Aneignung der gesellschaftlich produzierten Güter durch diese Klasse und der daraus resultierenden kapitalistischen Warenproduktion (s. d.).

Ideologie. Der Begriff ‹Ideologie› umfaßt in diesem Buch sowohl den Tatbestand des falschen Bewußtseins (s. d.) des Menschen von seiner gesellschaftlichen Lage und von seinen Bedürfnissen (s. d.) als auch diejenigen politischen Programme, Theorien und Doktrinen, die die Entstehung des falschen Bewußtseins bewirken. Ideologie ist demnach ein Herrschaftsmittel und erhält den Charakter materieller Gewalt, das heißt ihre Verinnerlichung durch die Abhängigen macht den Einsatz physischer Gewalt zu ihrer Unterdrückung weitgehend überflüssig. In diesem Sinne wird der Begriff auch auf die sexualfeindliche Moral angewendet.

Kapitalismus. Der Begriff ‹Kapitalismus› bezeichnet eine Gesellschaftsform, in der das Profitinteresse des Kapitals (Interesse zur Verwertung des Kapitals zum Zwecke seiner Vermehrung) das gesamte gesellschaftliche Leben bestimmt. Die kapitalistische Gesellschaft ist gespalten in die herrschende Klasse (s. d.) von Eigentümern und Verfügungsberechtigten über das Kapital und die Werktätigen, die zum Verkauf ihrer Arbeitskraft und zu entfremdeter Arbeit (s. d.) gezwungen sind.

Klasse, Klassengesellschaft. Klassen sind gesellschaftliche Gruppen, die durch ein Herrschaftsverhältnis voneinander geschieden sind. Die Bourgeoisie beherrscht als Klasse der Eigentümer und Verfügungsberechtigten über das Kapital das Proletariat. Die Zugehörigkeit zu einer Klasse ist unabhängig vom Bewußtsein (s. d.) des Betreffenden und abhängig von den objektiven Herrschafts- und Abhängigkeitsverhältnissen. Die *herrschende Klasse* oder (Groß-)Bourgeoisie verfügt über die Produktionsmittel (das Kapital) und unterdrückt die ausgebeutete Klasse (das Proletariat) mit dem Ziel der Profitmaximierung. Die Unterdrückung geschieht heute weniger durch physische Gewalt als durch Manipulation von Bewußtsein (s. d.) und Bedürfnissen (s. d.) der Werktätigen. Eines der wichtigsten Unterdrückungsinstrumente ist die sexualfeindliche Moral. Zur ausgebeuteten Klasse, zum *Proletariat,* gehören objektiv alle Lohn- und Gehaltsabhängigen. Proletariat bedeutet primär nicht Armut, sondern Unterdrücktsein und Abhängigkeit. Eine Sonderstellung nehmen die gesellschaftlichen *Mittelschichten* ein, die objektiv (als Lohn- und Gehaltsabhängige) zum Proletariat und zugleich (als deren Agenten und Funktionäre) zur herrschenden Klasse gehören. Die besondere Aufmerksamkeit, die die reaktionäre Familienpolitik diesen Schichten widmet, und die fundamental wichtige Funktion, die ihre Angehörigen bei der Durchsetzung und Kontrolle der sexualfeindlichen Moral ausüben, andererseits aber auch die besondere Intensität, mit der sie der Sexualmoral unterworfen sind, zeigt deutlich die zwiespältige Lage der Kleinbourgeoisie zwischen den beiden Klassen.

Moral, Sexualmoral. Moral bezeichnet in diesem Buch durchweg Bewußtseinsinhalte, die den wahren Bedürfnissen (s. d.) ihrer Träger zuwiderlaufen, das heißt: ‹Sexualmoral› ist zu verstehen als sexualfeindliche Moral.

Schicht. Gesellschaftliche Gruppe, die im Gegensatz zur Klasse an äußeren Merkmalen erkennbar ist (z. B. Einkommen, Lebensstandard, Vermögen, sozialer Status, Beruf).

Verelendung. Die Verelendung des Proletariats vollzieht sich nicht als absolute Lohnverelendung. Der Werktätige verfügt heute über mehr materielle Güter als je zuvor. Verelendung vollzieht sich in der Perfektionierung von Unterdrückung und Ausbeutung der Proletarier (vgl. Bewußtsein, Ideologie) im kapitalistischen System; in der zunehmenden Intensivierung der Arbeit; in der Manipulation der Bedürfnisse des Werktätigen, die ihn zu überhöhtem Konsum, Unzufriedenheit über den eigenen Konsumstand und dadurch zu gesteigerter Arbeitsleistung veranlaßt; in der Einbeziehung immer weiterer Teile der Bevölkerung in den Prozeß entfremdeter Arbeit; in der zunehmenden Entfremdung (s. d.) der Arbeit. Lohnerhöhungen und Konsumsteigerung dienen auch der Verbesserung des Lebensstandards der Arbeiter, primär ist der Massenabsatz von Konsumgütern heute jedoch Voraussetzung für die profitmaximierende Kapitalverwertung. Eine Erscheinungsform der Verelendung ist auch die Ausdehnung der sexuellen Unterdrückung auf das Proletariat im Zuge seiner Verbürgerlichung (vgl. dazu S. 35 f).

Warenproduktion. Kapitalistische, profitorientierte Warenproduktion bedeutet hier, daß Investition und Produktion nach den Interessen der profitmaximierenden Kapitalverwertung gesteuert werden. Produziert wird nicht, was den wahren Bedürfnissen (s. d.) der produzierenden Werktätigen am meisten entsprechen würde, sondern das, was dem Kapital den höchsten Profit zu bringen verspricht. Das Produkt hat in erster Linie nicht den Charakter eines nutzenbringenden Gutes, sondern den einer profitbringenden Ware. Das schließt nicht aus, daß viele Waren für den Werktätigen nutzenbringende Güter darstellen.

Personen- und Sachregister

Personenregister

Sachregister